Schriften zum österreichischen und internationalen Universitäts- und Hochschulrecht

hrsg von Günther Löschnigg und Bernd-Christian Funk

Band 6

Günther Löschnigg (Hrsg)

Öffentliche Pädagogische Hochschulen aus rechtlicher Sicht

ÖGB VERLAG

Bitte beachten Sie unsere Website:
www.oegbverlag.at

Schriften zum österreichischen und internationalen Universitäts- und Hochschulrecht
Günther Löschnigg/Bernd-Christian Funk (Hrsg)

Umschlaggestaltung: Kurt Schmidt

Medieninhaber: Verlag des ÖGB GmbH, Wien

Hersteller: Verlag des ÖGB GmbH, Wien
Verlags- und Herstellungsort: Wien
Printed in Austria
ISBN 978-3-7035-99046-010-8

Inhaltsverzeichnis

Abkürzungsverzeichnis

Abs	Absatz
aF	alte Fassung
AHG	Amtshaftungsgesetz StF: BGBl I 1949/20 idF BGBl I 2013/33
Anl	Anlage
Anm	Anmerkung
AP	Amtsführende/r Präsident/in
AQAA	Agentur für Qualitätssicherung und Akkreditierung Austria
Art	Artikel
AstG	Akademien-Studiengesetz StF: BGBl I 1999/94 (außer Kraft)
ASVG	Allgemeines Sozialversicherungsgesetz, StF: BGBl 1955/189 idF BGBl I 2013/187
Bd	Band
BDG	Beamten-Dienstrechtsgesetz 1979 StF: BGBl 1979/333 idF BGBl I 2012/120
BEd	Bachelor of Education
BFI	Berufsförderungsinstitut
BGBl	Bundesgesetzblatt (Jahr/Nummer; ab 1997: Teil Jahr/Nummer)
BlgNR	Beilage(n) zu den stenographischen Protokollen des Nationalrates
BM	Bundesminister/in, Bundesministerium
BMUKK	Bundesministerium für Unterricht Kunst und Kultur
BMWF	Bundesministerium für Wissenschaft und Forschung
BR	Bundesrat
BReg	Bundesregierung
B-SchAufsG	Bundes-Schulaufsichtsgesetz StF: BGBl 1962/240 idF BGBl I 2013/75
Bsp	Beispiel
bspw	beispielsweise
B-VG	Bundes-Verfassungsgesetz StF: BGBl 1930/1 idF BGBl I 2013/59
bzw	beziehungsweise
dh	das heißt
dies	dieselbe
Diss	Dissertation

dt	deutsche/-r/-s
DUK	Donau-Universität Krems
DUK-G	DUK-Gesetz 2004 StF: BGBl I 2004/22
ea	et alii/et aliae
ECTS	European Credit Transfer System
Erläut	Erläuterungen
ErlRV	Erläuterungen zur Regierungsvorlage
etc	et cetera
ETH Zürich	Eidgenössische Technische Hochschule Zürich
f	folgende/-r/-s
ff	fortfolgende/-r/-s
FH	Fachhochschule/-n
FHStG	Fachhochschul-Studiengesetz StF: BGBl 1993/340 idF BGBl I 2013/79
FN	Fußnote
FS	Festschrift
gem	gemäß
GP	Gesetzgebungsperiode
gF	geltende Fassung
HCV	Hochschul-Curriculaverordnung StF: BGBl II 2006/495 idF BGBl II 2011/340
HG	Hochschulgesetz 2005 StF: BGBl I 2006/30 idF BGBl I 2011/73
Hrsg	Herausgeber/-in
HS	Hochschule
HS-QSG	Hochschul-Qualitätssicherungsgesetz StF: BGBl I 2011/74 idF BGBl I 2013/124
HSR	Hochschulrat
IA	Initiativantrag
idF	in der Fassung
idgF	in der geltenden Fassung
idR	in der Regel
idS	in diesem Sinne
insb	insbesondere
iSd	im Sinne des/der
ISTA	Institute of Science and Technology Austria
iVm	in Verbindung mit
iZm	in Zusammenhang mit
KV	Kollektivvertrag

LBG	Lehrbeauftragtengesetz, BG über die Abgeltung von bestimmten Unterrichts-, Lehr- und Erziehungstätigkeiten an Schulen und Pädagogischen Hochschulen im Bereich des BM für Unterricht, Kunst und Kultur und des BM für Land- und Forstwirtschaft, Umwelt und Wasserwirtschaft, StF: BGBl 1987/656 idF 2012/9
lit	litera
LReg	Landesregierung
LSR	Landesschulrat
Mat	Materialien
mE	meines Erachtens
ME	Ministerialentwurf
MEd	Master of Education
MSchG	Mutterschutzgesetz 1979, StF: BGBl 221/1979 idF: 2013/138
mwN	mit weiteren Nachweisen
NMS	Neue Mittelschule
NR	Nationalrat
Nr	Nummer
oÄ	oder Ähnliche/-s
ÖGSR	Österreichische Gesellschaft für Schule und Recht
PH	Pädagogische Hochschule/-n
PHT	Pädagogische Hochschule Tirol
PU	Privatuniversität
PUG	Privatuniversitätengesetz StF: BGBl I 2011/74
RH	Rechnungshof
RÖPH	Rektorenkonferenz der österreichischen Pädagogischen Hochschulen
Rsp	Rechtsprechung
RV	Regierungsvorlage
Rz	Randziffer
s	siehe
S	Satz
SchOG	Schulorganisationsgesetz StF: BGBl 1962/242 idF BGBl I 2013/75
sog	sogenannte/-r/-s
StF	Stammfassung
StGG	Staatsgrundgesetz StF: RGBl 1867/142 idF BGBl 1988/684

Stk	Stück
StuKo	Studienkommission
ua	unter anderem
uE	unseres Erachtens
UG	Universitätsgesetz 2005 StF: BGBl I 2002/120 idF BGBl I 2013/79
UOG	Universitäts-Organisationsgesetz StF: BGBl 1993/805 (außer Kraft)
UniAbgG	BG über die Abgeltung von wissenschaftlichen und künstlerischen Tätigkeiten an Universitäten und Universitäten der Künste, StF: BGBl 463/1974 (außer Kraft 28.5.2002)
UniStEV	Universitäts-Studienevidenzverordnung 2004 StF: BGBl II 2004/288 idF: BGBl II 2011/161
UniStG	Universitäts-Studiengesetz StF: BGBl I 1997/48 (außer Kraft)
usw	uns so weiter
V	vom, von
va	vor allem
Väter-KarenzG	Bundesgesetz mit dem Karenz für Väter geschaffen wird (VKG), StF: BGBl 1989/651 idF BGBl I 2013/138
VBG	Vertragsbedienstetengesetz 1948 StF: BGBl 1948/86 idF BGBl I 2012/120
VfSlg	Sammlung der Erkenntnisse und wichtigsten Beschlüsse des Verfassungsgerichtshofes, Neue Folge (1921–1933, 1946 ff)
vgl	vergleiche
VO	Verordnung
VwGH	Verwaltungsgerichtshof
WIFI	Wirtschaftsförderungsinstitut
Z	Ziffer
zB	zum Beispiel
Zfhr	Zeitschrift für Hochschulrecht, Hochschulmanagement und Hochschulpolitik (Jahr/Nummer bzw Jahr, Seite)
ZfVB	administrativrechtliche Entscheidungen des VwGH und verwaltungsrechtlich relevante Entscheidungen des VfGH in lückenloser Folge (Beilage zur ZfV) Jahr/Nummer
zit	zitiert
ZLP	Ziel- und Leistungsplan

Vorwort

Die Reformen in der PädagogInnen(aus)bildung führen zu einem Umbruch in der österreichischen Hochschullandschaft. Die Gesetzesänderungen tragen nicht nur dem Streben der Pädagogischen Hochschulen nach mehr Autonomie und Gleichstellung mit den Universitäten Rechnung, sondern schaffen auch neue Möglichkeiten zur Kooperation zwischen den einzelnen postsekundären Bildungseinrichtungen. Der vorliegende Band befasst sich vor allem mit verfassungs-, personal- und organisationsrechtlichen Aspekten des Hochschulrechts. Er geht aber auch auf die Entwicklungsgeschichte der Pädagogischen Hochschulen, ihre praktischen Probleme und Überlegungen für die Zukunft ein.

Nicht zuletzt auf Grund dieser Neuorientierung veranstaltete das Institut für Universitätsrecht der Johannes-Kepler-Universität Linz im November 2012 die Tagung „Öffentliche Pädagogische Hochschulen aus rechtlicher Sicht". Die im Rahmen dieser Veranstaltung gehaltenen Vorträge werden in diesem sechsten Band der Schriften zum österreichischen und internationalen Universitäts- und Hochschulrecht zusammengefasst.

Für die Betreuung der Manuskripte danke ich den MitarbeiterInnen des Instituts für Universitätsrecht, Frau *Mag. Caroline Récsey,* Herrn *Mag. Harald Lidauer LL.M., LL.B.,* Frau *Bettina Dastel* und Frau *Sandra Habacher* sehr herzlich.

Linz, im Oktober 2013 *Günther Löschnigg*

Heidi Rathmoser

Organisatorisches und funktionelles Profil – Anforderungen an Träger der PädagogInnenbildung NEU[1]

Inhalt

1 Aktualisierte Fassung des im Rahmen der Tagung „Öffentliche Pädagogische Hochschulen aus rechtlicher Sicht" am 29. 11. 2012 an der JKU Linz gehaltenen Vortrages. Vortrag und Beitrag basieren auf meiner Dissertation „Öffentliche und private Pädagogische Hochschulen im Gefüge des postsekundären Bildungssektors", die im Juni 2012 im ÖGB-Verlag erschienen ist.

I. Einführung

Das Hochschulgesetz 2005 (HG) hatte bis zu seiner Kundmachung am 13. 3. 2006 unter erheblichen „Geburtswehen" zu leiden. Das Akademien-Studiengesetz 1999[2] sah bereits die Entwicklung von *Hochschulen für pädagogische Berufe* innerhalb von acht Jahren vor. Dieses selbst gesteckte Ziel verwirklichte der Gesetzgeber mit dem HG, welches am 7. Dezember 2005 im Parlament beschlossen wurde. Gegen den Gesetzesbeschluss erhob der Bundesrat (BR) Einspruch, woraufhin der Nationalrat (NR) einen Beharrungsbeschluss fasste und das HG schließlich durch Veröffentlichung im BGBl I 2006/30 Gesetzeskraft erlangte. Die LehrerInnenbildung gehörte nunmehr – mit Ausnahme der Kindergartenpädagogik[3] und der Sozialpädagogik[4] – zum „tertiären"[5] Bildungssektor.[6] Bislang erfuhr

[2] AStG, BGBl I 1999/94 idF BGBl I 2004/111 (Möglichkeit der Verleihung des Diplomgrades bei Nachweis des erfolgreichen Abschlusses der sechssemestrigen Lehramtsausbildung noch vor Inkrafttreten des AStG) und BGBl I 2006/113 (Außer-Kraft-Treten mit Ablauf des 30. 9. 2007).

[3] Derzeit werden KindergartenpädagogInnen an Bildungsanstalten für Kindergartenpädagogik ausgebildet (fünfjährige Dauer, Abschluss mit einer Reife- und Diplomprüfung). Zudem kann die Ausbildung auch an einem Kolleg aufbauend auf einem Reifeprüfungsabschluss in vier Semestern absolviert werden. An der Universität Graz wurde mit dem WS 2009/10 ein eigener Lehrstuhl für Frühkindpädagogik eingerichtet. Vgl http://www.bmukk.gv.at/schulen/bw/bbs/ba_kindergartenpaedagogik.xml (16. 8. 2013).

[4] Die Bildungsanstalten für Sozialpädagogik haben die Aufgabe ErzieherInnen (SozialpädagogInnen) heranzubilden, die die Erziehungsaufgaben in Horten, Heimen, Tagesheimstätten für Kinder und Jugendliche sowie in der außerschulischen Jugendarbeit erfüllen (fünfjährige Dauer, Abschluss „Reife- und Diplomprüfung"). Weiters kann die Ausbildung auch an einem Kolleg aufbauend auf einem Reifeprüfungsabschluss in vier Semestern absolviert werden. Vgl http://www.bmukk.gv.at/schulen/bw/bbs/ba_sozialpaedagogik.xml (14. 8. 2013). Das darf nicht mit den Schwerpunkten im Rahmen des Pädagogikstudiums an den Universitäten verwechselt werden – vgl das Masterstudium Sozialpädagogik an der Karl-Franzens-Universität Graz.

[5] Durch die Überführung der Akademien für LehrerInnenbildung, der Akademien für Sozialarbeit, der Hebammenakademien (etwa in FH-Studiengänge) und bereits vieler Medizinisch-Technischer Akademien in

das Gesetz eine sechsmalige Novellierung, zuletzt im Jahr 2013.[7] Zum damaligen Zeitpunkt bemängelte der BR, dass die neuen Pädagogischen Hochschulen (PH) nicht den Herausforderungen für eine qualifizierte Neuorientierung der LehrerInnenausbildung und -weiterbildung entsprechen, da die Aus- und Weiterbildung nur für PflichtschullehrerInnen vorgesehen ist. Eine breite **Ausbildung** für alle pädagogischen Berufe (Kindergartenpädagogik, Freizeitpädagogik, Erwachsenenbildung) fehlt. Überdies ist die BerufsschullehrerInnenausbildung nicht eindeutig normiert.

Die Idee einer **institutionellen Einheit** auf akademischem Niveau wurde damals tatsächlich verworfen. Das HG regelte nur die Ausbildung der LehrerInnen an allgemeinbildenden und berufsbildenden **Pflichtschulen** (Volks-, Haupt-, Sonder-, Berufsschule, Polytechnikum) neu. Die Ausbildung der LehrerInnen für die allgemeinbildenden Fächer sowie für die fachtheoretischen Gegenstände an den mittleren und höheren Schulen erfolgte nach wie vor an den öffentlichen Universitäten. Acht Universitäten und sechs Kunstuniversitäten (der insgesamt 21 öffentlichen Universitäten) bieten ein Lehramtsstudium mit verschiedener fachlicher Diversifizierung an: Das Angebot umfasst geistes- und kulturwissenschaftliche, naturwissenschaftliche,[8] künstlerische und theologische Unterrichtsfächer. Im Jahr 2012 kam es an den Universitäten Salzburg, Innsbruck, Klagenfurt und Wien zur Gründung von „Schools of Education“ – das sind eigene „Zentren für Lehrerbildung“; in Innsbruck wurde gar eine eigene Fakultät gegründet – die in Kooperation mit den PH alle Agenden der LehrerInnenbildung übernehmen.[9] Die Universität Salzburg

---

den Hochschulsektor hat sich der übrige postsekundäre Bereich stark reduziert, vgl *Kasparovsky/Wadsack,* Hochschulsystem[3] (2007) 9 f.

6 So *Juranek,* Lehrerbildung in Österreich – Das Gestern, Heute und die Zukunft, S & R Newsletter 2008, 19; beachte aber auch noch die seitens des Bundes bestehende Möglichkeit der LehrerInnenausbildung an den Bundesanstalten für Leibeserziehung auf Grundlage des Bundesgesetzes über Schulen zur Ausbildung von Leibeserziehern und Sportlehrern, BGBl 1974/140 idgF.

7 Durch BGBl I 2013/124.

8 An der JKU die Lehramtsstudien Mathematik, Physik, Chemie, Informatik und Informatikmanagement (Stand 2. 8. 2013).

9 Vgl etwa den „Presse“-Artikel vom 10. 12. 2012.

startet als erste Hochschule Österreichs im Studienjahr 2013/14 mit neu gestalteten – der Bologna-Struktur entsprechenden – Lehramtsstudien für allgemein bildende höhere Schulen (AHS) und berufsbildende mittlere und höhere Schulen (BMHS).[10]

Der BR bemängelte weiters, dass weder die Autonomie noch die forschungsgeleitete Lehre und die Qualitätsstandards einer Hochschule entsprechend gesichert sind. Er erhob den Vorwurf, dass es keine externe Evaluierung und keine qualitativen Ansprüche an die Lehrenden gibt. Die Vorschläge der gesetzlich [§ 2 AStG][11] eingerichteten „Evaluierungs- und Planungskommission" werden verweigert. Weiters kritisierte der BR die vorherrschende politische Einflussnahme auf die PH durch die Hochschulräte. In seinem Einspruch griff der zudem die Argumente jener Stellen auf, deren Einwendungen im Begutachtungsverfahren nicht bzw nicht genug Berücksichtigung erfuhren.[12]

---

10 Vgl etwa den Artikel in den „Salzburger Nachrichten" vom 27. 7. 2013.

11 Diese Bestimmung sah die Einrichtung einer achtköpfigen Evaluierungs- und Planungskommission (PEK) zur grundlegenden Beratung des/der zuständigen BM bei der Schaffung von Hochschulen für pädagogische Berufe vor. Vgl zu den umfassenden Dokumenten der PEK, http://www.stvg.at/pekpub.nsf (14. 8. 2010) sowie zu den Jahresberichten (2002–2005) des Forschungsbeirates gemäß § 24 AStG, http://www.vbk.ac.at/pek (14. 8. 2010).

12 So merkte etwa die „Österreichische Universitätenkonferenz" an, dass die PH „durch den Gesetzesentwurf keineswegs zu universitären Einrichtungen, weder in struktureller noch in qualitativer Hinsicht, werden. Im Wesentlichen ist hier eine Fortschreibung des Status quo durch den Gesetzesentwurf zu konstatieren." Der RH führte an, dass der Entwurf „den Empfehlungen des Rechnungshofes, wonach Lehrkräfte an den Pflichtschulen und an den höheren Schulen zumindest in didaktisch-pädagogischer Hinsicht gemeinsam auszubilden wären, widerstreitet. Er zielt nämlich nur auf eine Weiterführung der Pädagogischen Akademien unter geänderter Bezeichnung ab. Qualitätsstandards hinsichtlich der lehrenden Qualifikation, wie etwa an Universitäten, fehlen bei den vorgeschlagenen Pädagogischen Hochschulen." Vgl zu den insgesamt 53 Stellungnahmen http://www.parlament.gv.at/PG/DE/XXII/ME/ME_00341/pmh.shtml (14. 8. 2010).

Das HG gestaltet sich als „Mischgebilde“. Dh, die Bestimmungen des Universitätsgesetzes 2002 (UG)[13] wurden zu einem überwiegenden Teil übernommen und entsprechend adaptiert, in einigen Bereichen – etwa der „Teilrechtsfähigkeit“ öffentlicher PH – erfolgte ein Rückgriff auf die bereits außer Kraft getretenen Normen des Universitäts-Organisationsgesetzes 1993 (UOG 1993)[14]. Als unerlässlich erweist sich daher ein Blick auf die hochschulischen Institutionen als Referenzfeld, vornehmlich auf öffentliche Universitäten.[15]

II. Status quo: Darstellung des organisatorischen und funktionellen Profils öffentlicher PH

A. Rechtsstellung und eigene Rechtspersönlichkeit

Die nach § 1 Abs 1 HG gesetzlich eingerichteten öffentlichen PH sind gemäß § 2 Abs 1 HG *Einrichtungen des Bundes,* welche nur **beschränkte Rechtsfähigkeit** haben. Dahingehend lässt sich ihre Rechtstellung mit jener der Universitäten vor Inkrafttreten des UG vergleichen.[16] Die Aufgabenbesorgung erfolgt im Gegensatz zu den Universitäten **nicht autonom.**[17] Nach den Erläut stehen die PH in

---

13 Bundesgesetz über die Organisation der Universitäten und ihre Studien (Universitätsgesetz 2002 – UG), BGBl I 2002/120 idgF.

14 Bundesgesetz über die Organisation der Universitäten (UOG 1993), BGBl 1993/805 (außer Kraft).

15 Vgl *Rathmoser,* Öffentliche und private Pädagogische Hochschulen im Gefüge des postsekundären Bildungssektors, in *Löschnigg/Funk* (Hrsg), Schriften zum österreichischen und internationalen Universitäts- und Hochschulrecht (2012) 17 f, 224 ff.

16 Nach *Kostal/Hauser/Dragaric,* Wesentliche Regelungsinhalte des neuen Hochschulgesetzes 2005, zfhr 2006, 65 (66) unter Hinweis auf *Kostal,* Hochschulgesetz 2005. Kurzkommentar (2006) § 2 Anm 1 sind sie unselbstständige Anstalten des Bundes.

17 So die Ableitung bei *Kostal/Hauser/Dragaric,* Pädagogische Hochschulen, in *Funk/Hauser/Kostal/Novak/Schwar/Winkler/Dragaric* (Hrsg), Handbuch des österreichischen Hochschulrechts (2006) 313 (324). Vgl etwa den Befund des Wissenschaftsrats, wonach den öffentlichen PH – in ihrer momentanen Ausgestaltung als „nachgeordnete Behörden“ – eine institutionell abgesicherte Autonomie, die an die der übrigen in Österreich be-

einem direkten **Weisungszusammenhang** zum/r zuständigen BundesministerIn in erster und letzter Instanz.[18] Eine **expressis verbis** zugestandene institutionelle Autonomie wie in Art 81c B-VG existiert für die öffentlichen PH nicht. Die Materialen zu Art 81c B-VG führen lediglich die UG-Universitäten als Adressaten dieser Vorschrift an. Das **Studienangebot** der PH unterliegt gewissen gesetzlichen Vorgaben oder ist nach Maßgabe von Anordnungen des Ministeriums (Landesschulrats) zu gestalten.

Die **Organe** der PH[19] werden von staatlichen Organen bestellt – sie unterliegen der **staatlichen Aufsicht.** Die finanzielle Gebarung ist nach den Vorgaben des Ministeriums zu gestalten. Ihr Personal untersteht der Personalhoheit des Bundes. Die internen Entscheidungsstrukturen ergeben sich ganz wesentlich durch die Einbindung in die „dienstrechtliche Hierarchie". Es existiert eine **gewisse Mitbestimmung** in Form der durch VertreterInnen der Lehrenden und Studierenden beschickten Studienkommission[20] mit begrenzten Zuständigkeiten in Curricularangelegenheiten, wobei die Studienkommis-

---

stehenden Hochschulen heranreichen könnte, nicht zusteht, *Wissenschaftsrat* (Hrsg), Universität 2025. Analysen und Empfehlungen zur Entwicklung des österreichischen Hochschul- und Wissenschaftssystems (2010) 18 f. Das HG selbst erwähnt nur an einer einzigen Stelle die „Autonomie" und zwar in § 5 Abs 1 Z 5, wo iZm der Anerkennung privater PH und Studienangebote *wenigstens* eine den öffentlichen PH entsprechende *Autonomie* gefordert wird; damit wird mE aber eine „innerorganisatorische" Autonomie (als Schutz) gegenüber dem Erhalter angesprochen, vgl *Rathmoser,* aaO FN 739. Vgl auch die Ausführungen zur „kleinen Autonomie" öffentlicher PH bei *Funk* im Rahmen dieses Sammelbandes.

18 Vgl ErläutRV 1167 BlgNR 22. GP 10.

19 Vgl § 11 Abs 1 HG.

20 Bis zum 1. 1. 2014 entscheidet die Studienkommission in zweiter und letzter Instanz in Studienangelegenheiten. Mit Inkrafttreten der neuen Bestimmungen zur Verwaltungsgerichtsbarkeit mit 1. 1. 2014 entscheidet die PH, ob über die bei ihr eingebrachte Beschwerde gegen eine Entscheidung des für studienrechtliche Angelegenheiten zuständigen Organs eine Beschwerdevorentscheidung gefällt wird (vgl § 17 Abs 3 Z 2 HG sowie § 25 Abs 2 idF BGBl I 2013/78; ErläutRV 2188 BlgNR 24. GP 4). Dazu noch unter Punkt D.

sion eben nicht als weisungsfreies Organ ausgestaltet ist.[21] Die bei anderen Hochschultypen in den Raum gestellte Frage nach der **staatlichen Steuerung** einer **autonomen hochschulischen** Institution stellt sich bei den PH in dieser Weise nicht, da sie ohnehin einer umfassenden Detailsteuerung unterliegen.[22]

Im Ministerialentwurf wurde den PH noch eine hochschulische „Autonomie" zugebilligt. § 2 Abs 2 ME lautete: *„Die öffentlichen Pädagogischen Hochschulen besorgen die ihnen gemäß § 8 übertragenen Aufgaben im Rahmen der Gesetze und Verordnungen selbständig und eigenverantwortlich (autonom)."* Den PH sollte zum einen – abweichend vom allgemeinen Weisungsprinzip des Art 20 Abs 1 B-VG – die selbständige und eigenverantwortliche Besorgung von Aufgaben, und zum anderen – abweichend vom Legalitätsprinzip des Art 18 B-VG – die Besorgung der Aufgaben „im Rahmen der Gesetze und Verordnungen" ermöglicht werden. Die in Frage stehende Regelung musste somit verfassungsrechtlich abgesichert werden[23], wobei auch an die (damals) weiterhin geltende Verfassungsbestimmung des § 2 Abs 2 UOG 1993 gedacht werden konnte. Der VfGH hat in seiner Entscheidung aus dem Jahr 2004 (Absicherung der wesentlichen organisatorischen Regelungen des UG)[24] die Auffassung vertreten, dass die genannte Bestimmung den einfachen Gesetzgeber auf dem Gebiet des Universitäts(organisations)rechts nur insofern ermächtigt, die weisungsfreie (autonome) Besorgung von (hoheitlichen) Verwaltungsaufgaben vorzusehen, als es sich um Einrichtungen handelt, die den Universitäten iSd UOG 1993 in den wesentlichen Belangen ihrer **Aufgaben** und ihrer **Organisation** entsprechen. Die Aufgaben der PH entsprechen jedoch nicht denen der Universitäten iSd UOG 1993. Daher handelt es sich bei den Erstgenannten auch nicht um „Universitäten" iSd UOG 1993, sodass auch § 2 Abs 2 UOG 1993 nicht als verfassungsrechtliche Basis Verwendung finden konnte. Auch bezüglich der Durchbrechung des Weisungsprinzips konnte nicht gemeinhin gesagt werden, es handle sich um bloße Selbstver-

21 Vgl zur Problematik *Rathmoser,* aaO 293 f.

22 Vgl dazu *Wissenschaftsrat* (Hrsg), Universität 2025, 18.

23 Für eine entsprechende Verfassungsbestimmung wäre die parlamentarische Zustimmung der SPÖ notwendig gewesen.

24 VfSlg 17.101/2004.

waltung der HochschullehrerInnen und anderer Betroffener.[25] Verfassungs**rechtlich** war und ist es daher nicht zulässig, die öffentlichen PH einfachgesetzlich von Weisungen und von einer umfassenden Gesetzesbindung zu befreien.[26] Den öffentlichen PH kann also **einfachgesetzlich** keine den **Universitäten vergleichbare Autonomie** eingeräumt werden. Der Anspruch wurde daher in der RV verworfen. Nach dem – Gesetz gewordenen – § 2 Abs 2 sind die öffentlichen PH als anerkannte postsekundäre Bildungseinrichtungen iSd § 51 Abs 2 Z 1 UG anzusehen.

Eine wohl nur theoretische Möglichkeit bestünde darin, öffentliche PH durch einfaches Gesetz entsprechend den verfassungsrechtlichen Bedingungen für *Selbstverwaltungskörper* (vgl Art 120a bis 120c B-VG, eingefügt durch die B-VG-Nov BGBl I 2008/2) als solche einzurichten.[27]

Die PH erhalten gleichzeitig für ganz bestimmte Bereiche der (Erwachsenen-)Bildung in pädagogischen Berufsfeldern, welche nicht in der staatlichen Aufgabe der LehrerInnenbildung begründet sind, eine **eigene Rechtsfähigkeit (Teilrechtsfähigkeit).** In diesem Bereich wird es ihnen ermöglicht, als juristische Personen des öffentlichen Rechts voll rechts- und geschäftsfähig zu agieren.[28] Das gewählte Konzept der vom Rechtsträger Bund zu unterscheidenden eigenen Rechtspersönlichkeit im Umfang des § 3 iVm § 2 Abs 1 Satz 2 HG ist weitgehend dem Modell der UOG-Teilrechtsfähigkeit nachempfunden.[29] Das betrifft auch die in § 3 Abs 1 Z 1 bis 7 HG aufgezählten Tatbestände, welche zT wortgleich dem UOG 1993 entnommen

---

[25] Vgl VfSlg 8136/1977.

[26] Vgl auch die Stellungnahmen des Bundeskanzleramtes (6/SN-341/ME 22. GP) und der Rektorenkonferenz [seit 2008: Österreichische Universitätenkonferenz] (29/SN-341/ME 22. GP).

[27] Vgl etwa die Überlegungen von *Funk,* Erfüllungs- und Gewährleistungsverantwortung des Staates im Hochschulsystem, in *Feik/Winkler* (Hrsg), Österreich im Europäischen Hochschulraum (2009) 35 (43) iZm Universitäten.

[28] Vgl ErläutRV 1167 BlgNR 22. GP 10 f (zu § 2 f).

[29] ErläutRV 1167 BlgNR 22. GP 11: Im Übrigen entspricht die Regelung der Teilrechtsfähigkeit den bewährten Modellen des UOG 1993, des Forschungsorganisationsgesetzes, des Schulorganisationsgesetzes und anderer Rechtsvorschriften.

sind, sodass sich in diesen Bereichen eine Übertragung der jeweiligen Auslegungsvarianten und Lösungsansätze anbietet.[30]

Interessant ist hier weiters, dass die Teilrechtsfähigkeit in der rechtlichen Grundkonstruktion dem „ultra-vires-Prinzip" folgt; dh, dass teilrechtsfähigen Einrichtungen eine Beschränkung in ihrem rechtlichen Können auferlegt ist. Wie bei der Universität nach UOG 1993 ist es auch bei der PH der Bund, den das Gesetz mittels der Konstruktion der Teilrechtsfähigkeit vor jeglicher Durchgriffs- oder Garantenhaftung schützen will. Für **Verbindlichkeiten,** die im Rahmen der eigenen Rechtspersönlichkeit entstehen, trifft den **Bund keine Haftung** (vgl § 3 Abs 6 HG). Fraglich ist die grundsätzliche Geltung bzw Reichweite des Haftungsausschlusses des Bundes im Rahmen der den PH eingeräumten „eigenen Rechtspersönlichkeit", wie bereits zur identen Bestimmung nach § 3 Abs 2 letzter S UOG 1993. Theoretisch wird in Einzelfällen eine Haftung des Bundes möglich sein, insb im Falle des Vorliegens einer Irreführung über den Vertretenen (Bund oder teilrechtsfähige PH) oder einer Verletzung der Aufsichtspflicht des Bundes.[31] Andererseits zeigt sich das Misstrauen, welches das HG – sowie zuvor bereits das UOG 1993 – der Teilrechtsfähigkeit entgegenbringt ua darin, dass die PH hinsichtlich ihrer Tätigkeiten im Rahmen der eigenen Rechtspersönlichkeit der **Aufsicht** des zuständigen Regierungsmitglieds[32] und der **Kontrolle durch den Rechnungshof** unterliegt (§ 3 Abs 11 HG). Mit allen diesen Aufsichtsbefugnissen verbindet sich eine Aufsichtsverantwortung, bei deren Nicht- oder Schlechterfüllung im Schadensfall Haftpflichten entstehen können, welche den Bund treffen. Da die Aufsicht hoheitlich erfolgt, gilt für diesen Ersatzanspruch das Amtshaftungsgesetz (AHG).[33] Daraus ist ableitbar, dass der Bund hier im Hinblick auf seine Aufsichtsverantwortung eine Haftung für etwai-

---

[30] Vgl *Rathmoser,* aaO 237.

[31] So *Bast/Vodrazka,* Drittmittelmanagement an Universitäten. Akquirierung/Verwaltung/Gebarung² (2000) 35 angesichts der Rechtslage nach UOG 1993; vgl dazu weiterführend *Rebhahn,* Die Haftung universitärer Entscheidungsträger für Fehlentscheidungen, in *Strasser* (Hrsg), Untersuchungen zum Organisations- und Studienrecht (1999) 37 (52 ff).

[32] Gemäß § 3 Abs 7 UOG 1993 auch des/der Rektor/s/in.

[33] Vgl *Rebhahn,* Die Haftung universitärer Entscheidungsträger für Fehlentscheidungen, in *Strasser* (Hrsg), Untersuchungen 54.

ges Fehlverhalten trägt. Er ist zwar für Verbindlichkeiten, die im Rahmen der eigenen Rechtspersönlichkeit entstehen, nicht unmittelbar haftbar, er trägt aber die Haftung wegen Verletzung von Aufsichtspflichten. Davon vermag die gesetzliche Klausel nicht freizusprechen.[34]

B. Aufgaben und leitende Grundsätze

Die PH haben nach dem im Rahmen der 6. Nov aktualisierten § 8 Abs 1 S 1 HG *mit dem Fokus auf die pädagogische Profession und ihre Berufsfelder im Rahmen von Lehre und Forschung nach internationalen Standards sowohl Personen in Lehrberufen sowie nach Maßgabe des Bedarfs in pädagogischen Berufsfeldern aus-, fort- und weiterzubilden als auch Bildungsinstitutionen, vornehmlich Schulen, in ihrer Qualitätsentwicklung zu beraten und zu begleiten.*[35] Die Fort- und Weiterbildung ist ein dem Ausbildungsbereich gleichgestellter Bestandteil der PH.[36] Dies ist iSe lebensbegleitenden Lernens aller LehrerInnen zu verstehen. Der berufspraktische Bildungsteil und die wissenschaftlich basierten Bildungsangebote stehen in einem ständigen wechselseitigen Verhältnis und sollen bundesweit aufeinander abgestimmt werden (vgl aber die Kompetenzmodelle).[37] Die PH hat den gesetzlichen Auftrag, in allen pädagogischen Berufsfeldern Forschung zu betreiben, um wissenschaftliche Erkenntnisse zur Weiterentwicklung der Lehre zu erlangen.[38]

Im Vergleich mit den staatlichen Universitäten ist die Stärke der PH in ihrer Kompetenz zur Vermittlung didaktisch-pädagogischer Inhalte anzusehen, während traditionell betrachtet die Stärken der

---

[34] So *Funk,* Steuerungsmängel im UOG 1993, in *Strasser* (Hrsg), Fragen der Organisation und Steuerung von Universitäten (2000) 23 (32 ff) zur Rechtlage nach UOG 1993.

[35] Schulentwicklung (inklusive Beratung und Begleitung der Schulen) ist – insb im Hinblick auf die im neuen Dienstrecht (BGBl I 2012/55) definierten Aufgaben des Hochschulpersonals – eine wesentliche Tätigkeit der PH und im Bereich der Aufgaben der PH im HG entsprechend zu positionieren (vgl ErläutRV 2348 BlgNR 24. GP 6 f.

[36] ErläutRV 1167 BlgNR 22. GP 11. Diese Festschreibung fand sich in 341/ME 22. GP Mat 43 noch nicht.

[37] ErläutRV 1167 BlgNR 22. GP 11.

[38] Vgl § 8 Abs 1 S 3 HG idF BGBl I 2013/124.

Universitäten im Bereich der Wissensvermittlung sowie der wissenschaftlichen Forschung liegen. Beide Institutionen eint der Auftrag, eine sowohl praxis- wie auch wissenschaftsorientierte Ausbildung anzubieten. Mit Blick auf die unterschiedliche Schwerpunktsetzung von Theorie und Praxis lag bisher ein wesentlicher Unterschied zwischen den beiden Systemen in der unterschiedlichen Studiendauer.[39]

Während die Studien für das Lehramt an Volks-, Haupt- und Sonderschulen (noch) auf sechs Semester angelegt sind, mit dem „Bachelor of Education" abschließen und sofort den Einstieg in den Lehrberuf ermöglichen, ist die Mindeststudiendauer an der Universität mit acht bis zehn Semestern festgelegt. Dann erst kann der akademische Grad eines Magisters/einer Magistra erworben werden. Hinzu kommt die verpflichtende Absolvierung des einjährigen Unterrichtspraktikums vor dem Einstieg in den Lehrberuf.[40] Die Zweigliedrigkeit der LehrerInnenbildung wurde aber nicht zuletzt durch die geforderte Vereinheitlichung des europäischen Hochschulsystems durch leicht verständliche und anrechenbare Abschlüsse nach der Bolognaarchitektur (Bachelor/Master) vor nicht geringe Herausforderungen gestellt. Nach § 54 Abs 2 idF der UG-Nov durch BGBl I 2009/81 dürfen neu einzurichtende Studien nur als Bachelor- Master oder Doktoratsstudien eingerichtet werden. Gleichzeitig wurde die Möglichkeit, die am 31. 12. 2003 in der Anlage 1 zum UniStG[41] genannten Diplomstudien auch weiterhin als Diplomstu-

[39] Vgl aber das Bundesgesetz, mit dem das Hochschulgesetz 2005, das Universitätsgesetz 2002 und das Hochschul-Qualitätssicherungsgesetz geändert werden (Bundesrahmengesetz zur Einführung einer neuen Ausbildung für Pädagoginnen und Pädagogen), BGBl I 2013/124, wobei in Artikel 1 im Zusammenhang mit der angeordneten Änderung des HG fälschlicherweise als letzte Änderung die Nov durch BGBl I 2011/73 (4. Nov) statt durch BGBl I 2013/78 angeführt wird. Dazu noch unter III.

[40] Vgl *Auer,* Die Qualifikation des Lehrkörpers an Pädagogischen Hochschulen in Österreich nach dem Hochschulgesetz 2005, S&R Newsletter 2008, 28 (29). Vgl zur Umsetzung der PädagogInnenbildung NEU noch unter III.

[41] Das Bundesgesetz über die Studien an den Universitäten (Universitäts-Studiengesetz – UniStG), BGBl I 1997/48, wurde durch Art 2 der UG-Nov (BGBl I 2009/81) aufgehoben.

dien **neu** einrichten zu dürfen, gestrichen. Damit wurde gewährleistet, dass alle an österreichischen Universitäten neu eingerichteten Studien der Bologna-Studienarchitektur entsprechen. Die **Möglichkeit** der **Weiterführung** von bereits **eingerichteten Diplomstudien** ergibt sich für die Universitäten aus § 7 iVm § 124 Abs 1 UG. Jedoch normiert Abs 1a des § 124 UG, dass sich für diese Diplomstudien die akademischen Grade und der Umfang der Studien nach der Anlage 1 des UniStG zu richten haben. Die Universitäten können für die Absolvierung *dieser Studien* weiterhin nur die bisherigen akademischen Grade vergeben und den Umfang nicht verlängern oder verkürzen.[42] Bis zur geänderten Rechtslage durften ua Lehramtsstudien nur in Form von Diplomstudien angeboten werden. Das Verbot, ua **Lehramtsstudien** auf die Bologna-Studienarchitektur umzustellen, wurde mit der UG-Nov aus dem Jahr 2009 mit 1. 10. 2012 aufgehoben. Durch diese Änderung konnten nunmehr ua Lehramtsstudien in Form von Bachelor- und Masterstudien angeboten und durchgeführt werden, womit sich auch die Frage der Beschäftigungsmöglichkeit eines universitären Bachelors für das Lehramt stellt(e).[43]

An den PH sind nach § 8 Abs 2 HG verpflichtend Studiengänge für die Lehrämter an Volksschulen *und* an Hauptschulen zu führen. Darüber hinaus bei *Bedarf* auch solche für Sonderschulen und Polytechnische Schulen (Abs 2 S 2).[44] Entsprechend dem neu gestalteten

---

[42] Vgl *Karl/Standecker,* UG. Universitätsgesetz 2002 idF der Novelle 2009 (2009) 194.

[43] § 54 Abs 2 idF BGBl I 2009/81 trat nach § 143 Abs 15 UG mit 1. 10. 2012 in Kraft. – Vgl ErläutRV 225 BlgNR 24. GP 22.

[44] In der bisherigen Fassung. § 8 Abs 2 HG idF durch BGBl I 2013/124 (der ua dem Gesetzespaket zur „Neuen Mittelschule" [BGBl I 2012/36] Rechnung trägt) tritt – mit Ausnahme des letzten S – nach § 80 Abs 8 Z 3 hinsichtlich der neu beginnenden **Bachelorstudien** für die Primarstufe mit 1. 10. 2015 in Kraft und findet auf Bachelorstudien für die Sekundarstufe im Bereich der Allgemeinbildung und der Berufsbildung ab 1. 10. 2016 Anwendung. PH können die Bachelorstudien auch bereits vor den erwähnten Inkrafttretenszeitpunkten anbieten. Nach § 80 Abs 8 Z 4 tritt § 8 Abs 2 (mit Ausnahme des letzen S) hinsichtlich der **Masterstudien** mit 1. 10. 2019 in Kraft. PH können die Masterstudien auch bereits vor dem erwähnten Inkrafttretenszeitpunkt anbieten. § 8 Abs 2 letzter S idF BGBl I 2013/124 tritt am 1. 10. 2013 in Kraft (vgl § 80 Abs 8 Z 2).

Abs 3 können für AbsolventInnen eines Lehramtsstudiums von den PH Induktionslehrveranstaltungen angeboten werden.[45] An der PH sind weiters Hochschullehrgänge für Freizeitpädagogik (für ErzieherInnen für die Freizeit an ganztätigen Schulformen – FreizeitpädagogInnen) im Umfang von 60 ECTS-Credits bei Bedarf anzubieten und zu führen (vgl Abs 3a).[46] Der **Fortbildung** ist entsprechend Rechnung zu tragen, indem in allen pädagogischen Berufsfeldern jedenfalls Fortbildungsangebote für LehrerInnen nach den inhaltlichen Vorgaben[47] des zuständigen Regierungsmitglieds oder in dessen bzw deren Ermächtigung zur Wahrung der regionalen Erfordernisse der Landesschulräte[48] *sowie darüber hinaus* weitere Fort- und Weiterbildungsangebote zu erstellen sind (vgl § 8 Abs 4 HG).

Nach § 8 Abs 5 HG sind insb Fort- und Weiterbildungsangebote auch in allgemein pädagogischen Angelegenheiten der Betreuung von Kindern und Jugendlichen anzubieten und durchzuführen.[49] Abs 5 deckt neben der LehrerInnenfort- und weiterbildung (Abs 4) den Bereich der **Fortbildung** insb von Personen mit abgeschlossener Ausbildung an Bildungsanstalten für Sozialpädagogik und für Kindergartenpädagogik ab, der auch bisher von den Pädagogischen Instituten wahrgenommen wurde. Die PH hat weiters durch die *Schul- bzw Berufspraxis* sowie durch *wissenschaftlich-berufsfeldbezogene Forschung und Lehre* die Befähigung zur verantwortungsbewussten Aus-

45 Durch BGBl I 2013/124: Die „Induktion" ist dem Dienstrecht vorbehalten. Diese Phase des Berufseinstiegs beinhaltet jedoch gewisse Lehrveranstaltungen, die durch die PH bereit zu stellen und im HG entsprechend zu verankern sind. Vgl ErläutRV 2348 BlgNR 24. GP 4.

46 „Verankerung" der Ausbildung für Freizeitpädagogik an den PH durch BGBl I 2011/73.

47 Es handelt sich um Weisungen im Einzelfall oder um generelle Weisungen, die an den/die Rektor/in als den/die für die Umsetzung im Rahmen der betreffenden PH Verantwortliche/n zu richten sind. Vgl *Jonak/Münster,* Die Pädagogische Hochschule (Hochschulgesetz 2005)[3] (2009) § 8 Anm 12.

48 Vgl umfassend zu Organisation und Aufgaben der Landesschulräte *Juranek,* Schulverfassung und Schulverwaltung in Österreich und in Europa I (1999) 544 ff.

49 Vgl *Jonak/Münster,* Die Pädagogische Hochschule[3] § 8 Anm 16.

übung von Berufen im Bereich pädagogischer Berufsfelder, einschließlich jener der *Berufspädagogik,* zu vermitteln (§ 8 Abs 6).

Nach den Erläut ist die gesetzliche **Forschungsverpflichtung** für die PH bzw deren Recht zur Forschung **institutionell** und nicht individuell zu verstehen, um den unterschiedlichen Kompetenz- und Interessenslagen der in den verschiedenen Hochschulbereichen Tätigen Rechnung tragen zu können. Das Ausmaß der Forschung wird in den einzelnen PH ressourcenmäßig festgelegt. Die Forschungstätigkeit muss mit den jeweils gültigen dienstrechtlichen Rahmenbedingungen übereinstimmen.[50]

Die öffentlichen PH sind bekanntlich **staatliche Bildungseinrichtungen** und aktuell als „nachgeordnete Behörden" ausgestaltet. Damit wird die subjektive Freiheitssphäre der an ihnen tätigen forschenden **Lehrenden** durch öffentlich-rechtliche Normen – in erster Linie durch die Regelungen des Organisations- und des Dienstrechts – begründet und begrenzt. Im ME fand sich als leitender Grundsatz in § 9 Abs 6 Z 1 noch *„die Freiheit der Wissenschaft und ihrer Lehre"*. Dieser wird auch im UG als erster leitender Grundsatz (vgl § 2 Z 1 UG) ausdrücklich und unter Bezugnahme auf Art 17 StGG angeführt.[51] Die RV enthielt nun in Z 1 der genannten Bestimmung *„die Vielfalt wissenschaftlicher Theorien, Methoden und Lehrmeinungen"*, welche noch im Begutachtungsentwurf als Z 2 geführt wurde. Zu der von *Jonak/Münster* vertretenen Meinung, wonach die nachstehende – Z 1 bis 16 – nicht abschließende Auflistung von leitenden Grundsätzen eine Wiederholung des auch den PH aufgrund des Art 17 StGG zukommenden Grundrechts der „Freiheit der Wissenschaft

[50] ErläutRV 1167 BlgNR 22. GP 12 f. Eine Forschungsverpflichtung zumindest für einen Teil des Hochschulpersonals **fehlt** im **HG.**

[51] Für die Ansicht, dass es sich bei dem in § 2 Z 1 UG genannten Grundsatz um eine „objektiv-rechtliche Norm" und um keine „Einfallspforte für das Grundrecht auf Wissenschaftsfreiheit" handelt (vgl aber die §§ 105 und 113 UG), *Huber,* Rechtsfragen der vollrechtsfähigen Universität (2003) 59 f: Die Bestimmung war inhaltsgleich in § 1 UOG 1993 enthalten, doch stellte sich die Frage der „Einfallspforte" nicht, da das Grundrecht ohnehin geschützt war, aufgrund der Rolle des Staates als Dienstgeber. Folglich wurde diese Bestimmung auch weder in den ErläutRV noch im Schrifttum unter diesem Gesichtspunkt beleuchtet.

und ihrer Lehre“ vermeidet[52], kann kritisch eingewandt werden, dass zwar die Lehrmeinungsfreiheit und Methodenvielfalt als eine **Ausprägung** der Wissenschaftsfreiheit zu sehen ist. Eine Lernfreiheit (Z 3) wird jedoch von Art 17 StGG nicht garantiert.[53] Der Grund für die Nichtübernahme der ursprünglichen Z 1 könnte aber damit begründet werden, dass das HG einen „verkürzten Forschungsauftrag“ (dazu sogleich) enthält, der mit einem ausdrücklich angeordneten durch die PH zu beachtenden allgemeinen Grundsatz der „Freiheit der Wissenschaft und ihrer Lehre“ konfligieren kann.[54] Das Grundrecht als solches gilt nämlich „unmittelbar“. Eine einfachgesetzliche Ausgestaltung ist also nicht nur nicht notwendig, sondern bei Einengung des die Verfassung vorgegebenen Rahmens sogar unzulässig.[55]

Die **wissenschaftliche Forschung** an PH unterscheidet sich gemäß internationalen Vorbildern von universitärer Forschung durch ihre **ausschließliche und unmittelbare Berufsfeldbezogenheit.** Auch fachwissenschaftliche Forschungsthemen haben also auf dieses Berufsfeld bezogen zu sein. Grundlagenforschung ist möglich, wenn in solchen meist das Erkenntnis- vor das Entwicklungsinteresse stellenden Arbeiten der Bezug zum Berufsfeld ausgewiesen werden kann (indem etwa der Problemzusammenhang der Forschungsfrage mit dem Berufsfeld oder der potentielle Nutzen für praktische Entwicklungen im Berufsfeld aufgezeigt werden). **Gegenstand der Forschung** sind alle Bereiche der pädagogischen Berufsfelder, die zum Aufgabengebiet der PH gehören, etwa das Berufsfeld Schule mit allen unterrichtlichen, pädagogischen, sozialen, psychologischen, didaktischen, methodischen, organisatorischen usw Aspekten, ebenso wie etwa pädagogische Aspekte der außerschulischen Kinder- und Jugendbetreuung, der Erwachsenenbildung.[56] Im Zuge der 6. Nov

---

[52] Ablehnend *Seel,* Die Pädagogischen Hochschulen nach dem Hochschulgesetz 2005 – erst eine halbe Sache, in *Hauser/Kostal* (Hrsg), Hochschulrecht. Jahrbuch 2008 (2008) 323 (325).

[53] Vgl bereits VfSlg 3191/1957.

[54] Vgl *Rathmoser,* aaO 272 f.

[55] Vgl *Wenger/Winkler,* Die Freiheit der Wissenschaft und ihrer Lehre. Eine verfassungsrechtliche Analyse der Bedeutung des Art 17 StGG für die Hochschulorganisation (1974) 9, 38.

[56] ErläutRV 1167 BlgNR 22. GP 12. Im Vergleich dazu nannten die Mat

wurden Bestimmungen in das HG eingefügt, die einer stärkeren Verankerung der Forschung dienen. Das zeigt sich insb im neu formulierten § 9 Abs 7 HG, wonach die Forschung an PH *„der Gewinnung von wissenschaftlichen Erkenntnissen, die zur Entwicklung der pädagogischen Berufsfelder beitragen"* dient.[57]

Die gesetzlich festgeschriebene Wissenschaftsorientierung der PH verbunden mit der Praxisbezogenheit der Ausbildung leitete im Zusammenhang mit den verfassungsrechtlichen Bezügen des HG[58] einen Paradigmenwechsel im Verhältnis zu der im SchOG geregelten Pädagogischen Akademie ein. Die Normen des § 9 HG (insb die Abs 1 bis 4) – „Leitende Grundsätze" – nehmen aber Kompetenzen und Qualitätsstandards bei den Lehrenden der PH vorweg, die – zum gegenwärtigen Zeitpunkt – nur teilweise vorliegen (können). Bezüglich des Kollegiums der Lehrenden an PH sei kritisch bemerkt, dass eine Erfüllung der Abs 3 und 4 des § 9 HG nur dann möglich ist, wenn sich die vorausgesetzte hohe wissenschaftliche Kompetenz der Lehrenden mit der Fähigkeit verbindet, diese auch in die Studienangebote einzubringen. Während das UG den Berufungs- und Habilitationsverfahren für geeignete Lehrende breiten Raum schenkt[59], beinhaltet das **HG selbst** keine vergleichbaren Normen, und dies, obwohl die Aufzählung der leitenden Grundsätze im UG (§ 2)[60] und im HG (§ 9) vergleichbar – teilweise sogar wortgleich – ist.[61]

---

zum ME **nur** das Berufsfeld Schule mit allen unterrichtlichen, pädagogischen, sozialen, psychologischen, didaktischen, methodischen, organisatorischen usw Aspekten als Gegenstand der Forschung. – vgl 341/ME 22. GP Mat 44.

57 Durch BGBl I 2013/124. Vgl die ErläutRV 2348 BlgNR 24. GP 6 zu § 5 Abs 1 Z 4, § 8 Abs 1 und 6a, § 9 Abs 7 und § 10.

58 Vgl etwa Art 14 Abs 1 B-VG, Art 10 Abs 1 Z 6, Z 13 und Z 16 B-VG (ErläutRV 1167 BlgNR 22. GP 9); vgl aber auch Art 17 Abs 1 StGG.

59 Vgl dazu §§ 97 bis 104 UG, insb §§ 98 und 103.

60 Vgl § 2 Z 5 und § 3 Z 5 UG idF BGBl I 2013/124: Aufnahme der PädagogInnenbildung in die leitenden Grundsätze und Aufgaben der Universitäten.

61 So auch *Auer,* Die Qualifikation des Lehrkörpers, S&R Newsletter 2008, 29. Vgl aber die „Dienstrechts-Novelle 2012 – Pädagogische Hochschulen", BGBl I 2012/55, hinsichtlich der jeweiligen dienstrechtlichen Er-

C. Organe und Binnengliederung – Auswirkungen

Hinsichtlich ihrer Leitungsstruktur sind die PH weitgehend den Universitäten nachempfunden, ohne dabei über das gleiche Maß an „institutioneller Autonomie“ zu verfügen.[62] Zu den Organen der PH zählen nach § 11 Abs 1 *der Hochschulrat, das Rektorat, der Rektor bzw die Rektorin und die Studienkommission.* Eine Person darf in höchstens einem dieser Organe Mitglied sein, wobei dies nicht für die Mitgliedschaft des/der Rektor/s/in im Rektorat gilt (vgl § 11 Abs 2 HG).[63]

Vorweg ist zu betonen, dass grundlegende Entscheidungen durch das zuständige Regierungsmitglied getroffen werden, so etwa die Entsendung von drei Mitgliedern in den Hochschulrat, die Bestellung des/der Rektor/s/in, die Bestellung des/der Vizerektor/s/in, die Bestellung des/der Verwaltungsdirektor/s/in, die Genehmigung des Ziel- und Leistungsplanes, des jährlichen Ressourcenplanes, des Organisationsplanes, die Bestellung der StammlehrerInnen und des sonstigen Verwaltungspersonals. Neben einer umfassenden Aufsichtsbefugnis kommt dem/der BM eine Aufhebungsbefugnis von Curricula sowie eine Aufsichtsbefugnis hinsichtlich der Teilrechtsfähigkeit zu. Ferner bestehen umfangreiche Verordnungsbefugnisse, etwa bezüglich der Leistungspläne, der Ressourcenplanung, des internen Rechnungswesens, der Evaluierung und der Grundsätze hinsichtlich der Gestaltung der Curricula.[64]

---

nennungserfordernisse der Hochschullehrpersonen. Zu „personalrechtlichen Aspekten“ noch im Rahmen dieses Sammelbandes.

[62] S bereits vorne; vgl *Wissenschaftsrat* (Hrsg), Universität 2025, 43.

[63] Vgl dazu auch § 20 Abs 2 UG (inneruniversitäre Unvereinbarkeit) – zur ex lege Mitgliedschaft des/der Rektor/s/in im Rektorat vgl § 22 Abs 3 UG. Sonstige (politische) Unvereinbarkeitsbestimmungen finden sich im **HG** nur beim **neu** eingeführten Qualitätssicherungsrat (§ 74a HG), wobei kritisch angemerkt werden kann, dass Mitglieder der **Landesschulräte** nicht ausgeschlossen sind. Zum Qualitätssicherungsrat unter III. Vgl zu „Unvereinbarkeiten“ auch *Rathmoser,* aaO 121, 277.

[64] Vgl *Kostal,* Hochschulgesetz § 11 Anm 4; Auszüge aktueller Verordnungen, Erlässe/genereller Weisungen und Stellungnahmen der Aufsichtsbehörden finden sich etwa bei *Zemanek,* Pädagogische Hochschulen, in *Hauser* (Hrsg), Jahrbuch. Hochschulrecht 2013 (2013) 285 ff.

D. Aufsicht

Die Organe der PH unterliegen bei der Besorgung ihrer Angelegenheiten der *Aufsicht* des zuständigen Regierungsmitglieds (§ 24 Abs 1 ff).[65] Dies umfasst auch die Aufhebung von Entscheidungen hochschulischer Organe bei Undurchführbarkeit dieser Entscheidung aus finanziellen Gründen. Die Möglichkeit, eine Beschwerde vor dem VwGH zu führen, entspricht dem verfassungskonformen Instanzenzug. Die Aufsicht erstreckt sich auf die Einhaltung der geltenden Rechtsvorschriften – einschließlich der von den Organen erlassenen Rechtsvorschriften[66] – sowie auf die Erfüllung der den PH obliegenden Aufgaben[67]. Das zuständige Regierungsmitglied hat bezüglich aller Angelegenheiten der PH ein Informationsrecht.

Die Organe sind verpflichtet, dem zuständigen Regierungsmitglied – zur Vermeidung von Mehrgleisigkeiten – im Wege über den/die Rektor/in[68] Auskünfte über alle Angelegenheiten der PH zu erteilen, Geschäftsstücke und Unterlagen vorzulegen, angeordnete Erhebungen anzustellen und Überprüfungen an Ort und Stelle vornehmen zu lassen (vgl § 24 Abs 2 HG). Neben § 24 Abs 1 entspricht auch diese Bestimmung inhaltsgleich dem § 8 Abs 1 und Abs 2 UOG 1993, wobei dort zusätzlich dem/der Rektor/in (im Binnenbereich) ein Informations- und Aufsichtsrecht zukam. Jedoch standen dem/der Rektor/in nur jene materiell- und verfahrensrechtlichen Mittel der Aufsicht zu, die ihm/ihr das Gesetz jeweils zuwies.[69]

---

[65] Vgl dazu ErläutRV 1167 BlgNR 22. GP 16. Bezüglich der Tätigkeiten im Rahmen der eigenen Rechtspersönlichkeit öffentlicher PH s § 3 Abs 11 HG.

[66] Dabei handelt es sich jedenfalls um die Satzung (§ 28), den Organisationsplan (§ 29), die näheren Bestimmungen über das Studienjahr (§ 36), die Curricula (§ 42), die Prüfungsordnung (§ 43), die Festlegung von Zulassungskriterien (§ 50), die näheren Bestimmungen über das Zulassungsverfahren (§ 51) und die Festlegung von Zulassungsfristen (§ 52).

[67] Dieser Passus wurde erst durch die 3. Nov im Jahr 2010 eingefügt.

[68] S die ErläutRV 1167 BlgNR 22. GP 16. Davon unberührt bleiben die anderen Informations- und Meldepflichten, s insb § 12 Abs 9 Z 9 und Abs 10, § 15 Abs 4 sowie § 31 Abs 4 HG.

[69] Vgl *Funk,* Die Aufsicht über die Universitäten nach den UOG 1993, in *Strasser* (Hrsg), Die Universität nach dem UOG 1993 (1996) 1 (12 f), der die Frage, ob neben der ministeriellen Aufsicht ein zweites Aufsichtsver-

Das zuständige Regierungsmitglied hat nach § 24 Abs 3[70] *Entscheidungen*[71] *(einschließlich der Durchführung von Wahlen*[72]*)* von Organen der PH aufzuheben und deren Durchführung zu untersagen, wenn die betreffende Entscheidung bzw Wahl

- von einem unzuständigen Organ herrührt (Z 1),
- unter Außerachtlassung von Verfahrensvorschriften zustande gekommen ist (Z 2),
- im Widerspruch zu geltendem Recht steht (Z 3),
- wegen der finanziellen Auswirkungen nicht durchführbar ist oder (Z 4)
- wegen der organisatorischen Auswirkungen die PH oder einzelne ihrer Organisationseinheiten an der Erfüllung der ihr übertragenen Aufgaben hindern könnte oder hindert (Z 5).

Nach UOG 1993 kam das Recht zur **bescheidmäßigen** Aufhebung von Entscheidungen von Universitätsorganen nur dem/der

---

hältnis eingerichtet werde, verneinte, da es sich „um zwei verschiedene Welten der Aufsicht" handle, „die das Gesetz hier in unsystematischer Weise miteinander vermengt hat".

70 Anders als noch im UOG 1993 sind Genehmigungsvorbehalte des zuständigen Regierungsmitglieds nicht vorgesehen.

71 *Bast,* UOG 1993² (1998) § 8 Anm 5 nennt sowohl Beschlüsse von Kollegialorganen als auch Gestaltungsakte monokratischer Organe; vgl auch *Funk,* Aufsicht, in *Strasser* (Hrsg), Die Universität nach dem UOG 1993 FN 45: Entscheidungen (= Beschlüsse und Erledigungen).

72 S § 12 Abs 6: betreffend die Wahl des/der Vorsitzenden des Hochschulrates; § 17 Abs 5: betreffend die Wahl der VertreterInnen des Lehrpersonals in die Studienkommission; § 21 Abs 3: betreffend die Wahl des/der Vorsitzenden des Arbeitskreises für Gleichbehandlungsfragen. Außerdem können in hochschulinternen Normen Wahlen vorgesehen sein (etwa die Wahl des/der Vorsitzenden der Studienkommission in der von dieser zu beschließenden Geschäftsordnung gemäß § 17 Abs 8). Bereits nach UOG 1993 unterlagen sämtliche akademische Wahlen (§ 8 Abs 7) der Aufsicht des/der zuständigen BM. Das Wahlaufhebungsverfahren ist von Amts wegen durchzuführen. Es gibt kein Antragsrecht wahlwerbender Gruppen oder Personen (wie etwa bei der Möglichkeit einer Wahlanfechtung) – dazu krit *Funk,* Aufsicht, in *Strasser* (Hrsg), Die Universität nach dem UOG 1993, 15 zur entsprechenden Bestimmung im UOG 1993 – jedoch ist eine formlose Anregung zur Ausübung des Aufsichtsrechts möglich.

BM zu.[73] Die ausdrückliche gesetzliche Anordnung einer Aufhebung mittels Bescheid fehlt im HG. Die Aufhebungsgründe entsprechen hinsichtlich der Nummerierung und des Inhalts § 8 Abs 3 Z 1 bis 5 UOG 1993, wobei neben den wortgleichen Z 1 und 4, in Z 2 (UOG 1993) eine beschränkte Relevanz von Verfahrensfehlern (Nachbildung des § 42 Abs 2 Z 3 lit c VwGG) normiert wurde. Vgl Z 3: *„im Widerspruch zu geltenden Gesetzen und Verordnungen steht, insbesondere auch wegen einer damit erfolgten Diskriminierung aufgrund des Geschlechts"*. In Z 5 fehlt die „Möglichkeit" der Hinderung an der Aufgabenerfüllung.[74]

Die Vorschrift des § 24 Abs 4 letzter S HG führt neben Entscheidungen auch Bescheide bzw durchgeführte Wahlen an. Damit wird klar zum Ausdruck gebracht, dass in diesem Zusammenhang unter „Entscheidungen" nicht auch Bescheide zu verstehen sind. Die **Aufhebung** eines Bescheides durch das zuständige Regierungsmitglied hat daher nicht auf Grundlage des Abs 3 zu erfolgen, sondern aufgrund der ihm/ihr als „sachlich in Betracht kommenden Oberbehörde" durch § 68 AVG eingeräumten Befugnisse. Die Judikatur und ein Teil der Lehre nehmen an, dass § 68 AVG nur nach Eintritt der formellen Rechtskraft (gegenüber allen Parteien) – dh bei Unanfechtbarkeit eines Bescheides mit ordentlichen Rechtsmitteln – zur Anwendung gelangt.[75]

---

73 Vgl ErläutRV 1134 BlgNR 21. GP 88.

74 Vgl dazu *Bast,* UOG 1993² § 8 Anm 9 bis 14.

75 Siehe dazu bei *Hengstschläger,* Verwaltungsverfahrensrecht⁴ (2009) Rz 573 mwN. Zu beachten ist, dass innerhalb der PH (jetzt noch) ein Instanzenzug an die Studienkommisson als Berufungsbehörde vorgesehen ist (vgl § 26) und diese daher ebenfalls sachlich in Betracht kommende Oberbehörde gegenüber dem erstinstanzlichen Organ ist. In dem Fall ist davon auszugehen, dass nicht nur das zuständige Regierungsmitglied, sondern auch die Berufungsbehörde die Möglichkeit der Behebung bzw Abänderung von Bescheiden nach § 68 AVG hat. Vgl zur Rechtslage nach UG, *Stöger* in *Mayer* (Hrsg), UG$^{2.00}$ § 45 UG insb Rz IV.5 ff. Durch das Bundesgesetz, mit dem das Hochschulgesetz 2005 geändert wird (Verwaltungsgerichtsbarkeits-Anpassungsgesetz – Bundesministerium für Unterricht, Kunst und Kultur, Bereich Pädagogische Hochschulen), BGBl I 2013/78, tritt aber § 26 am 31. 12. 2013 außer Kraft (vgl § 80 Abs 7). Hintergrund: Der administrative Instanzenzug wird mit der Ver-

Bei Vorliegen der Voraussetzungen zur Aufhebung (Kenntnis von Amts wegen oder aufgrund einer Mitteilung möglich) ist das zuständige Regierungsmitglied dazu verpflichtet („hat"). Ein subjektives Recht eines „Einschreiters" auf Durchführung einer aufsichtsbehördlichen Aufhebung besteht aber nicht, er hat daher in diesem Verfahren keine Parteistellung.[76]

Nach § 24 Abs 4 HG sind die Organe der PH verpflichtet, den der Rechtsanschauung des zuständigen Regierungsmitglieds entsprechenden Rechtszustand mit den ihnen rechtlich zu Gebote stehenden Mitteln unverzüglich herzustellen, widrigenfalls die zu erfüllende Aufgabe vom zuständigen Regierungsmitglied wahrzunehmen ist. Allenfalls zwischenzeitig ergangene Entscheidungen, Bescheide bzw durchgeführte Wahlen leiden iSd § 68 Abs 4 Z 4 AVG an einem mit Nichtigkeit[77] bedrohten Fehler.

E. Die Satzung – ein wesentliches Instrument des inneren Aufbaus öffentlicher PH

Gemäß § 28 Abs 1 hat jede PH durch Verordnung die zur Erfüllung ihrer Aufgaben erforderlichen Ordnungsvorschriften *auf Grund der bestehenden Gesetze und Verordnungen*[78] zu erlassen *(Satzung)*. Im

---

waltungsgerichtsbarkeitsnovelle 2012, BGBl I 2012/51, grundsätzlich abgeschafft. Gegen Entscheidungen einer Verwaltungsbehörde wird demnach nur mehr das Rechtsmittel der Beschwerde beim Verwaltungsgericht möglich sein. Im Bereich der PH wird eine Reihe von Entscheidungen getroffen, etwa im Bereich der Zulassung. Gegen diese Entscheidungen ist derzeit das Rechtsmittel der Berufung an die Studienkommission zulässig. Diese Berufungsinstanz an der PH wird abgeschafft. Stattdessen besteht die Möglichkeit der Beschwerde an das Bundesverwaltungsgericht, diese ergibt sich unmittelbar aus der Verfassung (Art 132 B-VG idF BGBl I 2012/51). ErläutRV 2188 BlgNR 24. GP 2 und 4.

76 Vgl auch *Stöger* in *Mayer* (Hrsg), UG$^{2.00}$ § 45 UG Rz IV.1. Eine qualifizierte Untätigkeit des zuständigen Regierungsmitglieds ist im Rahmen seiner/ihrer politischen Verantwortung – Misstrauensvotum nach Art 74 B-VG – aufzugreifen, so *Hauser,* Marginalien zur RektorInnen-Wahl, campus 2007, 9.

77 Dh die Entscheidung, der Bescheid bzw die durchgeführte Wahl bleiben rechtswirksam, solange sie/er nicht für nichtig erklärt worden ist.

78 Die Formulierung in 341/ME 22. GP Mat 48 („Die von der Hochschule

Vergleich dazu lautete die Formulierung in § 28 Abs 1 ME *im Rahmen der bestehenden Gesetze und Verordnungen,* korrespondierend zur Bestimmung des § 2 Abs 2 ME, wo noch die ausdrückliche (einfachgesetzliche) Zuerkennung des hochschulischen Autonomiestatus festgeschrieben wurde.

In der Satzung sind abschließend zu regeln (Abs 2):[79]

- Wahlordnungen für die Mitglieder des Lehrpersonals in der Studienkommission (Z 1),
- Einrichtung von für die Vollziehung studienrechtlicher Bestimmungen in erster Instanz zuständigen monokratischen Organen (Z 2),
- Zusammensetzung des Arbeitskreises für Gleichbehandlungsfragen (Z 3),
- Erlassung eines Frauenförderungsplanes (Z 4)[80],
- Betriebs- und Benutzungsordnungen für die Dienstleistungseinrichtungen (Z 5),
- Regelungen für die Benützung von Räumen und Einrichtungen der PH durch Hochschulangehörige und im Rahmen der eigenen Rechtspersönlichkeit (Z 6),
- Richtlinien für akademische Ehrungen (Z 7)[81],
- nähere Bestimmungen zur Nostrifizierung (Z 8)[82],

---

im Rahmen der bestehenden Rechtsnormen autonom gestalteten Ordnungsvorschriften, die Satzung, wird vom Rektorat erlassen, nachdem der Hochschulrat dazu seine Genehmigung erteilt hat.") wurde in den ErläutRV 1167 BlgNR 22. GP 17 jedoch unverändert übernommen.

79 Vgl *Jonak/Münster,* Die Pädagogische Hochschule[3] § 28 Anm 3.

80 Der Arbeitskreis für Gleichbehandlungfragen und der Frauenförderungsplan sollen den Maßnahmen und der Koordination der Gleichstellung der Geschlechter, dem Gender Mainstreaming und der spezifischen Förderung der Frauen in Lehre und Forschung und somit der Umsetzung Europäischer Programme für Frauen in Wissenschaft und Forschung dienen (ErläutRV 1167 BlgNR 22. GP 17).

81 Mangels eines entsprechenden Promotionsrechts kann kein Ehrendoktorat verliehen werden; vgl auch *Hauser,* Pädagogisches Hochschulgesetz (2006) § 28 Anm 17 unter Hinweis auf *Hauser,* Die Verwendung akademischer Bezeichnungen, zfhr 2005, 73.

82 Durch die 3. Nov (BGBl I 2010/47) erfolgte in § 28 eine klarstellende Ergänzung der Inhalte der Satzung um zwei Bereiche [Z 8 und 9], die im Gesetz erst an späterer Stelle erwähnt werden. Dabei handelt es sich um

- nähere Bestimmungen zur Beurlaubung (Z 9).

Die Satzung ist verpflichtend vom Rektorat zu erlassen bzw abzuändern (Abs 3); die Erlassung sowie jede Änderung bedarf zu ihrer Wirksamkeit der Genehmigung durch den Hochschulrat. Sie ist für die Dauer eines Monats ab der Erlassung bzw einer Änderung auf geeignete Weise in der PH kundzumachen[83] und sodann beim/bei der Rektor/in aufzulegen; auf Verlangen ist sie Studierenden, Lehrenden sowie sonstigen Bediensteten der PH zugänglich zu machen.

III. Zukunftsszenario: Anforderungen an Träger der PädagogInnenbildung NEU

Ein bildungspolitisches Kernprojekt der letzten Jahre ist die PädagogInnenbildung NEU, welche die Aus- und Weiterbildung aller Personen umfasst, die einen pädagogischen Beruf ergreifen.[84] Zielsetzungen des Projektes sind eine inhaltliche Aufwertung und weitere Akademisierung des Lehrberufs, eine kompetenzbasierte Ausbildung, welche die wissenschaftliche und berufsfeldbezogene Qualifikation der AbsolventInnen sicherstellt und die Harmonisierung der Ausbildung an PH und an Universitäten unter der Zielsetzung von weitreichenden Kooperationen. Mit einer neuen Ausbildung sollen PädagogInnen bestmöglich für den Einsatz in den in Österreich bestehenden Schularten (Volksschule, Neue Mittelschule, AHS, Berufsbildende Schulen, etc) vorbereitet werden. Um die Flexibilität des Einsatzes der PädagogInnen und die Übergänge zwischen Schulstufen und Schularten zu erleichtern, wurden in der PädagogInnenbildung NEU Lehrämter für größere Altersbereiche konzipiert.

Träger der Ausbildungen sind **PH und Universitäten,** die unter Schaffung von Synergien im Bereich ihrer Stärken in **enger Kooperation Lehramtsausbildungen auf tertiärem Niveau** anbieten sollen,

---

die näheren Bestimmungen zur Beurlaubung (§ 58) und zur Nostrifizierung (§ 68) – ErläutRV 676 BlgNR 24. GP 5.

83 Nach § 32 Abs 2 Z 1 HG erfolgt die Kundmachung im Mitteilungsblatt.

84 Vgl das Bundesrahmengesetz zur Einführung einer neuen Ausbildung für Pädagoginnen und Pädagogen, BGBl I 2013/124. Siehe bereits vorne.

wobei das jeweilige bestehende Angebotssegment durch Kooperationen erweitert werden kann.

Die Bachelor- und Masterstruktur betrifft grundsätzlich alle Lehrämter. Ausnahmen zur verpflichtenden Absolvierung eines Masterstudiums sind lediglich im Bereich der *Berufsbildung* vorgesehen, die Konkretisierung der betroffenen Ausbildungsgruppe erfolgt im Rahmen einer Verordnung.[85]

Der Entwicklungsrat erarbeitete ein Konzept für die PädagogInnenbildung NEU[86], das der gegenständlichen **HG**-Nov zugrunde liegt (siehe Art 1, BGBl I 2013/124) und hauptsächlich folgende Maßnahme(n) umfasst:

- Die Schaffung einer der Bologna-Struktur entsprechenden, in Kooperation zwischen PH und Universitäten durchgeführten Ausbildung auf tertiärem Niveau durch Verankerung der neuen Studienstrukturen (Bachelorstudien, Masterstudien)
- Verankerung von Masterlehrgängen im öffentlich-rechtlichen Bildungsauftrag[87].
- Verankerung von Ergänzungsstudien für QuereinsteigerInnen.
- Verankerung des Lehramtes für Neue Mittelschulen im HG für die Übergangsphase bis zum Inkrafttreten der Bestimmungen zur PädagogInnenbildung NEU[88].

---

[85] Vgl zu den (vier) Arbeits- und Kommunikationsphasen im Rahmen der Umsetzung, ErläutRV 2348 BlgNR 24. GP 1 und http://www.bmukk.gv.at/schulen/lehr/labneu/index.xml (18. 8. 2013).

[86] Beilage 2 zum Vortrag an den Ministerrat vom 9. November 2012.

[87] Vgl § 39 Abs 1 und 2 idF BGBl I 2013/124. Nach den Mat fehlt ein sachlicher Grund, warum PH nicht – wie andere tertiäre Bildungseinrichtungen – Masterlehrgänge als Weiterbildungsangebote auch in jenen Bereichen anbieten können, die dem öffentlich-rechtlichen Bildungsauftrag zuzuordnen sind. Diese Hochschullehrgänge haben jedenfalls (internationalen Standards entsprechend) 90 und höchstens 120 ECTS-Credits zu umfassen und schließen immer mit dem „Master of Education" („MEd") ab (vgl ErläutRV 2348 BlgNR 24. GP 7).

[88] Ab dem Studienjahr 2013/2014 wird das Lehramt für Hauptschulen durch das Lehramt für Neue Mittelschulen ersetzt. Da die Regelungen zur PädagogInnenbildung die Verankerung der Neuen Mittelschule zum Teil überlagern, wurde in einer Übergangsbestimmung (§ 82a) vorgesehen, dass bis zum Inkrafttreten der PädagogInnenbildung NEU mit ihrer neuen Lehramtssystematik Lehrämter für Neue Mittelschulen anstelle

- Abänderung der Zulassungsvoraussetzungen.
- Neugestaltung der Studieneingangs- und Orientierungsphase.
- Entfall der Abschnittsgliederung und der Nachfrist.[89]

Es gibt *Lehramtsstudien* in folgenden Bereichen:

- im Bereich der Primarstufe
- im Bereich der Sekundarstufe (Allgemeinbildung)
- im Bereich der Sekundarstufe (Berufsbildung)

Die Curricula von Bachelor- und Masterstudien zur Erlangung eines *neuen Lehramtes* sollen so gestaltet sein, dass für jedes neu eingerichtete Bachelorstudium eine direkte Anschlussfähigkeit für zumindest ein neu einzurichtendes Masterstudium gegeben ist.

Der Hauptaufgabenbereich der PH wird nach wie vor in der Lehramtsausbildung liegen. Diese Studien erfahren durch das Projekt der PädagogInnenbildung NEU umfassende Änderungen. Bachelorstudien zur Erlangung eines Lehramtes haben künftig einen Arbeitsaufwand von 240 ECTS-Credits, Masterstudien zur Erlangung eines Lehramtes haben einen Arbeitsaufwand von mindestens 60 ECTS-Credits, bei fachlicher Erweiterung jedenfalls 90 ECTS-Credits aufzuweisen. Der Hintergrund dieser umfangmäßigen Ausdehnung des Bachelorstudiums auf 240 ECTSCredits liegt darin, dass die fachwissenschaftlichen Anteile intensiviert werden und dennoch eine starke Verzahnung mit der Praxis vorgesehen ist.

Die PH sollen die Möglichkeit haben, entsprechend ihrer Aufgabendefinition in § 8 *neben* den klassischen Lehramtsstudien *auch Bachelor- und Masterstudien in anderen pädagogischen Berufsfeldern* (zB im Bereich Sozialpädagogik oder Elementarpädagogik) anzubieten. Diese Bachelorstudien haben mindestens 180 ECTS-Credits, die Masterstudien mindestens 60 ECTS-Credits zu umfassen.

§ 35 Z 1 und 1a definieren allgemein, wie Bachelor- und Masterstudien an PH gestaltet sind, wobei diese als Bachelor- und Masterstudien zur Erlangung eines Lehramtes oder in allgemeinen Berufsfeldern wie zB in der Elementar- oder in der Sozialpädagogik angeboten werden können und unterschiedliche ECTS-Credits aufweisen.

---

der Lehrämter für Hauptschulen einzurichten und zu führen sind. Studierende, die das Lehramtsstudium für Hauptschulen begonnen haben, werden automatisch (ohne zusätzlichen Studienaufwand) in das Lehramtsstudium für Neue Mittelschulen überführt.

[89] ErläutRV–WFA-Hochschulgesetz 2348 BlgNR 24. GP 1.

§ 38 widmet sich *nur den Lehramtsstudien* und enthält eine konkrete Einteilung gemäß den neu vorgesehenen Strukturen, nämlich nach Primarstufe und Sekundarstufe in der Allgemeinbildung oder der Berufsbildung.

Bachelorstudien für die Primarstufe haben jedenfalls einen Schwerpunkt vorzusehen (zB inklusive Pädagogik), bei Bachelorstudien für die Sekundarstufe (Allgemeinbildung) können entweder zwei Studienfächer bzw ein sogenanntes „kohärentes Fächerbündel" (ein Bündel aus mindestens zwei einander überschneidender Studienfächer), oder ein Studienfach und ein Schwerpunkt gewählt werden (zB Medienpädagogik oder Berufsorientierung). Auch bei Bachelorstudien für die Berufsbildung soll eine Schwerpunktwahl ermöglicht werden. Masterstudien vertiefen die Inhalte des Bachelorstudiums, können aber auch fachliche Erweiterungen vorsehen.

Es wird der Grundsatz verfolgt, dass sowohl die PH als auch die Universitäten weiterhin ihre bereits bestehenden Lehramtsstudien selbständig anbieten, wobei **Kooperationen gewünscht und im Bereich der Sekundarstufe auch nötig sind.** Die Einrichtung von Studien aus dem Angebotsbereich der jeweils anderen Institution ist jedoch nur im Rahmen einer Kooperation mit dieser möglich. Auf diese Art wird sichergestellt, dass die Kompetenz der PH oder der Universitäten in ihrem jeweiligen Angebotsfeld auch bei neu eingerichteten Studien einfließt. Es ist **ausdrücklich vorgesehen, dass PH bei Einrichtung eines Masterstudiums im Bereich der Sekundarstufe (Allgemeinbildung) im Umfang von 90 ECTS-Credits jedenfalls mit einer Universität (oder einer ausländischen Hochschule mit facheinschlägigem Promotionsrecht) zu kooperieren haben.**[90]

---

[90] Vgl § 38 Abs 2c idF BGBl I 2013/124: Nach S 1 richtet sich *„die Zuständigkeit für das jeweilige Lehramt … nach der zum Zeitpunkt der Beschlussfassung schon bestandenen bisherigen Kompetenzverteilung"*. Für Lehramtsstudien sind der „Bachelor of Education" („BEd") und der Master of Education („MEd") zu verleihen (vgl § 38 Abs 2 und 2b idF BGBl I 2013/124). § 82c enthält eine Übergangsregelung für Studierende von sechssemestrigen Bachelorstudien. Um eine Anschlussfähigkeit an den konsekutiven Master zu ermöglichen, müssen weitere 60 ECTS-Credits, die auf ein 240 ECTS-Credits-Bachelorstudium fehlen, nachgewiesen werden. Die Differenz muss somit aus anderen Studien der Aus-, Fort- und Weiterbildung an PH oder Universitäten abgedeckt werden. Auf die

Für sogenannte „Quereinsteiger und Quereinsteigerinnen" mit erfolgreich absolvierten facheinschlägigen Studien wird eine Art „verkürztes Bachelorstudium" unter Anrechnung der fachwissenschaftlichen Inhalte vorgesehen, das dem Erwerb der nötigen pädagogischen und didaktischen Inhalte dient. Das ergänzende Studium ist ein um die fachwissenschaftlichen Inhalte verkürztes Studium, das der Erlangung eines Lehramts für Neue Mittelschulen, Polytechnische Schulen oder eines Lehramts im Bereich der Berufsbildung (und ab Inkrafttreten der PädagogInnenbildung NEU für die neu definierten Lehrämter) dient.[91]

Personen ohne tertiäre Fachausbildung (zB mit Meisterprüfung und Berufspraxis) haben ein Bachelorstudium unter Anrechnung von Anteilen der Berufsausbildung zu absolvieren. In gewissen Verwendungen wird auf die Notwendigkeit eines Masterstudiums verzichtet. Diesfalls wird die Induktionsphase im Zusammenhang mit dem Bachelorstudium absolviert.

Die Curricula sind kompetenzorientiert aufzubauen. Sie weisen einen „gemeinsamen pädagogischen Kern" (bildungswissenschaftliche Grundlagen) im Umfang von 60 ECTS-Credits auf, der Themenbereiche wie zB Bildung und Organisation, erziehungswissenschaftliche Grundlagen, Gestaltung und Evaluation von Bildungsprozessen, pädagogische Qualität und Professionalität, Teamarbeit und Selbsterfahrung abdeckt.[92]

Art und Weise wird eine gewisse Flexibilität geschaffen, um diesen Studierenden den Zugang zum Masterstudium zu ermöglichen. § 82d enthält eine Übergangsregelung für Studierende, die ihr sechssemestriges Bachelorstudium zum Zeitpunkt des Inkrafttretens der Regelungen zur PädagogInnenbildung NEU noch nicht abgeschlossen haben. Diese werden nicht in die neue Studienstruktur übergeführt, sondern beenden ihr Studium nach den „alten" Bestimmungen.

[91] Vgl § 8 Abs 3b, § 35 Z 1b, § 38a, § 52 und § 65 Abs 1a idF BGBl I 2013/124.

[92] Vgl die ErläutRV 2348 BlgNR 24. GP 2, 5. Die Möglichkeit von „gemeinsam eingerichteten Studien" – es handelt sich dabei um Kooperationen aufgrund § 10 HG mit einer anderen PH und bzw oder einer inländischen Universität – ergibt sich aus § 35 Z 4a, § 38 Abs 3 und § 39 Abs 3 idF BGBl I 2013/124. Davon unberührt bleibt die Kooperationsverpflichtung gemäß § 38 Abs 2c.

Im Rahmen des neu eingefügten Hauptstückes „4a" wird ein **Qualitätssicherungsrat** gemeinsam von der Bundesministerin oder dem Bundesminister für Unterricht, Kunst und Kultur mit der Bundesministerin oder dem Bundesminister für Wissenschaft und Forschung zur Qualitätssicherung der Curricula der **neuen Lehramtsstudien** der Universitäten und der PH eingerichtet.[93] Dieser hat folgende **Aufgaben:**

1. Beobachtung und Analyse der Entwicklung der PädagogInnenbildung in Österreich unter Bedachtnahme auf europäische und internationale Entwicklungen sowie Erarbeitung von Vorschlägen zu deren Weiterentwicklung,
2. Beratung der Bundesministerinnen und der Bundesminister sowie der hochschulischen Bildungseinrichtungen in Angelegenheiten der Qualitätssicherung und Bedarfsfragen,
3. Studienangebotsspezifische Prüfung der wissenschaftlichen und professionsorientierten Voraussetzungen für die Leistungserbringung von PH allenfalls unter Hinzuziehung einer dafür international anerkannten unabhängigen Hochschul-Qualitätssicherungseinrichtung (zB Agentur für Qualitätssicherung und Akkreditierung Austria oder eine im European Quality Assurance Register eingetragene Qualitätssicherungseinrichtung),
4. Stellungnahme im Rahmen der Curricula-Begutachtungsverfahren zu den Curricula der Lehramtsstudien gemäß Anlage hinsichtlich der Umsetzung der berufsrechtlichen Vorgaben (insbesondere der für den Beruf der PädagogInnen notwendigen Kompetenzen, des Qualifikationsprofils, die entsprechende Berücksichtigung von im Schulorganisationsgesetz 1962 in der jeweils gültigen Fassung genannten Aufgaben der Schularten und der Anstellungserfordernisse). Hinsichtlich der inhaltlichen Anstellungsvoraussetzungen für Tätigkeiten in Kirchen und Religionsgemeinschaften wird auf Art 15 StGG hingewiesen; sowie

---

93 Kurioserweise wurde aufgrund eines legistischen Versehens (im Inhaltsverzeichnis) dieses Hauptstück nicht nach, sondern VOR dem 4. Hauptstück eingefügt.

5. jährliche Veröffentlichung eines Berichts über den aktuellen Stand der PädagogInnenbildung in Österreich.

Die Stellungnahme des Qualitätssicherungsrates entfaltet insofern Auswirkungen, als Lehramtsstudien der Universitäten und der PH künftig nur dann einer Finanzierung aus öffentlichen Mitteln im Wege der Leistungsvereinbarung oder des Ziel- und Leistungsplans zugänglich sind, wenn eine entsprechende positive Stellungnahme vorliegt.[94]

Der Qualitätssicherungsrat soll in seiner Geschäftsführung durch eine Geschäftsstelle unterstützt werden, wobei der Personal- und Sachaufwand vom Bundesministerium für Wissenschaft und Forschung sowie vom Bundesministerium für Unterricht, Kunst und Kultur je zur Hälfte getragen werden soll. Dem Qualitätssicherungsrat dürfen keine Mitglieder oberster Organe, keine Staatssekretärinnen und Staatssekretäre, keine Funktionärinnen und Funktionäre politischer Parteien sowie keine MitarbeiterInnen der zuständigen Bundesministerien angehören. Unter FunktionärInnen einer politischen Partei sind Personen zu verstehen, die eine leitende Funktion auf Bundes- oder Landesebene entsprechend den einschlägigen Bestimmungen der jeweiligen Bundes- oder Landesorganisationsstatute oder anderer vergleichbarer Vorschriften politischer Parteien bekleiden.[95]

Weiters wird normiert, dass die Mitglieder des Qualitätssicherungsrates (sechs Personen, auf fünf Jahre bestellt, drei Mitglieder je BM, eine Wiederbestellung ist möglich) weisungsfrei sind und dass der Rat je zur Hälfte aus Frauen und Männern bestehen soll. Ebenso wird verankert, dass mindestens zwei Mitglieder über eine einschlägige internationale Berufserfahrung verfügen müssen.[96]

---

94 Vgl ErläutRV 2348 BlgNR 24. GP 4 f; vgl für die Universitäten § 13 Abs 2 Z 1 UG idF BGBl I 2013/124.

95 Vgl § 74a Abs 5 HG. Die in anderen hochschulrechtlichen Normen üblicherweise verankerte „Sperrfrist“ von vier Jahren wurde hier auf zwei Jahre verkürzt. Vgl bereits kritisch zur „Unvereinbarkeit“ unter Punkt C.

96 Vgl insb § 74a Abs 2 HG. Eine vorzeitige Abberufung aus wichtigen Gründen ist nach Abs 4 möglich. Nicht normiert ist, wie die Bestellung eines neuen Mitglieds im Falle eines vorzeitigen *Ausscheidens* erfolgen soll. Es spricht wohl dafür, für den Rest der Funktionsperiode ein neues Mitglied auf dieselbe Art wie das ausgeschiedene Mitglied zu bestellen.

Die Agentur für Qualitätssicherung und Akkreditierung Austria[97] hat durch ein Audit die Strukturen und Verfahren der Qualitätssicherung für das Lehramt an Schulen bzw Berufstätigkeiten an elementarpädagogischen Bildungseinrichtungen insb zur Prüfung der wissenschaftlichen und professionsorientierten Voraussetzungen für die Leistungserbringung festzustellen.[98]

Der Qualitätssicherungsrat hat eine Geschäftsordnung zu erlassen und eine Mehrjahresplanung zu erstellen. Beide (Geschäftsordnung und Mehrjahresplan) bedürfen der Genehmigung der Bundesministerin oder des Bundesministers für Wissenschaft und Forschung und der Bundesministerin oder des Bundesministers für Unterricht, Kunst und Kultur und sind zu veröffentlichen. Ebenso sind sämtliche Entscheidungen der Bundesministerin oder dem Bundesminister für Wissenschaft und Forschung und der Bundesministerin oder dem Bundesminister für Unterricht, Kunst und Kultur zur Kenntnis zu bringen und auch zu veröffentlichen.

Der Qualitätssicherungsrat unterliegt der Aufsicht der beiden Bundesminister bzw Bundesministerinnen.[99] Die Anlage enthält Rahmenvorgaben für die Begutachtung der Curricula durch den Qualitätssicherungsrat für PädagogInnenbildung.[100]

Nach § 80 Abs 8 HG traten am 12. 7. 2013 folgende Regelungen in Kraft:

---

[97] Die **AQAA** übernimmt sektorenübergreifend (Universitäten, Donau-Universität Krems [DUK], Fachhochschulen, Privatuniversitäten) die **externe Qualitätssicherung;** diese erfolgt durch Zertifizierung des Qualitätsmanagementsystems der Bildungseinrichtungen, Akkreditierung von Bildungseinrichtungen, Akkreditierung von Studien, Aufsicht über die nach diesem Bundesgesetz akkreditierten Bildungseinrichtungen und die nach diesem Bundesgesetz akkreditierten Studien (vgl § 1 HS-QSG).

[98] Vgl auch § 22 Abs 2 Z 6 HS-QSG idF BGBl I 2013/124.

[99] Je nach Kompetenzbereich (vgl § 30a Abs 10 HS-QSG und § 74a Abs 10 HG).

[100] Vgl ErläutRV 2348 BlgNR 24. GP 11; vgl auch die korrespondierende Einführung des Qualitätssicherungsrates im **HS-QSG** (7a. Abschnitt: **§ 30a** sowie die „**Anlage** zu § 30 Abs 1 Z 4" – müsste wohl korrekterweise „Anlage zu § 30**a** Abs 1 Z 4" lauten). Die identen Rahmenvorgaben wurden korrespondierend dazu auch im HG – in der „Anlage zu § 74 Abs 1 Z 4" geregelt.

- Facheinschlägige Studien ergänzende Studien (als Kann Bestimmung),
- Schulentwicklung, wissenschaftlich-berufsfeldbezogene Forschung,
- Gemeinsam eingerichtete Studien,
- Masterlehrgänge im öffentlich-rechtlichen Bildungsauftrag,
- der Qualitätssicherungsrat

Am 1. 10. 2013 traten in Kraft:

- die Bestimmungen zur Neuen Mittelschule,
- der Entfall der Abschnittsgliederung,
- der Entfall der Nachfrist,
- die Neugestaltung der Zulassungsvoraussetzungen.

Am 1. 10. 2015 treten sämtliche Bestimmungen zur PädagogInnenbildung NEU hinsichtlich der Bachelorstudien zur Primarstufe in Kraft, jene für die Sekundarstufe werden erst mit 1. 10. 2016 wirksam. Die Umstellungen betreffen jeweils die mit dem Zeitpunkt des Inkrafttretens neu beginnenden Bachelorstudien, die bereits geführten Studien laufen nach geltendem Recht aus. Die PH haben jedoch die Möglichkeit, die Studien bereits vor deren Inkrafttreten anzubieten, insb um keine zeitlichen Hindernisse für Kooperationen mit Universitäten vorzufinden. Am 1. Oktober 2019 treten die Bestimmungen zum Masterstudium und zu den Induktionslehrveranstaltungen in Kraft. Da die ersten Bachelorstudien für die Primarstufe eine vierjährige Zeitspanne abdecken, können die ersten Masterstudien, die auf diesen Bachelorstudien aufbauen, erst ab 1. Oktober 2019 angeboten werden. Auch hier haben die PH die Möglichkeit, konsekutive Masterstudien vor dem Zeitpunkt des Inkrafttretens anzubieten.[101]

Die Anpassungen des **UG** und des **HS-QSG** umfassen hauptsächlich folgende Maßnahme(n):

- Errichtung eines Qualitätssicherungsrates für die PädagogInnenbildung und Festlegung von Qualitätssicherungskriterien in einer Anlage zum **HS-QSG**
- Schaffung der Möglichkeit, Schulen die Bezeichnung „Kooperationsschule" zu verleihen

[101] Siehe bereits vorne.

- Abänderung der Zulassungsvoraussetzungen für Lehramtsstudien[102]
- Weiterentwicklung der Studienstruktur gemäß dem Bologna-System insb für Lehramtsstudien
- Einführung von Induktionslehrveranstaltungen und Praxisveranstaltungen.[103]

Durch § 54 Abs 3 UG wird es den Universitäten ermöglicht, auf vierjährige (240 ECTS-Anrechnungspunkte umfassende) Bachelorstudien aufbauende einjährige (60 ECTS-Anrechnungspunkte umfassende) Masterstudien anzubieten. Bachelorlehramtsstudien bzw Studien für das Lehramt an Schulen umfassen 240 ECTS-Anrechnungspunkte und für diese ist die Einholung eines Gutachtens zur Feststellung der Beschäftigungsfähigkeit nicht erforderlich. Für Berufstätigkeiten an elementarpädagogischen Bildungseinrichtungen beträgt der Arbeitsaufwand mindestens 180 ECTS-Anrechnungspunkte. Weiters wird geregelt, dass Masterstudien zur Erlangung eines Lehramtes im Bereich der Sekundarstufe (Allgemeinbildung) mindestens 90 ECTS-Anrechnungspunkte zu umfassen haben. Wie bereits oben angesprochen, sind Anforderungen an die Ausbildung von PädagogInnen im Elementar-, Primar-, und Sekundarbereich der Anlage zum HS-QSG zu entnehmen.

Mit § 54 Abs 5 erster S UG wird normiert, dass Curricula zu Studien für das Lehramt an Schulen bzw Berufstätigkeiten an elementarpädagogischen Bildungseinrichtungen auch dem Qualitätssicherungsrat für die PädagogInnenbildung zur Abgabe einer Stellungnahme vorzulegen sind.

Praxisveranstaltungen dienen der praxisorientierten Anwendung pädagogischer und fachdidaktischer Methoden. Der Abschluss von Kooperationsabkommen zwischen Universitäten und Schulen (Kooperationsschulen) ist möglich. Sollten Lehramtsstudien für Volks-

---

[102] § 143 Abs 35 UG idF BGBl I 2013/124 normiert, dass Eignungs- und Aufnahmeverfahren (vgl § 63 Abs 1 Z 5a und Abs 12) erstmals auf StudienwerberInnen bzw Studierende, die ein Studium für das Lehramt an Schulen bzw Berufstätigkeiten an elementarpädagogischen Bildungseinrichtungen im WS 2014/15 aufnehmen, anzuwenden sind; vgl ErläutRV 2348 BlgNR 24. GP 10.

[103] Art 2 und 3, BGBl I 2013/124. Vgl ErläutRV-WFA 2348 BlgNR 24. GP 1.

schulen, Sonderschulen, Polytechnische Schulen, Hauptschulen, Neue Mittelschulen oder Berufsschulen von Universitäten angeboten werden, ist dies nur gemeinsam mit einer oder mehreren PH möglich (vgl § 54 Abs 6b, 6c UG).

Nach Ansicht der Universitätenkonferenz ist der Aufbau teurer Parallelstrukturen aber jedenfalls abzulehnen. Insb werden die geplanten Eingriffe in die curriculare Autonomie der Universitäten durch den neu geschaffenen Qualitätssicherungsrat abgelehnt. Damit bestehe die Gefahr, dass indirekt die Möglichkeit eines Durchgriffs von Politik und Bildungsverantwortung auf die Curricula geschaffen werde.[104]

IV. Fazit

Die Kooperationen von Universitäten und PH sind zu begrüßen, soweit sie einer Qualitätssteigerung dienen und sich gegenseitig befruchten. Das prolongierte „Offen lassen" der Führungsverantwortung in der Institutionenfrage birgt allerdings auch Gefahren in sich. So gut gemeint der Appell des Gesetzgebers zum harmonischen Miteinander der beteiligten Institutionen auch sein mag. In der Praxis wird es wohl wesentlich an den (rechtlichen) Gestaltungen der Kooperationsvereinbarungen liegen, das konstruktive Gefüge zwischen den beteiligten Institutionen auf Dauer und nicht zu Lasten einer der beteiligten Institutionen zu erhalten.

[104] Vgl zur harschen Kritik im Detail an den Gesetzesentwürfen zur PädagogInnenbildung NEU in der Stellungnahme der Universitätenkonferenz vom 29. 4. 2013, http://www.uniko.ac.at/positionen/ (15. 8. 2013). Vgl etwa auch die Stellungnahme des Senats der JKU vom 7. 1. 2013.

Ulrike Greiner

Hochschule im Wandel: Institutionelle Entwicklungen in der Lehrerbildung am Beispiel der Pädagogischen Hochschulen in Österreich

Inhalt

I. Vorüberlegungen – aus berufsbiographischer Perspektive

Der institutionelle Entwicklungsprozess einer tertiär-akademischen Bildungsinstitution ist in größeren, einander vielfältig überlagernden Horizonten der Gesamtentwicklung von Bildung und Wissen, Forschung und Lehre, Institutionenentwicklung und Umweltkontakt in sich deutlich verändernden Weltzusammenhängen zu sehen. Perspektiven und Entscheidungen werden dabei nicht mehr so langfristig gewählt bzw werden ständig an neue Wechselzusammenhänge angepasst. Das ist herausfordernd, manchmal auch prekär, besonders für langfristiges Planungsmanagement. Ziele, Bedingungen und Schritte müssen zusammenpassen, isolierte Maßnahmen machen immer weniger Sinn. Damit sie aber im größeren Kontexten konvergieren, braucht es stabile politische Entscheidungen über das „Wohin" einer Institution, die sich dabei aber auch permanent selbst entwirft und gestaltet.

Ich werde hier am Beispiel der Pädagogischen Hochschulen in Österreich Genese und Anforderungen einer Institutionenentwicklung skizzieren, und zwar vor dem Hintergrund der Erfordernisse der Gestaltung von Lehrerbildung. Meine eigenen berufsbiographischen Erfahrungen spielen dabei naturgemäß eine Rolle.

Fünf Phasen sind in meiner Berufsbiographie erkennbar, die auch den bewusst vollzogenen Rollenwechsel zwischen unterschiedlichen Ebenen des Bildungswesens zeigen: Eigene Unterrichtstätigkeit, bald kombiniert mit Beratungstätigkeit für Lehramtsstudierende, wurde ergänzt und schließlich abgelöst von der Lehre in der Lehrerbildung ab 1992.

Ab 1995 engagierte ich mich zunehmend in Fragen der damaligen Hochschulentwicklung der Pädagogischen Akademie, zeitgleich begann ich mich intensiv mit der Tertiärisierung der noch schulischen Strukturen der Akademie durch den Forschungsaufbau zu beschäftigen. 2000 wechselte ich in den Bereich der Beratung und des Managements für den Aufbau der Bildungsforschung an Pädagogischen Akademien – meine eigenen Forschungen im Zuge meiner persönlichen universitären Weiterentwicklung (Dissertationen) bestärkten mich dabei. Ich habe gemeinsam mit einem Kollegen Projekte aus dem Bereich der empirischen Schul- und Unterrichtsforschung teils initiiert und begleitet, teils beraten und bis zur Antragsfähigkeit geführt.

2006 schließlich, bald nach meiner Habilitation, begann meine erste Funktionsperiode als Gründungsrektorin der Kirchlichen Pädagogischen Hochschule Wien/Krems. Knapp vier Jahre des gesamten Neuaufbaus einer tertiären Bildungsinstitution folgten. Ich lernte – gezwungenermaßen – in raschester Zeit alle Ebenen des Hochschulmanagements kennen. Diese Gründungsjahre waren geprägt vom Geist des Aufbruchs und der Innovation an dieser Institution, die mit ihren ProfessorInnen wirklich bereit war ein zukunftsorientiertes Lehrerbildungskonzept mit Originalität und wissenschaftlicher Kraft zu realisieren.

Nach der zentralen Mitwirkung am Aufbau dieser Institution wechselte ich 2010 als Rektorin an die Pädagogische Hochschule Oberösterreich. Auch diese Tätigkeit im Hochschulmanagement von Lehrerbildung hat mir intensive Erfahrungen von Leitung und Management ermöglicht. Die Pädagogische Hochschule Oberösterreich ist eine Institution mit langer Tradition in wichtigen Themen des Bildungswesens und hoher akademischer Gestaltungskraft, besonders in den Fächern der Sekundarstufe 1, in der Inklusiven Pädagogik und im Schulmanagement.Parallel zu dieser berufsbiographischen Entwicklung habe ich seit meinem ersten Studienabschluss ohne Unterbrechung an Universitäten weiterstudiert und allmählich auch als Lehrbeauftragte gelehrt. Meine wissenschaftsbiographische Entwicklung zeigt ein lang anhaltendes ungebrochenes Interesse an der Gestaltung von Lehrerbildung und ihren institutionellen Aspekten.

Die kulturell-habituellen Unterschiede von Pädagogischen Hochschulen und Universitäten habe ich selbst erlebt, aber auch die (zunehmenden) Gemeinsamkeiten und Annäherungen im Bereich der Gestaltungsfragen von Lehrerbildung. Hier bewegen sich Institutionen mit unterschiedlicher Tradition, unterschiedlichen wissenschaftspolitischen und rechtlichen Möglichkeiten in ähnlichen Problemkreisen, denen sie aber zu Teilen mit unterschiedlichen personellen, organisatorischen und curricularen Lösungen begegnen. Es ist noch zukunftsoffen, wie die Kooperation zwischen Universitäten und Pädagogischen Hochschulen auf Augenhöhe wirklich gelingen kann. Jedenfalls ist die Position einer Pädagogischen Hochschule als nachgeordneter Dienststelle des Ministeriums mit gleichzeitig vielen Interdependenzen zur örtlichen Schulbehörde schwierig. Ohne eigene Zukunftsvision und einen klaren (parteipolitisch unabhängigen) nationalen Weiterentwicklungsauftrag würde die Hochschule an Gestaltungskraft verlieren. Diesbezüglich werden die Entwicklungen der beiden kommenden Jahre entscheidend sein. Zu berücksichtigen ist dabei, dass die Forschungslage über die Entwicklung der Pädagogischen Hochschulen in Österreich schlecht ist und intensive, besonders auch qualitative Untersuchungen fehlen. Das entspricht ganz dem geringen Ausmaß von Hochschulforschung in deutschsprachigen Ländern[1]. Staatsnahe hochschulische Institutionen liefern – als fließende Übergänge zum Datenqualitätsmanagement – allerdings „planungs- und politikrelevante systematische Informationen“[2], und das tun auch die Pädagogischen Hochschulen in vielfältiger Weise, wenn sie über ihre Abschlussquoten, ihre Gender-Verteilung, die quantitativen Ergebnisse ihrer Fortbildungsprogramme oder ihre Maßnahmen in politikrelevanten Reformprojektunterstützungen dem zuständigen Bundesministerium für Unterricht, Kunst und Kultur berichten. Neben diesen Daten fehlen weithin „dichte Beschreibungen“[3] über die inneren Entwicklungen, sodass man auf Selbstbeschreibungen des Systems in Form von Leistungsberichten oder auf die eigenen unsystematischen, aber nachhaltigen Erfahrungen als Mitglied des Systems angewiesen ist.

Meine Überlegungen sind eingebettet in eine besondere historische Situation, nämlich der nationalen Entscheidung über die Umsetzung des großen Reformvorhabens „PädagogInnenbildung NEU“ in Österreich, die in diesen Tagen getroffen wurde und weitreichende langfristige Konsequenzen für die österreichischen Pädagogischen Hochschulen und lehramtsführenden Universitäten hinsichtlich der strukturellen Ausgestaltung der Lehrerbildung haben dürfte. Dabei befinden sich schon jetzt beide Hochschultypen in einer institutio-

1 Vgl *Teichler U.*, Hochschulbildung, in *Tippelt R.* (Hrsg), Handbuch Bildungsforschung (2002) 351.

2 *Teichler U.*, Hochschulbildung, in *Tippelt R.* (Hrsg), Handbuch Bildungsforschung (2002) 352.

3 *Geertz C.*, Dichte Beschreibung. Beiträge zum Verstehen kultureller Systeme (1987).

nellen Entwicklungsanstrengung, freilich mit unterschiedlichen Zugängen.

II. Fünf Ebenen der Beschreibung von Hochschulsystemen

In den folgenden Überlegungen kann man unschwer eine Systematik zur Beschreibung von Hochschulsystemen wiedererkennen, die ich insbesondere in Punkt VI. benutze, um die Entwicklungslinien an Pädagogischen Hochschulen zu skizzieren. Ich beziehe mich dabei auf Ulrich Teichler[4], der in seiner Bilanz zum Stand der Hochschulforschung die zentralen Themengebiete nennt:

1. Themen der quantitativ-strukturellen Analyse: Dazu gehören Zugänge und Zulassungen zum Studium, Studiengänge, quantitative Entwicklungen der Leistungsbereiche, Studienwege und Absolventenanalysen.
2. Wissenssystem- und fachbezogen: Die zentrale und einen Hochschultypus konstituierende Frage ist hier, wie die Strukturierung der Fachdisziplinen und die Verhältnisse von Wissenschaft und Berufspraxis, Lehre und Forschung, Theorie und Praxis insgesamt gestaltet sind.
3. Lehr-Lernprozess-Kulturen und Selbstverständnis von Hochschullehrenden: Die Kommunikation zwischen Lehrenden und Studierenden, das Selbstverständnis der Hochschullehrpersonen, die disziplinäre und disziplinübergreifende Zusammenarbeit, die Lern- und Lehrkulturen, also auch die hochschuldidaktischen Wege und Prüfungskulturen bestimmen dieses Feld.
4. Organisationelle Entwicklung: Die organisationelle Ausdifferenzierung der Arbeitseinheiten, die Übersetzung der Diskurs- und Leistungslogiken, der Experten- und Unterstützungssysteme in die Struktur der Institution, die internen Kommunikations- und Entscheidungswege sind ein wesentliches Thema.

---

[4] Vgl *Teichler U.*, Hochschulbildung, in *Tippelt R.* (Hrsg), Handbuch Bildungsforschung (2002) 349.

5. Steuerung und Management: Nicht zuletzt nennt Teichler diese Ebene im Dialog der Institution zur Gesellschaft und zum Staat, zu wesentlichen Partnern und Auftraggebern im nationalen und internationalen Umfeld und die Übersetzung der äußeren Anforderungen in Vermittlung mit dem Selbstverständnis der Hochschule als zentrale Aufgabe von Hochschulleitung.

III. Wissenschafts- und gesellschaftspolitischer Weltkontext

Die Hochschulentwicklung muss im Kontext einer weltgesellschaftlichen Entwicklung verortet werden. Seit der zweiten Hälfte der 90er Jahre des 20. Jahrhunderts[5] wird die Internationalisierung der Hochschulen (mit diesem Begriff inkludieren wir hier und im Folgenden auch die Universitäten) zu einem wichtigen Thema. Gemäß der wirtschaftlichen und gesellschaftlichen Öffnung und dem Entstehen globaler Ströme von Wissensaustausch und Waren- und Personenverkehr öffneten sich die Hochschulen, und zwar auch über ihre Mobilitäten und wissenschaftlich-akademischen Netzwerke im Sinne der scientific community hinaus. Die gesellschaftliche Positionierung der Universität wird breiter, innerhalb einer Pluralität von Partnern[6] und Kooperationsmöglichkeiten. Es entstehen weltweit sog Hochschulräume, wie der asiatische, angloamerikanische oder europäische Raum, innerhalb derer ökonomische, gesellschaftliche, kulturelle und wissenschaftliche Interessen ineinander fließen und die Hochschulen eine neue dynamische Rolle der Wissensproduktion durch internationale Forschung einnehmen. Dabei verändert sich die Rolle des Wissens, das disziplinübergreifend, teilweise sozial situiert, als Antwort auf gesellschaftlich komplexe Problemlagen, zentri-

---

[5] Vgl *Teichler U.*, Hochschulbildung, in *Tippelt R.* (Hrsg), Handbuch Bildungsforschung (2002) 355; *Pechar H.*, Hochschulen in der postnationalen Konstellation, in *Pellert A.* (Hrsg), Einführung in das Hochschul- und Wissenschaftsmanagement. Ein Leitfaden für Theorie und Praxis (2006) 16.

[6] Vgl *Loprieno A.*, Ist ‚Bildung' auch nach Bologna eine Aufgabe der Universität? in *Österreichischer Wissenschaftsrat* (Hrsg), Lehren lernen – die Zukunft der Lehrerbildung (2012) 169.

fugal und den alten Architekturen der Fachsystematiken entkommen, seltsam zirkulierend entsteht.

Diese internationalen Entwicklungen spiegeln sich selbst im kleinen Kosmos der österreichischen Lehrerbildung, wo zwischen ForscherInnen, Hochschullehrenden, Schulstandorten und weiteren Akteuren wie Schulleitungen und lokalen Sozialinstitutionen neue Lernkontexte für SchülerInnen geschaffen, beforscht und implementiert werden, die sich tendenziell nicht mehr an den institutionellen Rahmen nur der Schule halten, weil die Lebenswelten dahinter komplexere Lösungen für Bildungsbiographien verlangen.

Das alles „entfesselt" die alte Institution Universität bzw Hochschule. Sie wird zu einer Wissensproduzentin in und für gesellschaftliche Orte, indem sie disziplinäre Grenzen überschreitet und innerhalb offener Gemeinschaften und Netzwerke von wissensorientierten Menschen agiert. Nowotny[7] beschreibt diesen neuen öffentlichen Raum der Begegnung von Wissenschaft und Gesellschaft, Markt und Politik als „Agora", der die „Kategorisierungen der Moderne"[8] transzendiert. Es ist jedenfalls ambivalent zu betrachten, aber als historischer Entwicklungsschritt von Hochschulen ernst zu nehmen, wie sie sich dazu verhalten, indem sie ihren gesellschaftlichen Auftrag neu definieren müssen. Eichler, der Präsident der ETH Zürich, bezeichnet die transdisziplinären Forschungsentwicklungen der ETH als problemlösende Antworten auf neue weltumspannende Phänomene wie den Klimawandel, auf die sich die ETH mit ihrer speziellen Expertise und Profilierung bezieht. Dazu muss sie allerdings ihre noch in den klassischen Fachdisziplinen verharrenden Strukturen ändern, ihre Forschungsfragen anders, nämlich unter Hinzuziehung von externen wissenschaftlichen und nicht-wissenschaftlichen Partnern generieren und wesentlich mehr an Koordinations- und Kommunikationsarbeit leisten.[9]

---

7 Vgl *Nowotny/Scott,* Wissenschaft neu denken – Wissen und Öffentlichkeit in einem Zeitalter der Ungewissheit (2004) 253.

8 *Nowotny/Scott,* Wissenschaft neu denken – Wissen und Öffentlichkeit in einem Zeitalter der Ungewissheit (2004) 253.

9 Vgl *Eichler R./Gerber B.,* ETH Zürich im Wandel zwischen Tradition und Moderne. Herausforderungen für das Hochschulmanagement, Zeitschrift für Organisationsentwicklung 1/2010 (23).

IV. Institutionelle Strategie- und Entwicklungsfragen

Aus dem Blickwinkel des skizzierten Weltkontextes bewegen sich Hochschulen in mindestens drei neuen Anforderungsrichtungen, die sofort Folgefragen für die Institution aufwerfen:

1. Hochschulen bewegen sich nicht mehr allein – in einem monolinearen Verhältnis zum Staat – innerhalb eines festgefügten nationalen Raumes und mit einigen fixen internationalen Partnerschaften, sondern sie bilden miteinander einen mehr oder weniger großen und strategisch ausgestalteten, sich permanent in Bewegung befindlichen Hochschulraum, der übergeordneter Koordinationsebenen bedarf. Gleichzeitig muss sich die einzelne Hochschule mehr denn je profilieren, um sich innerhalb der gesellschaftlichen Auftragserfüllung zu legitimieren. Diese Spannung zwischen Wettbewerb und Kooperation sowie das dringliche Erfordernis, eine übergeordnete Steuerungsebene einzurichten, die aber von den Hochschulen selbst bestimmt wird, gehört auch zu einer nationalen Hochschullandschaft.[10] Dabei ist ganz wesentlich, richtig einschätzen zu können, was man mit welchen Partnern in welcher Kooperationsform leisten möchte und welche Rahmenbedingungen und Akteure dazu nötig sind bzw wie realistisch und effizient bestimmte Kooperationsmöglichkeiten sind, welche Rolle man dabei als Institution spielt und ob ein gemeinsames Verständnis für grundlegende Fragen des gesellschaftlichen Auftrags erreicht werden kann – Fragen, die auch im Reformvorhaben PädagogInnenbildung NEU große Bedeutung haben werden.
2. Interessant ist dabei die von März als Präsident des Fachhochschulrates Österreich getroffene Einschätzung, dass sich im zunehmenden Diversifizierungsprozess die Hochschulen weniger durch ihren Typus (Universität, Fachhochschule, Pädagogische Hochschule) als durch ihre konkrete Profilierung und vor allem auch durch ihre aktive Forschungsleistung und durch

---

[10] Vgl *Loprieno A./Menzel E./Schenker-Wicki A.*, Zur Entwicklung und Dynamisierung der österreichischen Hochschullandschaft – eine Außensicht. Rahmenkonzept für einen Hochschulplan, Bericht August 2011, 9 www.bmwf.gv.at.

ihre Exzellenz unterscheiden werden, sodass manche Fachhochschule jetzt schon in bestimmten Leistungen und Ausgestaltungen einer bestimmten Universität mehr ähnelt als einer anderen Fachhochschule und vice versa. Für Pädagogische Hochschulen müsste man jedenfalls deutlich die gesetzlichen Rahmenbedingungen ändern, meint März, damit ein solcher Vergleich zumindest theoretisch möglich wäre.[11] Den Gedanken weiterentwickelnd, könnte es sein, dass bei entsprechenden Entwicklungsmöglichkeiten in zehn Jahren eine bestimmte Pädagogische Hochschule, die diese Option mit Beharrlichkeit und Konsequenz ergriffen hat, eher einer Universität bzw einer School of Education an einer Universität ähnelt als einer anderen Pädagogischen Hochschule, die sich in ganz andere Richtungen (etwa prioritär als Schulentwicklungszentrum) entwickelt hat. Vielleicht bestimmen aber auch übergeordnete gesetzliche Strukturen überhaupt ganz grundsätzlich die Entwicklungsmöglichkeiten und -grenzen eines Hochschultypus, sodass die eigene institutionelle Anstrengung nicht wirklich entwicklungsbestimmend ist. Die zweite Anforderungsrichtung betrifft in diesem Kontext die Selbstdefinition einer Hochschule, die sich vor allem im Verständnis ihres gesellschaftlichen Auftrages widerspiegelt. Wenn sich eine Pädagogische Hochschule zum Ziel setzt, den nationalen Bildungsauftrag von Schule im Licht internationaler Forschungsbefunde zu de- und rekonstruieren, dann erst die schulischen Tätigkeitsbereiche von Lehrpersonen konzeptualisiert und dies auf der Folie unterschiedlicher Professionsmodelle abwägt, dann erst über ein Kompetenzstrukturmodell verhandelt und also erst im vierten Schritt mit der curricularen Arbeit beginnt, hat sie andere Wissenszugänge gewählt und also ihren gesellschaftlichen Auftrag weiter verstanden als eine Hochschule, die davon ausgeht, dass die Grundlagen der curricularen Arbeit schon alle als Resultate verwendbar sind. Eine Hochschule der ersten Art wird

[11] Vgl *März l.,* Universitäten und Fachhochschulen – ein ungeklärtes Verhältnis? in Langzeitkonzepte für Forschung und Lehre: Hochschulplanung in Österreich. Workshop der Österreichischen Forschungsgemeinschaft, 2.–3. 12. 2011 (Baden bei Wien) 2.

vermutlich auch forschend im eigentlichen Sinne tätig sein und nicht bloß Studienprogramme durchführen, sondern diese auch konzipieren, weiterentwickeln, evaluieren und zum Anlass von forschend-experimentellem Umgang werden lassen.

3. Eine dritte zentrale Anforderung betrifft die konkrete Umsetzung der Bologna-Struktur, die vor allem für die klassische Universität in Deutschland, Italien, Frankreich ua Schwierigkeiten macht, weil man hier mit dem kompletten Studium im Humboldt'schen Ideal auch quasi automatisch eine solche Fülle von – durch umfassende Bildung – ermöglichten Kompetenzen „mitbekommt", dass eine Unterbrechung nicht nötig, sondern irritierend ist. Die bewusste Stufung nach dem ersten Abschnitt („Bachelor") macht in angelsächsischer Tradition den Sinn, dass immer schon der erste Teil der akademischen universitären Ausbildung eher dem allgemeinen gesellschaftlichen Bildungsauftrag gilt (Studium generale für den fähigen „Bürger"), erst der zweite Teil die fachliche Ausbildung für den höheren Beruf vorsieht.[12]

Es wird von hoher Wichtigkeit sein, wie nun im Konzept PädagogInnenbildung NEU mit dieser Stufung Bachelor/Master vor dem Hintergrund obiger Überlegungen umgegangen wird: für Universitäten eine erst noch zu Sortierungen der Fächer Anlass gebende Brechung der Konsistenz der fünfjährigen Struktur des „Magister", für Pädagogische Hochschulen ein „Aufsatz"-Master, der sich noch organisch mit dem Bachelor verbinden muss. Für beide Institutionen der Lehrerbildung aber sicherlich die Herausforderung, grundsätzlich ein neues Konzept zu machen, am besten gemeinsam.

---

[12] Vgl *Loprieno A.*, Ist ‚Bildung' auch nach Bologna eine Aufgabe der Universität? in *Österreichischer Wissenschaftsrat* (Hrsg), Lehren lernen – die Zukunft der Lehrerbildung (2012) 168.

V. Tertiär-akademische Lehrerbildungsinstitutionen in Entwicklung

Man kann davon ausgehen, dass institutionelle Formen auch Ausdruck eines bestimmten Lehrerbildungsverständnisses sind, nach dem Motto „form follows function". Während die klassische Universität mit ihrem „idealistischen Wissenschaftsbegriff"[13] ihren Lehrerbildungsauftrag quasi innerhalb ihres wissenschaftlichen Auftrags „miterledigte", weil man davon ausging, dass gebildete Absolventen quasi auch implizit Lehrende und Lernende sind (Wissenschaft in sich genuin als Lebens- und Lehrform), sind heute diese Bestimmungen (Forschung, Lehren, Lernen) auseinandergebrochen. Zu groß ist die Pluralität der Forschungsdisziplinen, zu heterogen die Lernwege der Studierenden, zu komplex die Tätigkeitsbereiche von Lehrkräften, zu verschieden die Entwicklungssituationen von Schulen, als dass man in einem idealtypisch als Bildungsgang angelegten Studium auch noch quasi nebenbei das „Unterrichten" lernen könnte.

Heute müssen Universitäten wie Pädagogische Hochschulen vorerst definieren, welches Fachwissen, welche Wissenschaftlichkeit, welche Praxisorte, welche Momente in Berufsbiographien etc für ein Curriculum relevant sind, und dies auf dem Hintergrund eines veränderten Zugangs zur Wissensproduktion. Auch die Definition und das Verständnis der so zentralen Fachdidaktik erfordert genuin grundständige Konzepte.[14] Dies sind keine randständigen Fragen, sondern betreffen die Identität von Pädagogischen Hochschulen oder Schools of Education an Universitäten, die ja genau aus dem Grund einer größeren Profilbildung der Lehrerbildung und der Betonung der enormen gesellschaftlichen Bedeutung der pädagogischen Profession, zumal des Lehrberufs, entstanden sind.

Sie sind aufgefordert, gerade nicht die – wie es abschätzig heißt – „Didaktisierung und Pädagogisierung" des fachlichen Wissens zu be-

[13] *Mittelstraß J.*, Lehrerbildung – Zur Einführung, in *Österreichischer Wissenschaftsrat* (Hrsg), Lehren lernen – die Zukunft der Lehrerbildung (2012) 7.

[14] Vgl *Larcher Klee S./Sieber P.*, Wissen und Wissensproduktion in der Lehrer- und Lehrerinnenbildung, in *Bircher W./Larcher Klee S.* ea (Hrsg), Der Weg zur Pädagogischen Hochschule Zürich (2007) 102.

treiben, sodass es leichter verstanden und gelernt werden könne, sondern, wie Helmut Fend betont, die Strukturen des Unterrichtens, Erziehens, Diagnostizierens, Beurteilens, Beratens und Innovierens in Form einer „task analysis“[15] zu entziffern: Es geht um die Begegnung zwischen Kultur und heranwachsenden Menschen: „Die kulturellen Objektivationen in symbolischen Systemen, Wissenschaft und Kunst gilt es zu ihrer generationsübergreifenden Erhaltung zu ‚resubjektivieren‘.“[16]

Lehrerbildung zielt also auf die Frage, wie man in einem Studium lernen kann, sich im Schnittfeld dieser beiden Welten, des kulturellen Weltkosmos des Wissens und der psychischen Strukturen der lernenden Subjekte zu bewegen und das Wissen so zu rekontextualisieren, neu zu versprachlichen und zu dynamisieren, dass seine Spuren und Dokumente die Aufnahme- und Verstehensmöglichkeiten der Kinder und Jugendlichen erreichen.

Das Denken und Empfinden, Sprechen und Handeln der Kinder und Jugendlichen – so oder so – zu verstehen, bedeutet zugleich, das eigene Fach (neu) zu verstehen, denn Fachlichkeit in der Lehrerbildung gibt es immer wieder zur Gänze nur im Spiegel des menschlichen Lernens.

Dass man unter diesem Blickwinkel alles tun wird, um das menschliche Lernen zu befördern und gelingen zu lassen, versteht sich von selbst, aber es braucht als Grundvoraussetzung das Verstehen und Verstehen-Wollen.

Tertiär-akademische Lehrerbildungsinstitutionen können von dieser Voraussetzung ausgehend die unterschiedliches Wissen in die Lehrerbildung einspeisenden Fachdisziplinen zusammensetzen, die den Kompetenzaufbau der lernenden Lehrenden – in der Aus-, Fort- und Weiterbildung – befördern.

---

[15] *Fend H.*, Sinn und Zweck der Lehrerbildung. Historische und systematische Wege zu einer wissenschaftsfundierten Lehrerbildung und hinderliche Kompromisse, in *Österreichischer Wissenschaftsrat* (Hrsg), Lehren lernen – die Zukunft der Lehrerbildung (2012) 19.

[16] *Fend H.*, Sinn und Zweck der Lehrerbildung. Historische und systematische Wege zu einer wissenschaftsfundierten Lehrerbildung und hinderliche Kompromisse, in *Österreichischer Wissenschaftsrat* (Hrsg), Lehren lernen – die Zukunft der Lehrerbildung (2012) 20.

Angesichts der Wirkungsfrage von Lehrerbildung, die heute neu gestellt wird[17] stellen sich auf dieser „Baustelle“ zentrale Aufgaben an eine solche Institution, die in Österreich auch durch das Reformprojekt PädagogInnenbildung NEU angegangen werden müssen, damit es nicht bloß zum halbherzigen Kooperationsprojekt zwischen den Institutionen mit der einzigen Differenz einer verlängerten Ausbildung nach der Bologna-Struktur verkommt.

VI. Entwicklungslinien der Pädagogischen Hochschulen, mit Beispielen aus der Pädagogischen Hochschule Oberösterreich

A. Quantitativ-strukturell

Die quantitative Entwicklung der Leistungsbereiche hat sich an den Pädagogischen Hochschulen enorm beschleunigt. Man kann von einer Verdoppelung der Studierendenzahlen in der Erstausbildung sprechen, so hat sich die Zahl der Studierenden an der Pädagogischen Hochschule Oberösterreich in der Erstausbildung mit September 2013 auf knapp 2000 erhöht. Die Spannung zwischen dem grundsätzlich freien Zugang zum Studium im Sinne einer polyvalenten pädagogischen Erstausbildung und andererseits der damit verknüpften Berufsberechtigung und damit der Frage der quantitativen Passung der Absolventenzahlen und des Lehrkräftebedarfs in der jeweiligen Region und an den spezifischen Schultypen und Fächern spielt eine Rolle und kann auch durch die nochmals verbesserten Aufnahmeverfahren nicht aufgehoben werden. Die unterschiedlichen schulischen und beruflichen Herkünfte, Einstiegswege und studien- und berufsbiographischen Zugänge sowie die Heterogenität der AufnahmewerberInnen hinsichtlich ihrer sprachlichen Kompetenzen, ihrer kulturellen und sozialen Situationen hat sich erhöht. Die Pädagogische Hochschule Oberösterreich bietet seit 2009 berufsbegleitende Studien an, die in besonderer Weise einen neuen Typus von Lehramtsstudierenden eingeführt hat, der reichere beruf-

[17] Vgl *Terhart E.,* Wie wirkt Lehrerbildung? Forschungsprobleme und Gestaltungsfragen, Zeitschrift für Bildungsforschung, 1/2012 (5 ff).

liche Erfahrung, erhöhte Einforderung von effizienter Ausbildung, große Ernsthaftigkeit bei der Berufswahl mit sich bringt und insgesamt neue hochschuldidaktische Wege bedingt, auch eine enorme Bereicherung für das Schulwesen sein wird, dies unter der Bedingung, dass die Studierfähigkeit dieser „älteren" Studierenden mit ihren sehr heterogenen fachlichen Voraussetzungen kritisch beobachtet und mitbegleitet wird.

Auch die quantitativ-strukturellen Anforderungen an die Fort- und Weiterbildung von PädagogInnen haben sich enorm intensiviert: Nicht nur begleitet die Hochschule die Reformprojekte des bmukk wie Neue Mittelschule, Bildungsstandards und Neue Reifeprüfung mit veränderten Fortbildungsformaten, die langfristig angelegt sind und einen Schulstandort umfassen, sie wird zunehmend auch in der Schulentwicklungsberatung und -begleitung zu einem wichtigen Partner zahlreicher Schulen. Eine ganz wesentliche Frage ist dabei, wie die Inhalte, Formate und Erfahrungen aus der Fort- und Weiterbildung strukturell und personell mit der Erstausbildung verzahnt werden, eine große Entwicklungschance für Pädagogische Hochschulen, die man wie vieles nach dem Prinzip „unvermischt und ungetrennt" neu re-strukturieren muss.

B. Wissenssystem- und fachbezogen

Die Bemühungen um studierendenzentriertes Lehren, individualisiert und adaptiv, optional berufsbegleitend und berufsbiographisch situiert, gehören zu Handlungsbereichen heutiger hochschulischer Lehre. Nicht nur schulischer Unterricht hat sich verändert, auch universitäre Lehre entwickelt neue Lehr- und Lernkonzepte, die bei allen Gemeinsamkeiten mit den Erfordernissen zeitgemäßen Lernens in den unterschiedlichen Institutionen aber eigene, eben universitäre Standards und Regeln kennen. Diese betonen auch eigene – eben wissenschaftsbasierte – Erkenntniswege und Methoden, die nicht bloß den Transfer von Wissen, sondern eben auch Generierung, Kritik und Weiterentwicklung von wissenschaftlichem Wissen, Modellen, Theorien etc ermöglichen. Ein Lehrkonzept hat die Sozialisierung und aktive Teilhabe der Studierenden an der wissenschaftlichen Welt ihrer Disziplin zu berücksichtigen. Neue kreative Wege sind hierbei an den unterschiedlichen Hochschulen und Universitäten im Entstehen oder werden bereits realisiert, deren Erkundung jeweils die Frage für die eigene Institution stellt, auf welchem Weg man sich selbst hierbei befindet. Meine Überlegungen geben den Diskussionsstand der Pädagogischen Hochschule Oberösterreich wieder, die sich auf mehreren Ebenen intensiv bemüht, ihre „innere Tertiärisierung“[18] voranzubringen.

1. Professionsorientierte Studien

Ganz besonders und im Unterschied zu allgemeinbildenden Studien gilt für diese Studien die Notwendigkeit und Rekonstruktion der Definition der Profession (im Wandel gegenwärtiger Professionsentwicklungen) und des Professionsfeldes und dessen Einbettung in den Horizont eines lebenslangen Professionskontinuums, das die Verschränkung von Aus-, Fort- und Weiterbildungskonzepten mitbenötigt. Es kann daher universitäre Lehrerbildung auch nur im Kontinuum angelegt sein, falls Entwicklungen länger begleitet, erforscht und Wirkungen überprüft werden sollen, was einen Weiterbildungsauftrag miteinschließt.

Die professionelle Entwicklung von Studierenden, mit vielen Verschränkungen zur Expertiseforschung, führt notwendigerweise zu den strapazierten Konzepten der Kompetenzorientierung. Hinter diesem bereits plakativ gebrauchten Begriff stecken allerdings wesentliche Fragen der Zusammenhänge von Wissen und Können, Denken und Handeln, die in weiten Teilen auch im Lehrberuf nicht wirklich befriedigend erforscht sind.

Eine Auseinandersetzung mit Kompetenzkonzepten und die Entscheidung über deren konstitutiven Charakter für eine im engeren Sinne professionsorientierte Studienarchitektur kann nicht ausbleiben. Der Professionsdiskurs wird (irgendwie …) in eine Studienstruktur „übersetzt“. Das gilt ganz deutlich auch für den Lehrberuf.

Es geht letztlich um die Entscheidung über den Zusammenhang zwischen der Restrukturierung des (späteren) Tätigkeitsfeldes und seiner Handlungsstrukturen und dem Aufbau eines in der curricularen Struktur sichtbaren Kompetenzmodells. Andererseits spannt sich

[18] Vgl *Herzog S.*, Zur Zukunft der Lehrerbildung – ein Diskussionsbeitrag zur aktuellen Debatte, in *Österreichischer Wissenschaftsrat* (Hrsg), Lehren lernen – die Zukunft der Lehrerbildung (2012) 66.

der Horizont auf zwischen der (Forschungs-)Logik des Faches, seinem Bildungsauftrag und seiner wissenschaftsdidaktischen Stellung im Studium.

Eine akademische Profession zeichnet sich durch eine zweite Ebene des professionellen Diskurses aus, der von Forschung und Theoriebildung bestimmt wird und innerhalb einer internationalen community aufgebaut wird. Gleichzeitig kann sie nie ohne Gestaltung des Spannungsfeldes hin zu den Erfahrungen und Anforderungen der Praxis existieren, sodass die Bearbeitung dieser Differenzerfahrung auf dritter Ebene (!) die eigentliche Basis der Lehre ausmacht.

Die Handlungsorte der „Professionellen", die in den zentralen sozialen Teilsystemen (Bildung, Gesundheit, Recht ua) Entwicklung und Handlungsfähigkeit durch (immer singuläre) Fallbearbeitungen schaffen, beinhalten unterschiedliche Ordnungen von Erkenntnis und Erfahrung. Die Differenz von Wissensformen und Wissenszugängen muss daher in professionsorientierten Studien ausdrücklich zur Kenntnis genommen und bearbeitet werden. Der Vernetzungsgrad des Wissens mit vielfachen relationalen und kontextuellen Verknüpfungen ist trotz bleibender Differenz der Wissenstypen ebenfalls sehr hoch.

Andererseits drängt sich die Frage nach sog Standards in der Professionsbildung, ob es nun Absolventenstandards im Sinne erreichter Kompetenzen oder auch „nur" Prozess-Standards bzw Institutionenstandards sind, in den letzten Jahren deutlich auf und wird auch die Lehrerbildung noch deutlicher beschäftigen, wiewohl die vorliegenden Forschungsbefunde die Probleme der Kompetenzmessung zeigen.

Das permanente Ringen um die Beziehung zwischen Berufsfeld und Wissenschaft erzeugt auch Begegnungsformen zwischen unterschiedlichen Wissenstypen, deren kulturelle Gestaltbarkeit etwa von Seiten einer Universität noch neue Wege im Sinne des Gespräches von Wissenschaft, Profession und Gesellschaft brauchen kann.

2. Lehrerbildungsstudium

Auch hier stellt sich speziell die Frage nach der Definition, Restrukturierung und Rekontextualisierung der Profession, der pädagogischen Profession und spezifisch des Lehrberufes.

Ein Lehrerbildungsstudium, das sich nicht nur auf eine Individualausbildung beschränkt, sondern – gemeinsam mit den Studierenden – auch einen wissenschaftlichen Diskurs mit sozialen Systemen, dem Schulsystem und der konkreten Schule, aufnimmt, muss Vorstellungen vom Bildungsauftrag der Schule de- und rekonstruieren, nicht bloß vermitteln. Innerhalb des hochschulischen Begründungs- und Interpretationshorizontes für das Verstehen und Handeln von Lehrkräften spielt der Qualitätskreislauf Schule und die Kompetenzabstimmungen (im doppelten Sinne von Zuständigkeit und Fähigkeit) eine große Rolle.

Die Bildungsprozesse von Studierenden spannen sich solcherart in einem mehrdimensionalen Raum auf: ihr eigener Lernprozess – im Fach UND am Lernprozess der (fiktiven oder realen) SchülerInnen – wird nochmals durch die sozialen Dynamiken der Lerngruppe dynamisiert/irritiert etc, und spiegelt sich in Brechungen und Verschränkungen mit dem schulischen „Kreislauf" von Zielen, Aufgabenprofilen und Kommunikationen.

Dies wird erfahren UND gezeigt, erprobt UND reflektiert, sodass die Kultur des Lehrens und Lernens hier einen sehr speziellen Modellcharakter trägt, den man oft so zitiert: „Lehren des Lernens, Lernen des Lehrens".

Der viel zitierte „Doppeldecker" in der Lehrerbildung – „Pädagogik UND Erziehungswissenschaft, Schulfach UND Fachwissenschaft, Zeigen UND Reflektieren, Tun UND Sagen" sollte allerdings nicht zu einer „imaginären Schließung führen", in dem Sinne, dass die Studierenden „exakt so unterrichtet werden sollen, wie sie später unterrichten sollen" etc und die Professionsorientierung quasi zu einer „Verdoppelung und Imitation" des späteren (imaginierten) praktischen Handelns kommt.

Ich vertrete dem gegenüber ein Lehrerbildungskonzept, das in den wesentlichen Spannungsfeldern, die man klassisch als „vier Säulen" beschreibt, (Theorie/Praxis, Fach/Pädagogik, Forschungsdisziplin/Schulfach, Bildungswissenschaften/Fachwissenschaften, Fachwissenschaften/Fachdidaktiken) nicht auf Ableitung, Ergänzung, Konsekution oder „Dialog" zwischen einander äußerlich bleibenden Polen setzt, sondern auf Differenz. Es gibt, wie Neuweg[19] betont,

---

[19] Vgl *Neuweg G.H.,* Fortbildung im Kontext eines phasenübergreifenden

„komplexe und mehrfach gebrochene Austauschbeziehungen“ und überhaupt epistemologische Differenzen zwischen Wissensformen, die sich nicht durch „Dialoge“ überwinden lassen, sondern nur durch die Akzeptanz von Brüchen und die Bereitschaft zu Irritationen im Studierprozess. Solcherart können gerade durch die Differenzwahrung Verschränkungen und Dynamiken der Transdisziplinarität entstehen, die das „Eigene im Fremden“, aber fremd, (wieder)erkennen lassen. Dabei taucht die Frage neu auf: Was ist eigentlich ein „Fach“ in der Lehrerbildung? Ein Schulfach, eine Forschungsdisziplin, ein universitäres „Fach“, ein Bildungsfach? Dass diese Definitionen schwieriger sind, als es scheint, erkennt man in diesem Moment, wo man über wesentliche Ausbildungsinhalte im Lehramtsstudium, oder besser über ihre Tiefe und Breite, ihre Exemplarität und Spezifität, zu diskutieren beginnt.

Eine wesentliche Dynamisierung ist dabei die De- und Re-Kontextualisierung des Fachwissens durch die „Vorführung“ seines „Erlernens“ (Genetische Methode in der Lehrerbildung) und damit die Berührung von Fachwissenschaft und Lernforschung in ungewohnter Weise, die Konturen einer neuen Art von „Fachdidaktik“ zeigt. Das fachliche Wissen in seinen Strukturen und Eigenlogiken in einen unauflösbaren (inneren) Zusammenhang mit den Bildungsprozessen von Kindern und Jugendlichen (und LehrerInnen ...) zu bringen, erfordert einerseits hochspezialisierte Fach- und Bildungswissenschaften, andererseits ein integratives Gesamtkonzept. Die (berühmte) paradoxe Formel könnte lauten: „Unvermischt und ungetrennt“.

Ein Lehrkonzept für die LehrerInnenbildung müsste also auf einem Differenzkonzept aufbauen, das Spannungsfelder im positiven Sinn als dynamische Felder bearbeitet:

- Differente Wissensformen
- Lehren und Studieren in Differenz: Fachlich substantiell UND persönlich bedeutsam, kollaborativ UND individualisiert, zeitlich-räumlich flexibilisiert UND integriert.

Gesamtkonzepts der Lehrerbildung, in *Müller F.* ea (Hrsg), Lehrerinnen und Lehrer lernen. Konzepte und Befunde zur Lehrerfortbildung (2010) 38.

- Theorie/Praxis, Fach/Pädagogik, Forschungsdisziplin/Schulfach, Bildungswissenschaften/Fachwissenschaften, Fachwissenschaften/Fachdidaktiken
- Lehren im mehrdimensionalen „Raum“: symbolisch-performativ, exemplarisch, experimentell
- Subjektive Theorie – Wissenschaftliche Theorie – Pädagogische Praxis – Hochschuldidaktische Praxis

Wenn man solcherart das Verhältnis von Berufsfeld und Wissenschaft different setzt und gleichzeitig dynamisiert, erhält „Theorie AM Ort der Praxis“ und „Praxis (hochschulische Lehre) als Praxis der Theorie“ neue Rollen und Funktionen.

Die Rolle der bildungswissenschaftlichen Forschung in/zur Lehrerbildung wird ebenfalls mehrschichtig und vielgliedrig zu sehen sein, und zwar in vielerlei Hinsicht, was die Art der Verschränkung mit der Lehre, der Position der Studierenden im (Aus-)Bildungs- und Forschungsprozess betrifft etc.

Mit disziplinär unterschiedlichen Systematiken (inter- oder transdisziplinär) an gemeinsamen Fällen zu arbeiten, wie es kasuistische Zugänge der Lehre in der Lehrerbildung aufzeigen, ermöglicht vor allem auch den klassifizierenden Theoriebezug (nicht die Theorie „an sich“), der zur Beurteilung von Phänomenen Orientierungen ermöglicht und die wissenschaftsbasierte Interpretations- und Urteilskraft angehender Lehrkräfte stärkt.

Dabei ist ausdrücklich zu betonen, dass ein rein schematisches und monolineares Verständnis des Theorie-Praxis-Bezuges in der Lehrerbildung der Komplexität der Wissens- und Handlungsformen und ihrer wissenschaftlichen Durchdringung nicht gerecht wird. Die mehrfachen Relationierungen von „Theorie“ und „Praxis“ ermöglichen auch Lehr- und Lernsettings in vielfältig unterschiedlichen Praxisbezügen. Die Orte der Praxis in den Schulen werden möglicherweise ua auch zu Anlassfällen von Theoriebildung, allein schon durch die Form, wie diese Praxisfälle dokumentiert werden.

Dabei ist es eine wichtige Aufgabe der universitären Lehrerbildung, die Rekonzeptualisierung dessen voranzubringen, was man „Praxis“ nennt, und gerade an diesem immer in der Lehrerbildung so dominant gesetzten Thema des (geforderten und erwünschten) Praxisbezugs Klärungen voranzubringen. Welcher Art sind die „praktischen Erfahrungen“, welche Formen, Erkenntnisweisen und Wirkungen tragen sie mit sich und welche Form der wissenschaftlichen Analyse erreicht ihre „Undurchdringlichkeit“?

C. Lehr-Lernprozess-Kulturen und Selbstverständnis von Hochschullehrenden

Den Lehr- und Lernprozessen an der Pädagogischen Hochschule wird traditionell große Aufmerksamkeit gegeben, weil dies das zentrale Leistungsfeld ist (war), aber klassisch als Professionsgemeinschaft in einer Art Meisterklasse und relativ geschlossenen Seminarform. Die Form der Aufmerksamkeit verschiebt sich aber und neue Beobachtungen/Strukturen des Lehrens/Lernens entstehen – in Richtung Effizienz und Effektivität der Lehre, was mit stärkerer Evaluation einhergeht, in Richtung Individualisierung und Flexibilisierung des Lehrens und Lernens unter dem Eindruck neuer e-learning-Szenarios, und jedenfalls an der Pädagogischen Hochschule Oberösterreich auch in Richtung einer intensiven Veränderung auf drei Ebenen:

a) lehrerbildungsdidaktisch (eben nicht nur hochschuldidaktisch)

b) professionsbetont auf die Hochschullehrperson als eigene Profession („teacher educator“ als Lehrperson 2. Ordnung) gerichtet

c) gemischt professionell durch neue Fachteams in einer neuen Generation von Lehrenden, aber auch durch Ausdifferenzierung von lehrstuhlartigen Strukturen und durch universitäre Unterstützungsleistungen für die Selbstprofessionalisierung des Lehrpersonals in Kooperation mit den Universitäten.

Die Kommunikation zwischen Lehrenden und Studierenden ist stark bestimmt von der schon zitierten genetischen Methode, die Andreas Gruschka ua wie folgt beschrieben haben und die uns trotz starker Effizienzbemühungen in der Lehre dennoch auch wieder nach der Kultur (auch: dem intellektuellen Stil) der Lehre fragen lassen:

„Der Studierende muss vom Beginn seiner Studien an in die Folgen der Tatsache verwickelt werden, dass jedes Stück des dargebotenen Wissens erst zureichend erschlossen werden kann, wenn es mit seinen Voraussetzungen, Implikationen und Konsequenzen angeeignet wird. Wissen folgt nicht einfach auf Unwissen, sondern antwortet bereits auf bestehende Deutungen, etwa in der Form der Frage. Es hat seine Geschichte, die

sich nicht in der Wissenschaft erschöpft, sondern genauso auf Alltagstheorien, Umgangserfahrung und Weltbilder verweist. Wissen besitzt einen jeweils auszuweisenden Begründungszusammenhang, der insbesondere aus der gewählten Methodologie und Methode folgt. Nicht zuletzt verweist das Wissen auf einen distinkten Verwendungszusammenhang, der allererst Wissenschaft als ein Projekt zu begreifen erlaubt, das, empathisch gesprochen, dazu dienen soll, eine menschenwürdige Welt herbeizuführen bzw. zu bewahren."[20]

D. Organisationelle Entwicklung

Pädagogische Hochschulen erproben als noch junge tertiäre Institutionen ihre Formen der Organisationsentwicklung, und dies bei laufendem Betrieb auf Hochtouren. Hier sei das neue Organigramm der Pädagogischen Hochschule Oberösterreich vorgestellt, das die Fach- und Wissenschaftsorientierung stärken soll. Der Dialog der wissenschaftlichen Fachdisziplinen mit den Erfahrungsfeldern der Profession und das Kontinuum der Professionsentwicklung werden strukturell bewusst gemacht. Gemäß dem Konzept einer Lehrerbildung, das in der Aus-, Fort- und Weiterbildung hochverschränkt und matrixartig aufgebaut ist, weniger aus „Säulen" denn aus „Netzwerken"[21] besteht und das den Fachbereichen eine wesentlich höhere Bedeutung gibt, berühren und beziehen sich Fachwissenschaften, Fachdidaktiken, Professionswissenschaften (Bildungswissenschaften) und Schulpraxis viel intensiver aufeinander, in den als Lehr- und Forschungsteams geplanten Fachbereichsinstituten, die Aus-, Fort- und Weiterbildung übergreifen, aber auch in den neugeschaffenen Zentren, die Kommunikations- und Entwicklungsknotenpunkte für zentrale Themen des Bildungswesens sind. Die Strukturierung der professionsorientierten wissenschaftlichen Arbeitseinheiten (Fachbereiche) und der Schulstufenpädagogiken (Elementar, Primar, Sekundar) und deren Verhältnis zueinander sagt viel über die Auffassung von Lehrerbildung aus, die die Institution implizit oder explizit

---

[20] *Gruschka A./Lenhardt G.* ea, Die Einheit von Forschung und Lehre. Über die Zukunft der Universität (2001) 22.

[21] Vgl *Reiss K./Prenzel M.,* Lehrerbildung im Umbruch – das Beispiel der TUM School of Education, in *Österreichischer Wissenschaftsrat* (Hrsg), Lehren lernen – die Zukunft der Lehrerbildung, (2012) 90.

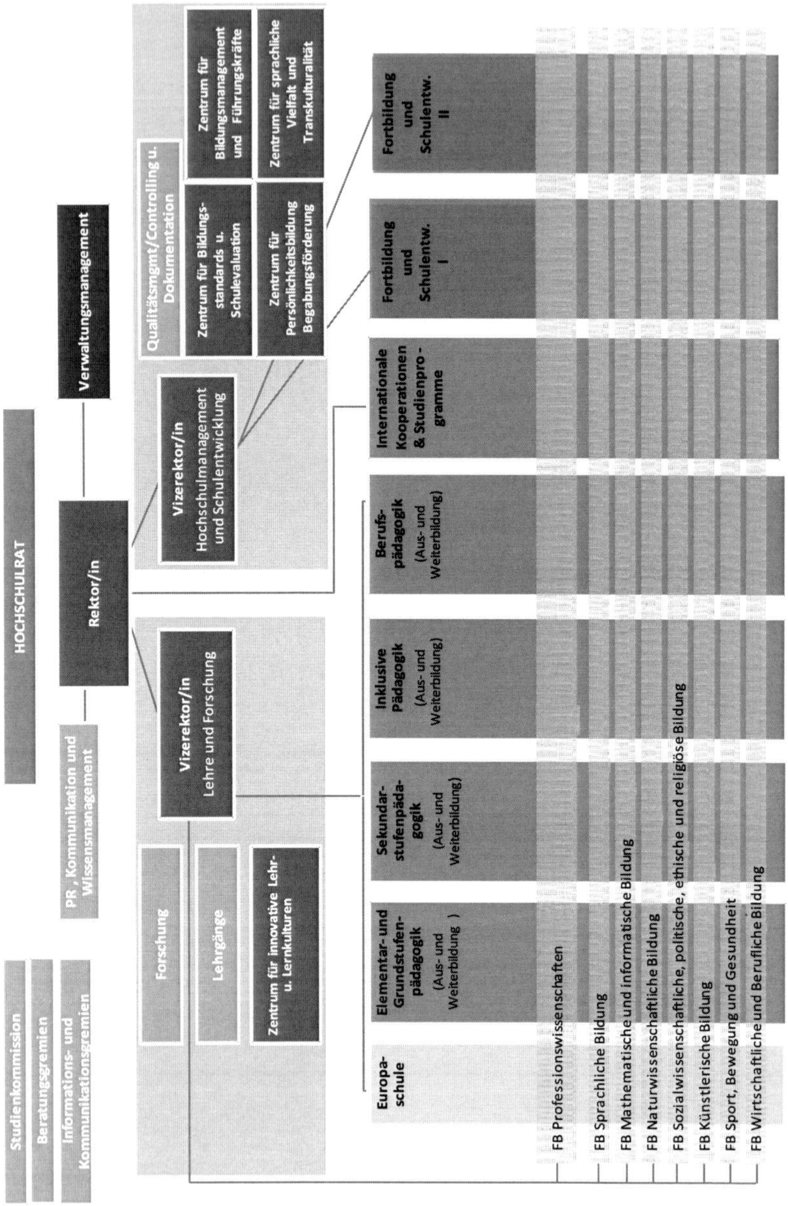

HOCHSCHULRAT
Studienkommission
Beratungsgremien
Informations- und Kommunikationsgremien
PR , Kommunikation und Wissensmanagement
Rektor/in
Verwaltungsmanagement
Vizerektor/in
Lehre und Forschung
Forschung
Lehrgänge
Zentrum für innovative Lehr- u. Lernkulturen
Vizerektor/in
Hochschulmanagement und Schulentwicklung
Qualitätsmgmt/Controlling u. Dokumentation
Zentrum für Bildungsstandards u. Schulevaluation
Zentrum für Bildungsmanagement und Führungskräfte
Zentrum für Persönlichkeitsbildung Begabungsförderung
Zentrum für sprachliche Vielfalt und Transkulturalität
Europa-schule
Elementar- und Grundstufen-pädagogik (Aus- und Weiterbildung)
Sekundar-stufenpäda-gogik (Aus- und Weiterbildung)
Inklusive Pädagogik (Aus- und Weiterbildung)
Berufs-pädagogik (Aus- und Weiterbildung)
Internationale Kooperationen & Studienpro - gramme
Fortbildung und Schulentw. I
Fortbildung und Schulentw. II
FB Professionswissenschaften
FB Sprachliche Bildung
FB Mathematische und informatische Bildung
FB Naturwissenschaftliche Bildung
FB Sozialwissenschaftliche, politische, ethische und religiöse Bildung
FB Künstlerische Bildung
FB Sport, Bewegung und Gesundheit
FB Wirtschaftliche und Berufliche Bildung

in die Struktur gelegt hat. Neben den beschließenden Organen zeigen die Beratungs- und Informationsgremien wie etwa der Fort- und Weiterbildungsbeirat und die neu geschaffene Berufungskommission, wie sehr die tertiär-akademische innere Ausdifferenzierung der Hochschule sowie die Partizipation der Kollegien ein dringendes Anliegen ist.

E. Steuerung und Management

Das Thema Steuerung, Management und Evaluation hat auch für die Pädagogischen Hochschulen heute große Bedeutung. Es kann ein interessanter Zusammenhang rekonstruiert werden: gerade weil insgesamt „eine große Unsicherheit in der Einschätzung des langfristigen Funktionswandels der Hochschulen"[22] besteht, gibt es Hoffnungen, über verstärktes In-Griff-Bekommen der Prozesse und der Output-Kontrollen mehr Handlungssicherheit zu erreichen, die auch Zukunftsstabilität verspricht. Möglicherweise wird aber, wenn man das berühmte „Führungsdreieck" von Organisation (1), Strategie(Vision) (2), Personen und ihre Fähigkeiten (3) bedenkt, fehlende Vision und Zukunftsstrategie kompensiert über das sog Management der Hochschule. Diese Dialektik ist dem Führungsteam an der Pädagogischen Hochschule Oberösterreich bewusst: es bemüht sich um Effektivität und Effizienz im Management, vergisst aber nicht, dass die Sinnfragen einer Institution, ihre Zukunftsfrage, das „Worauf-Hin" der Entwicklung, damit nicht gelöst werden können und explizit der Strategie, Entscheidung, Kommunikation und wiederum geschärften Entscheidung bedürfen, und dies in Interdependenz zu den Umwelten und zu den Auftraggebern. Auch wenn die eigenen Handlungsspielräume von Rektoraten an Pädagogischen Hochschulen wesentlich begrenzter sind als an Universitäten, kommt man nicht darum herum, als Rektorat dennoch Strategien und vor allem auch inhaltliche Visionen zu entwickeln, die sich auch auf die Zukunft beziehen und realistisch sind. Wesentlich ist daher, als Führungsperson sowohl einen wissenschaftlichen Erfahrungshintergrund zu besitzen als auch unternehmerisches Können: die Anerkennung der Pädagogischen Hochschulen bei ihren tertiären Partnern,

---

22 *Teichler U.*, Hochschulbildung, in *Tippelt R.* (Hrsg), Handbuch Bildungsforschung (2002) 352.

vor allem den Universitäten, läuft in der Regel über die Anerkennung der wissenschaftlichen Expertise ihrer ProfessorInnen und ihrer Leitungspersonen. Die Anerkennung der Auftraggeber und Partner im Schulfeld, wie der Schulbehörden und des Ministeriums, läuft eher über die Managementleistung der Hochschule, denn sie wird hier mehr als Dienstleistungsinstitution denn als akademische Experteninstitution gesehen, wobei sich beides ja nicht ausschließt, die Frage ist eher, wird man das eine durch das andere oder umgekehrt.

Lehrerbildung kann man ohne das Erkennen größerer Sinnzusammenhänge innerhalb und außerhalb der Institution Hochschule jedenfalls nicht sinnvoll managen, was ganz besonders auch an der Spezifität von Bildungsinstitutionen liegt. Die dort statthabenden „Bildungsprozesse" sind natürlicherweise auch besser mit einem Management verbunden, das ihre Sinnlogiken berücksichtigt und ihr Interesse an einer ganzheitlichen Gestalt von Lehrerbildung befördert. Um nicht dem „Management-Mythos"[23] zu verfallen, sobald es letztlich nur noch um instrumentelle Interaktionen zur Maximierung des erwünschten Verhaltens der Mitglieder der Organisation und der Steigerung des (vordergründigen, kurzfristigen) Output geht, ist es also neben der inhaltlichen Vision wichtig, das dritte Element im „Führungsdreieck" zu stärken: die Personen, Teams und ihre Fähigkeiten, denn Hochschulen sind – durchaus auch in der Sprache des Managements – professionelle Dienstleistungsorganisationen[24], und die Professionellen, nämlich die Hochschullehrenden, führen ihren gesellschaftlichen Auftrag der Lehrerbildung in hoher Selbstverantwortung und Mitbeteiligung an der Institution aus, und sie führen ihn zunehmend gemeinsam, in Expertenteams, aus. Helmut Fend spricht im Zusammenhang mit Schulen und Hochschulen von der Notwendigkeit einer verstehensorientierten Soziologie, denn es gehe immerhin um die Humangestaltung des Bildungswesens und damit um die Realisierung eines Kulturprogrammes, das sich nur

---

[23] Vgl *Bowles M.*, Der Management-Mythos, in *Sievers B./Ohlmeier D.* ea. (Hrsg), Das Unbewusste in Organisationen. Freie Assoziationen zur psychosozialen Dynamik von Organisationen, (2003) 275–306.

[24] Vgl *Glasl F.*, Change-Management und Autonomie für Schulen. Unveröffentlichtes. Skript zum Vortrag an der Pädagogischen Hochschule Oberösterreich, 22. 1. 2013 (Linz) 7.

durch verstehende Interpretation erschließt, gerade wenn es um die (kulturellen) Wirkungen von Effizienzmaßnahmen geht.[25] Es geht also für Management an Hochschulen ganz deutlich zunächst um das Verstehen der Organisation, die ihre eigenen Leistungen, ihre Geschichte, ihre eigene Würde, ihren eigenen Rhythmus hat, der auch eingebettet ist im Auf und Ab der Reformen, der Selbsterneuerungen, der Instrumentalisierungen und der Zukunftsunsicherheiten, der Erfolge und der inneren Gemeinsamkeit bei allen Unterschieden, welche fast das Wichtigste ist, um die notwendige Identität und ihre Transformation zu erringen. Bezeichnenderweise ist dabei das Sträuben gegen Transformation umso stärker, je unsicherer, gefährdeter oder als verloren geglaubter die jeweilige (Gruppen)Identität, ihre Kompetenzen und ihre Interessen sind. Verständigung, Macht und Vertrauen sind jedenfalls wie an jeder Bildungsinstitution Elemente eines „konfliktträchtigen Zusammenspiels“[26]. Es ist sehr wichtig, dass die Pädagogischen Hochschulen und ihre Leitungsebenen das nötige Maß an innerinstitutioneller Autonomie haben, um die Ausgestaltung ihrer Organisation relativ selbstbestimmt voranzutreiben und erst dadurch das Vertrauen der Professorenkollegien gewinnen, dass es nun tatsächlich um inklusive Partizipation für alle Beteiligten, auch jene mit kontroversiellen Standpunkten geht. Eine tragfähige Vision von Lehrerbildung und zielgerichtete Weiterentwicklung werden die Hochschulen auf dem langen Weg der Entwicklung begleiten.

[25] Vgl *Fend H.,* Sinn und Zweck der Lehrerbildung. Historische und systematische Wege zu einer wissenschaftsfundierten Lehrerbildung und hinderliche Kompromisse, in *Österreichischer Wissenschaftsrat* (Hrsg), Lehren lernen – die Zukunft der Lehrerbildung (2012) 20.

[26] *Kühl/Schnelle,* Führen ohne Hierarchie – Macht, Vertrauen und Verständigung im Prozess des lateralen Führens, Zeitschrift für Organisationsentwicklung 2/2009 (52).

Markus Juranek

Das Hochschulrecht auf dem Prüfstand der Praxis

Inhalt

I. Persönliche Vorbemerkungen

Als Gründungsrektor im Studienjahr 2006/07 und seit Oktober 2007 als Rektor der Pädagogischen Hochschule Tirol habe ich das Hochschulrecht auf dem Prüfstand der Praxis hautnah erleben dürfen. Daher sollen im Folgenden einige Themenbereiche angesprochen und analysiert werden, bei denen ich in vielen Gesprächen Rechtsfragen oder auch Strukturspannungen und Unsicherheiten wahrgenommen habe. Es handelt sich natürlich nicht um eine vollständige Darstellung aller Fragestellungen und auch die angesprochenen können nicht in allen Tiefenschichten und Dimensionen analysiert und lösungsorientiert dargestellt werden. Dazu hat sich das Hochschulrecht schon viel zu sehr entwickelt, fehlt hier in diesem Beitrag der Raum und das soll wohl anderen Experten und Expertinnen zukommen.

Als aktiver Rektor bin ich natürlich meiner Aufgabe und meiner vorgesetzten Stelle verpflichtet und kann nicht so frei „von der juristischen Leber" sprechen, wie ich es vielleicht in einer post-rektoralen Phase tun hätte können. Das heißt jedoch nicht, dass ich nicht bestmöglich Themen aufzeigen möchte, die mir bewusst sind, um verehrte Kolleginnen und Kollegen der Hochschulen und Universitäten, die sich mit diesen Fragen beschäftigen, zur weiteren Auseinandersetzung anzuregen.

Ich möchte auch mit meinen Ausführungen niemanden an den Pranger stellen oder auch nur im Geringsten anschwärzen. Wir werden vom BMUKK als unsere Hochschulbehörde wirklich gut betreut. Meine Aussagen sind in keiner Weise politisch und schon gar nicht parteipolitisch gemeint. Mit diesen Überlegungen möchte ich zu meinen wissenschaftlichen Wurzeln als Jurist zurückkehren, die ich in meiner derzeitigen Funktion vielleicht zu wenig „pflegen" kann.

II. Von der Akademie zur Hochschule

Noch heute finde ich es spannend, dass der Gesetzgeber erst mit dem Akademien-Studiengesetz 1999, also 79 Jahre nach Inkrafttreten unserer Bundesverfassung von 1920, erst lange nach den Schulgesetzpaketen von 1962 und 1974 den letzten Schlussstein für eine vollständige gesetzliche Grundlegung im gesamten Schulwesen verankern konnte.[1] Bis dahin gab es außer den Regelungen zu den Lehrerbildungsstätten im Schulorganisationsgesetz, das bekanntlich nur die äußeren Strukturen der Schulen von den Volksschulen bis zu den Akademien enthält, keine Gesetzesregelungen für die innere Ordnung dieser Akademien. Diese war bis dahin mehr oder weniger nur durch Rundschreiben und Erlässe von der Zentralstelle aus geregelt.[2] Nun erst war der Verfassungsgrundsatz des Legalitätsprinzips endlich auch im Schulwesen und konkret in der Lehrerbildung umfassend verwirklicht.[3]

Das Akademien-Studiengesetz 1999 sah die Schaffung von Hochschulen für pädagogische Berufe innerhalb von acht Jahren vor. Dies ist nicht nur eine legistische Rarität, dass sich der Gesetzgeber selbst eine Galgenfrist für weiterführende Regelungen setzt,[4] es passt dies auch schon in dieser Phase der Überlegungen in Österreich zur PädagogInnenbildung Neu[5]: Entwicklungen in diesem Bildungsfeld sind derart komplex, dass sie Zeit brauchen. Viele Jahre. Das müssen wir auch der jetzigen aktuellen Entwicklung in noch viel stärkerem Maße zugestehen. Wenn schon die Zusammenführung von Berufspädagogischer Akademie, Pädagogischer Akademie und Pädagogischem Institut, alle auf Akademie-Niveau, acht Jahre Vorlaufzeit be-

---

[1] Zur langen Entwicklung des Schulrechts vgl *Juranek,* Schulverfassung und Schulverwaltung in Österreich und in Europa (1999) 54–94.

[2] Vgl zu dieser besonderen Bedeutung von Erlässen in der Geschichte der österreichischen Schulverwaltung *Hofstätter,* Der Erlass im Schulwesen (Diss Uni Graz 2012).

[3] Zur Entwicklung der Lehrerbildung in Österreich vgl *Rathmoser,* Öffentliche und private Pädagogische Hochschulen im Gefüge des postsekundären Bildungssektors (2012) 21–59.

[4] Vgl § 1 Abs 1 Satz 1 AStG 1999 BGBl I 1999/94: *„Der Bund wird innerhalb von acht Jahren hochschulische Einrichtungen für die Ausbildung der Pflichtschullehrer („Hochschule für pädagogische Berufe") schaffen."* Das Gesetz trat mit 1. 9. 1999 in Kraft (§ 35 Abs 1), ohne jedoch eine Außerkraftsetzungsregelung zu beinhalten. Insoweit war der zit § 1 wirklich nur eine Absichtserklärung des Gesetzgebers ohne Bindungswirkung.

[5] Siehe die vielen unter diesem Begriff auf der Homepage des BMUKK www.bmukk.gv.at veröffentlichten Dokumente zB vom 20. 11. 2012 unter www.bmukk.gv.at/ministerium/vp/2012/20121120a.gmx.

nötigte, dann kann erahnt werden, wie der Zeithorizont für die Aufbauarbeit von Hochschulen zu universitären Bildungseinrichtungen – selbständig oder an eine Universität angeschlossen – aussehen kann und muss.

III. Verfassungsgrundlagen für das Hochschulgesetz 2005

Das HG 2005 wurde vom Nationalrat am 7. 12. 2005 mit den Stimmen der Regierungsparteien beschlossen. Gegen diesen Gesetzesbeschluss erhob der Bundesrat am 25. 1. 2006 Einspruch. In der Folge kam es am 1. März 2006 zu einem Beharrungsbeschluss, worauf das Bundesgesetz dann am 13. März im BGBl I Nr 30 kundgemacht wurde.

Verfassungsrechtlich gründet sich das Hochschulgesetz 2005, soweit es sich um hochschulrechtliche Angelegenheiten handelt, auf Art 14 Abs 1 B-VG sowie weiters auf Art 10 Abs 1 Z 6 *(„Zivilrechtswesen, …“)*, Z 13 *(„Angelegenheiten der …. Wissenschaftlichen … Einrichtungen des Bundes“)* und Z 16 *(„Einrichtungen der Bundesbehörden und sonstigen Bundesämter; Dienstrecht und Personalvertretungsrecht der Bundesbediensteten“)* B-VG.[6]

Die Eingliederung der bisherigen Akademien in den Hochschulbereich hat zur Folge, dass Art 17 Abs 1 des Staatsgrundgesetzes über die allgemeinen Rechte der Staatsbürger 1867[7] *„Die Wissenschaft und ihre Lehre ist frei“* grundsätzlich gilt. In diesem Zusammenhang sind die aktuellen Ausführungen von BM Dr Claudia Schmied in ihrer parlamentarischen Anfragebeantwortung vom 6. 11. 2012[8] betreffend die Abberufung von Dir Dr Elmar Märk als designierter Rektor der Pädagogischen Hochschule Tirol interessant. Sie führt dort aus: *„Grundsätzlich ist festzuhalten, dass ich mich als zuständige Bundesministerin für die Freiheit von Wissenschaft und Forschung ausspreche. Davon sind jedoch die Führung sowie der administrative Bereich einer*

[6] Siehe ErlRV 1167 BlgNR 22. GP, der Bericht des Unterrichtsausschusses des NR findet sich in Nr 1198 der Blg und der Einspruch des BR samt Begründung in Nr 1285 der Blg.

[7] RGBl 142/1867.

[8] AB 12342 BlgNR 24. GP Anfragebeantwortung zu Frage 13.

Pädagogischen Hochschule zu unterscheiden. Für die Leitung einer Pädagogischen Hochschule als nachgeordnete Dienststelle des Bundesministeriums für Unterricht, Kunst und Kultur ist nicht nur ein wissenschafts- und forschungsbezogener Hintergrund, sondern auch ein klares Bekenntnis zur Institution Pädagogische Hochschule nötig." Es geht mir hier nicht um die Frage, ob die Abberufung zu Recht oder zu Unrecht war, sondern um die grundsätzliche Frage, inwieweit nicht auch der administrative Bereich bestimmte Freiräume braucht, damit der zitierte Verfassungsgrundsatz der Freiheit von Forschung und Lehre tatsächlich gelebt werden kann. Nur so viel hier: Für die Universitäten ist die Frage schon längst mit einem deutlichen JA beantwortet worden.

Ferner findet Art 14 Abs 10 B-VG betreffend die besonderen Beschlusserfordernisse im Nationalrat hinsichtlich der Zweidrittelmehrheit bei schulgesetzlichen Bestimmungen, welche ohnehin durch eine B-VG Novelle 2005 stark eingeschränkt wurde, keine Anwendung mehr.

Der Studienbetrieb wurde mit 1. 10. 2007 aufgenommen, wobei die Vorbereitungsmaßnahmen dafür – dem HG entsprechend – bereits ab April 2006 beginnend mit der Installierung der Hochschulräte offiziell gesetzt wurden.

IV. Die rechtliche Weiterentwicklung des Hochschulrechts

Die Grundfassung des HG wurde seit damals vier Mal novelliert.[9] Auch eine ganze Reihe von VO wurden seit damals auf der Grundlage des HG erlassen, dreizehn an der Zahl mit einer ganzen Reihe von Novellierungen. Die erste VO, die erlassen wurde – das ein Schmankerl am Rande – war die Hochschulrat-Aufwandersatzverordnung, damit die Hochschulratsmitglieder in der Gründungsphase auch eine Entschädigung für ihre Tätigkeit erhielten. Erst wesentlich später folgten dann wichtige Regelungsinhalte zB mit der Hochschul-Zulassungsverordnung, der Hochschul-Curriculaverordnung, der Hochschul-Zeitverordnung oder der Hochschul-Evaluierungsverordnung.

[9] Novellen BGBl I 2008/71, 2008/134, 2010/47 sowie 2011/73.

Ich möchte mich bei meiner Praxisprüfung zunächst auf das HG 2005 in seiner aktuellen Fassung in der Novelle BGBl I 2011/73 beschränken. Auf die Novellen einzugehen würde den Rahmen sprengen. Die Regelungsdichte wird jedoch durch diese Verordnungen bereits wesentlich größer, als es vielleicht zunächst bei der Durchsicht des Gesetzes den Anschein haben könnte. Blättern Sie also mit mir das HG durch – ich vermerke nur dort etwas dazu, wo mir die Praxis einen Hinweis auf mögliche juristische „Stolpersteine" oder Besonderheiten in den Regelungen gibt.

V. Zum Geltungsbereich des HG

In § 1 HG sind zunächst die acht öffentlichen pädagogischen Hochschulen genannt. Jedes Bundesland hat eine, außer dem Burgenland. Das Burgenland ist deshalb nicht in der Auflistung der Standorte öffentlicher PH enthalten, da zum Zeitpunkt der Gesetzwerdung davon ausgegangen wurde, dass eine private Einrichtung an die Stelle der damaligen „Stiftung Pädagogische Akademie Burgenland" treten würde. Dies ist mit der Gründung der „Stiftung private Pädagogische Hochschule Burgenland" geschehen, welche seit März 2007 existiert und von der Republik Österreich, dem Land Burgenland und der Diözese Eisenstadt erhalten wird. Diese zum Zeitpunkt des Gesetzesbeschlusses über das HG 2005 noch nicht existente private Stiftung wird in § 5 Abs 2 HG eigens erwähnt: Für sie gelten besondere Voraussetzungen für die Anerkennung, was auf die (vergleichsweise) geringen Studierendenzahlen und auf die besonderen sprachlichen Anforderungen gemäß dem Minderheiten-Schulgesetz für das Burgenland zurückzuführen ist. Die Hochschule Burgenland surft in der Praxis zwischen den staatlichen und den anderen vier kirchlichen Hochschulen in Wien, Graz, Linz und Innsbruck hin und her. Sie ist privat und wird doch auf Grund der Trägerschaft (50% Bund, 25% Land Burgenland, 25% Diözese Eisenstadt) in vielem wie eine staatliche Hochschule behandelt. Sogar ein e-campus für alle PH ist seit 2012 dort offiziell angesiedelt.[10]

---

[10] Mit 1. 1. 2012 wurde durch einen Vertrag zwischen dem BMUKK und dem Stiftungsrat der PH Burgenland das Bundeszentrum „Onlinecam-

Noch nicht erwähnt habe ich die neunte in § 1 HG genannte öffentliche PH, die Hochschule für Agrar- und Umweltpädagogik Wien. Durch sie soll den besonderen Bedürfnissen der Aus-, Fort- und Weiterbildung der Lehrerinnen und Lehrer im gesamten landwirtschaftlichen Schulbereich und der landwirtschaftlichen Beratung Rechnung getragen werden. Diese Hochschule untersteht nicht – wie die anderen Pädagogischen Hochschulen – allein dem Bundesministerium für Unterricht, Kunst und Kultur, sondern hinsichtlich der Errichtung, Erhaltung und Auflassung einschließlich der Bestellung von Funktionären und der Finanzgebarung dem Bundesminister für Land- und Forstwirtschaft, Umwelt und Wasserwirtschaft (so § 79 HG). Fachlich aber ist die Hochschule wie die anderen acht staatlichen Hochschulen der Unterrichtsministerin unterstellt. Gut für die Agrar- und Umweltpädagogik, denn sie kann sich vielleicht von beiden Ministerien das Beste holen.

Der Vollständigkeit halber muss ich neben den staatlichen PH und den privaten PH, auf die ich gleich noch eingehen werde, auch noch die Möglichkeit von Studienangeboten als private Studiengänge, private Hochschullehrgänge oder private Lehrgänge erwähnen, die ebenfalls nach Durchlaufen eines entsprechenden Verfahrens eine staatliche Anerkennung im Sinne des 2. Abschnittes des HG (§§ 4 bis 7) erhalten können. Hier sind bis dato drei Studiengänge genehmigt worden: nämlich der private Studiengang Lehramt Katholische Religion Kärnten Klagenfurt, der private Studiengang für das Lehramt für Islamische Religion an Pflichtschulen in Wien sowie der private Studiengang Lehramt jüdische Religion. Deren Leitungen sind in die Konferenzen des BMUKK mit den Rektorinnen und Rektoren der öffentlichen und privaten PH nicht mit eingebunden.

---

pus Virtuelle Pädagogische Hochschule“ eingerichtet. Der hier eingeführte Begriff für diese Internetplattform kann irreführend sein, denn es handelt sich nicht um eine weitere Pädagogische Hochschule. Dieses Bundeszentrum etabliert jedoch einen virtuellen Lernraum für alle Lehrpersonen im österreichischen Bildungsraum (vgl BMUKK Erlass GZl 305.000/0011-I/IKT/2012).

VI. Der rechtliche Status der PH

Die öffentlichen Pädagogischen Hochschulen sind Einrichtungen des Bundes – so der § 2 HG. Als solches sind sie nachgeordnete Dienststellen des jeweils zuständigen Ministeriums, dies ist das BMUKK, in manchen Bereichen auch das BM für Land- und Forstwirtschaft (§ 79 HG). Damit sind sie – aus der Blickrichtung des BMUKK – gleichgestellt wie die Landesschulräte oder der Stadtschulrat für Wien, die als Bundesbehörden direkt dem Ministerium unterstehen, aber auch gleichgestellt zB den Zentrallehranstalten, die als Unikatschulen nach § 3 Abs 1 Z 1 lit b Bundesschulaufsichtsgesetz ebenfalls das BMUKK als Schulbehörde erster Instanz über sich haben. Der Vergleich mit den Schulbehörden tut nicht weh, denn auch diese haben durch ihre Kompetenz und Struktur zwar wenig rechtliche Autonomie, aber doch eine faktische Eigenverantwortung und Selbständigkeit. Weh tut manchmal die ähnliche Behandlung der PH mit den Zentrallehranstalten oder auch anderen höheren Schulen. Denn letztere sind Sekundar-Schulen, während Erstgenannte im Bereich der tertiären Bildung mit Forschungsauftrag und dekretierter Lehrfreiheit ausgestattet ist, Bildung am letzten Stand der Wissenschaft vermitteln und damit mit den Universitäten „auf Augenhöhe" mitspielen sollen. Wie geht dies aber als Schule? Und ich sage das mit keinem Unterton sondern mit dem größten Verständnis für menschliches Handeln: Wenn höhere Schulen und Hochschulen in der gleichen Budgetabteilung von den gleichen Menschen betreut werden, dann werden eben die gleichen, wenigstens jedoch nur leicht abgewandelten Überlegungen und Formulare verwendet, um Schulen und Hochschulen mit den scheinbar gleichen Notwendigkeiten auszustatten, damit der Schulbetrieb an beiden Einrichtungen funktionieren kann. Dass hier völlig andere Strukturen vor Ort und auch andere Aufgaben und damit andere Bedürfnisse zur Vollziehung der ihnen gesetzlich zugesprochenen Verantwortungsbereiche bestehen, ist nicht immer ganz leicht zu vermitteln. Der Abs 2 des § 2 HG hat damit eine tiefere Bedeutung, wenn die öffentlichen PH anerkannte postsekundäre Bildungseinrichtungen im Sinne des § 51 Abs 2 Z 1 UG 2002 sind oder sein sollen.

VII. Die Teilrechtsfähigkeit

Der öffentlichen PH kommt nur in einem in der Praxis noch viel zu kleinen Bereich Rechtspersönlichkeit zu: Sie ist nämlich berechtigt, im eigenen Namen und für eigene Rechnung rechtsgeschäftlich an der Erfüllung ihrer Aufgaben insb im Bereich der *über den öffentlich-rechtlichen Auftrag hinausgehenden* Lehr- und Forschungstätigkeit sowie der Erwachsenenbildung mitzuwirken. Nach dieser Regelung des § 3 HG können die Hochschulen insb im Bereich des Sponsorings, von Forschungsaufträgen, EU-Projekten bis hin zur Abwicklung von Masterlehrgängen tätig werden.[11]

Gerade bei der Durchführung von Masterlehrgängen geht eine PH eben über ihren öffentlich-rechtlichen Auftrag hinaus, da in diesem das Angebot eines Masterlehrganges (noch) nicht vorgesehen ist. Ich möchte jetzt wiederum nicht bildungspolitisch tätig werden und die Möglichkeit urgieren, auch im öffentlich-rechtlichen Bereich eine Masterausbildung anbieten zu können – und zwar sowohl den konsekutiven Master im Rahmen der Ausbildung als auch den „Weiterbildungsmaster". Die aktuelle bildungspolitische Vereinbarung zwischen den Regierungsparteien SPÖ und ÖVP auf der Regierungsklausur vom 9. 11. 2012 zur PädagogInnenbildung Neu weist sehr positiv in diese Entwicklungsrichtung.[12]

Die Regelung des § 3 HG erinnert sehr stark an die mit dem UG 2002 außer Kraft getretenen fast wortidenten Bestimmungen des § 3 UOG 1993 für die Universitäten[13] oder an die schulische Formulie-

---

[11] Vgl *Hauser/Dragaric,* Pädagogische Hochschulen, in *Berka/Brünner/Hauser* (Hrsg), Handbuch des österreichischen Hochschulrechts (2012) 400 ff.

[12] Vgl die Unterlagen zur darauf aufbauende Pressekonferenz von Bildungsministerin Dr. Claudia Schmied und Wissenschaftsminister Univ.-Prof. Dr. Karlheinz Töchterle v 20. 11. 2012 unter http://www. bmukk.gv.at/medienpool/23490/20121120a_01.pdf sowie den Ministerratsvortrag v 9. 11. 2012 unter http://www.bmukk.gv.at/medienpool/23490/20121120a_02.pdf.

[13] *Rathmoser,* Öffentliche und private Pädagogische Hochschulen im Gefüge des postsekundären Bidlungssektors (2012) 237 ff.

rung der „Teilrechtsfähigkeit“ in § 128c Schulorganisationsgesetz[14], eine gesetzlich verwendete Überschrift und Begrifflichkeit, welche für Juristinnen und Juristen Nonsens ist, weil schon mit der Zuerkennung eines Rechtes oder einer einzigen Pflicht eine juristische Person begründet werden kann, die aber dann in diesen zugestandenen Bereichen voll rechtsfähig und nicht teil-rechtsfähig ist. Teilrechtsfähigkeit bedeutet somit lediglich in den da wie dort jeweils erfassten Angelegenheiten Handeln im eigenen Namen, auf eigene Rechnung und eigene Verantwortung, dh ohne Staatshaftung für die in der Teilrechtsfähigkeit eingegangen Verpflichtungen.[15] Diese Bestimmung hat in den ersten Jahren der Hochschule in mehreren Bereichen Ecken und Kanten gezeigt:

- Da den Bund keine Haftung für Verbindlichkeiten, die im Rahmen der eigenen Rechtspersönlichkeit abgeschlossen werden, trifft,[16] haftet jedoch der Rektor bzw die Rektorin für diese persönlich. Das hält so manchen weniger als Geschäftsmann denn als Lehrer geborenen Leiter einer Hochschule von so manchen manchmal durchaus für die Hochschule lukrativen Aktivitäten ab.
- Wenn die Hochschule im Rahmen ihrer eigenen Rechtspersönlichkeit einen Lehrgang, einen Hochschullehrgang oder gar einen Masterlehrgang in pädagogischen Berufsfeldern anbieten möchte (im Sinne des § 3 Abs 1 Z 4), dann fällt sie mit diesem Angebot unter die Bestimmungen des 2. Abschnitts des HG, in dem es eigentlich um die Anerkennung von privaten Pädagogischen Hochschulen bzw privaten Studiengängen, privaten Hochschullehrgängen oder privaten Lehrgängen geht. Diese Anerkennungsverfahren werden vom BMUKK sehr gewissenhaft geführt. Im Sinne der Qualität der Angebote mag dies als

---

14 BGBl 242/1962; die zit Bestimmung wurde mit BGBl I 1998/20 eingefügt.

15 Vgl *Jonak/Kövesi,* Das österreichische Schulrecht[13] (2012) 333, FN 1 u 2 zu § 128c.

16 In besonderen Extremfällen ist eine Haftung des Bundes zB bei Verletzung seiner Aufsichtspflicht oder einer Irreführung über den Vertretenen (Bund oder teilrechtsfähige PH) denkbar. Vgl *Bast/Vodrazka,* Drittmittelmanagement an Universitäten. Akquirierung/Verwaltung/Gebarung (2000) 35.

richtig angesehen werden, im Sinne einer akademischen Eigenständigkeit und Eigenverantwortung kann dies als Einschränkung empfunden werden.

- Auch die Frage, wann sich ein Thema in pädagogischen Berufsfeldern sowie zur wissenschaftlich-berufsfeldbezogenen und/oder berufsbegleitenden Fort- und Weiterbildung in pädagogischen Berufen bewegt, um diese Betätigungsmöglichkeit der Hochschulen in ihrer eigenen Rechtspersönlichkeit vollständig zu zitieren, ist natürlich interpretationsbedürftig und kann enger oder weiter ausgelegt werden. So hat das BMUKK die Genehmigung eines Masterlehrganges der PH Tirol gemeinsam mit der Fachhochschule für Gesundheit in Innsbruck zum Suchtberater mit der genauen Bezeichnung „Professionelle Arbeit mit Abhängigkeitsgefährdeten und Abhängigkeitskranken“ mit der Begründung abgelehnt, dass im Curriculum zu wenig pädagogische Elemente „verpackt“ wären. Der Rektor der PHT wurde vor die Wahl gestellt, entweder den Antrag zurückzuziehen oder ihn bescheidmäßig abgelehnt zu bekommen. Der Antrag wurde hierauf offiziell zurückgezogen.

VIII. Die privaten PH und ihre Subventionierung

Damit habe ich den Abschnitt hinsichtlich der Führung privater Pädagogischer Hochschulen wenigstens gestreift. Da sich die Überlegungen dieses Beitrages grundsätzlich auf die öffentlichen Pädagogischen Hochschulen beziehen, können diese „Schwesterneinrichtungen“ grundsätzlich ausblendet bleiben. Es wäre aber sicherlich lohnend, ihnen eine eigene rechtswissenschaftliche Arbeit zu widmen, da sich hinter diesen Einrichtungen ebenfalls spannende Rechtsfragen verbergen. Trotzdem sei an dieser Stelle wenigstens eine kritische Anmerkung zur Subventionierung der privaten PH eingefügt.

Dass die konfessionellen privaten PH zur Erfüllung ihrer Aufgaben die erforderlichen Subventionen zum Personalaufwand des Lehrpersonals einschließlich der Aus-, Fort- und Weiterbildung der Religionslehrer erhalten, wie sie dem Aufwand öffentlicher PH vergleichbarer Art und Größe entsprechen, ergibt sich daraus, dass sich die Republik Österreich mit einer Verbalnote des Außenministeriums gegenüber dem Heiligen Stuhl verpflichtet hat, den Schulvertrag auf die an die Stelle der Pädagogischen Akademien tretenden Pädagogischen Hochschulen anzuwenden. Durch die durch die Novelle BGBl I 2008/71 angefügten Absätze wurden dem Privatschulgesetz BGBl I 1962/244 entsprechende Subventionsbestimmungen in das Hochschulgesetz 2005 aufgenommen. Auch wenn dieser Verbalnote intensive diplomatische und staatskirchenrechtliche Überlegungen vorausgegangen sind und die gesetzliche Bestimmung im Hochschulgesetz manche administrativen Fragen aufwirft, ist diese Regelung aktuell kein besonderes juristisches Thema.

Juristisch spannender wird es bei der Frage, ob es sich nach § 4 Abs 1 HG, wonach eine vom Bund verschiedenen Rechtsperson auf Antrag hin als private Pädagogische Hochschule, privater Studiengang, privater Hochschullehrgang oder privater Studiengang anzuerkennen ist, wie für die Privatschulen nach dem Privatschulgesetz um einen verfassungsgesetzlichen Anspruch auf diese Anerkennung handelt – oder nicht. Art 14 Abs 7 B-VG meint nämlich, dass Schulen, die nicht öffentlich und daher Privatschulen sind, nach Maßgabe der gesetzlichen Bestimmungen das Öffentlichkeitsrecht zu verleihen ist. Dass diese Bestimmung ohne Einschränkung für ALLE Schulen, damit auch für die Pädagogischen Hochschulen anzuwenden sein wird, ergibt sich wohl daraus, dass in Art 14 Abs 10 B-VG, wo es um Schulgeldfreiheit sowie das Verhältnis Schule und Kirche geht, Universitäten und Hochschulen ausdrücklich ausgenommen sind, eine solche Einschränkung jedoch in Art 14 Abs 7 B-VG gerade nicht zu finden ist.

In der Praxis zu Spannungen zwischen den öffentlichen und den privaten PH führt jedoch bei den Rechtswirkungen der Anerkennung von privaten Hochschulangeboten laut § 7 HG dessen Abs 7 mit einer weiteren Regelung zur Subventionierung dieser privaten Einrichtungen. Im Bereich der Fort- und Weiterbildung sind für diese Aufgabe erforderliche Subventionen zum Personalaufwand des Lehrpersonals, also für die Referentinnen und Referenten der Seminare und Lehrgänge, nach Maßgabe einer jährlich im Einvernehmen mit dem zuständigen Regierungsmitglied festzulegenden Planung zu gewähren. Dies läuft in der Praxis so ab, dass die Unterrichtsministerin den Amtsführenden Präsidenten oder die Amtsführende Präsidentin des jeweiligen LSR vor Ort beauftragt, diese Verhandlung zu führen. Diese oder dieser legt dann fest, wie viel vom Budget der öffentlichen PH abgezweigt und an die private PH übertragen wird. Dies wurde zwar erlassmäßig durch das BMUKK mit 15% des Fortbildungsbudgets der staatlichen PH limitiert, aber immerhin ist der oder die AP auch Mitglied des Hochschulrates der öffentlichen PH und hat dort die Interessen dieser Einrichtung zu vertreten! Ein Fall von Unvereinbarkeit? Ich bitte den Leser, der vielleicht Mitglied einer öffentlichen Universität ist, zu überlegen, wie es Ihnen ginge, wenn Sie jedes Jahr mit der im Bundesland gelegenen privaten Universität oder Fachhochschule zum regional verantwortlichen Politiker ziehen müssten, der ihrer Einrichtung dann – je nach Verhandlungsergebnis mehr oder weniger von Ihrem staatlichen Budget an die „Konkurrenz“ abzweigt, Geld, das sie dringend auch für die Erfüllung ihrer eigenen Aufgaben benötigen würden. Was würden Sie sagen, wenn dieser Politiker verschärfend auch noch Mitglied, wenn nicht gar Vorsitzender des Universitätsrats Ihrer Universität ist? Dass dies auch für die Vertreter der privaten Hochschulen eine unangenehme Situation ist, ergibt sich wohl aus dieser Situationsskizze. Dass diese HG-Regelung nicht für die religionspädagogische Fort- und Weiterbildung gilt, sei der Vollständigkeit halber angemerkt.

IX. Die Aufgaben der PH

Doch nun zu den Aufgaben der Pädagogischen Hochschulen. Gönnen Sie sich einmal den 1. Satz des Abs 1 des § 8 HG: *„Die Pädagogische Hochschule hat die Aufgabe, wissenschaftlich fundierte berufsfeldbezogene Bildungsangebote in den Bereichen der Aus-, Fort- und Weiterbildung in pädagogischen Berufsfeldern insbesondere in Lehrberufen, zu erstellen, anzubieten und durchzuführen.“* Daraus ergibt sich zunächst, dass die PH direkt auf pädagogische Berufe hin auszubilden und nicht nur Berufsvorbildung zu betreiben hat, wie dies in § 3 Z 3 UG neben der Qualifizierung für berufliche Tätigkeiten als eine Aufgabe der Universität aufgelistet wird. Beim kleinen Wörtchen „insbesondere“ werden aber dann bekanntlich Juristinnen und Juristen hellhörig und fragen sich, welche sonstigen pädagogischen Berufsfelder dies sein können, welche Bildungsangebote also über die

Aus-, Fort- und Weiterbildung von Lehrerinnen und Lehrern hinaus reichen und trotzdem Aufgabe der PH sein könnten? Sind damit auch die KindergartenpädagogInnen, die HorterzieherInnen oder die SozialpädagogInnen angesprochen, die sinnvollerweise ebenfalls hier an der PH ihre Aus-, Fort- und Weiterbildung erfahren könnten? Jedenfalls sind hier bereits versteckt die Weichen gestellt, um bei entsprechendem politischen Willen diese Ausbildungsbereiche aus dem Sekundarbereich des SchOG heraus in den Postsekundarbereich und damit an die PH zu führen.

Und noch etwas wird aus der Formulierung dieses Satzes zu den Aufgaben der PH ersichtlich: Aus-, Fort- und Weiterbildung wird begrifflich zusammengeführt und damit mehr als nur als Worteinheit sondern als gesamthaftes Denken und Handeln gesehen. Es wird das Professionalisierungskontinuum eines lehrerlebenslangen Lernens deutlich, um die permanente Anpassung an die Veränderungen des Berufsfeldes des Lehrers neben einem Transfer wissenschaftlich-berufsfeldbezogener Erkenntnisse in die praktische Arbeit an den Schulen sicherzustellen. Fort- und Weiterbildung ist ein dem Ausbildungsbereich gleichgestellter Bestandteil der Aufgaben und Strukturen der PH. Dies hat in der Praxis dazu geführt, dass die Fort- und Weiterbildung teilweise fast schon einen größeren Umfang einnimmt als die Ausbildung. So haben wir bspw an der PH Tirol eben die 1000er Grenze an Studierenden der Ausbildung überschritten, in der Fortbildung haben wir jedoch bereits über 16.000 Studierende immatrikuliert. Diesen Begriff des Studierenden der Fort- und Weiterbildung entnehme ich ebenfalls dem HG. So stehen den drei Jahren der Ausbildung zumindest 30 Jahre an Fort- und Weiterbildung eines Lehrerlebens gegenüber. Dies ist sicherlich ein besonderes Merkmal der PH. Ein Zerreißen dieser beruflichen Gesamtschau durch eine Trennung in ein Ausbildungsinstitut und eine Fortbildungseinrichtung, wie es manchmal angedacht wird, wäre aus meiner Sicht ein großer Rückschritt in Akademiezeiten bis 2007, als Pädagogische Akademien und Berufspädagogische Akademien für die Ausbildung direkt dem Unterrichtsministerium zugeordnet, die Pädagogischen Institute aber für die Fort- und Weiterbildung dem jeweils örtlich zuständigen LSR unterstellt waren. Denn jetzt wird an den Hochschulen schon in den Curricula-Entwicklungen der Ausbildung mitgedacht, welche Inhalte und Trainingsmöglichkeiten vielleicht besser erst im Berufsleben zB in der Induktionsphase als LehrerIn in der Fort- und Weiterbildung verankert werden sollten, wenn ein wichtiges pädagogisches Thema in der Ausbildung zu wenig Platz oder erst im direkten Praxiskontakt seine besondere Bedeutung bekommen kann. Dies wird dann auch tatsächlich in das Fort- und Weiterbildungsprogramm der jeweiligen Hochschule aufgenommen.

X. Hochschulkooperationen

Die Pädagogischen Hochschulen haben hinsichtlich der Erfüllung ihrer Aufgabe untereinander und mit anderen Bildungs- und Forschungseinrichtungen, insb mit in- und ausländischen Universitäten zu kooperieren. Diese in § 10 HG festgelegte Verpflichtung hat sich an den Hochschulen sehr stark entwickelt. Es sind alle – natürlich der Größe der Einrichtungen entsprechend unterschiedlich – schon nach den wenigen Jahren ihres Bestehens mit vielen Universitäten und Hochschulen im In- und Ausland, in Europa besonders über die EU-Programme offiziell vernetzt. Manche greifen aber auch schon nach Übersee.[17]

Unter dem Dach dieser Kooperationsbestimmung haben sich die RektorInnen der öffentlichen PH zu einer Rektorenkonferenz mit der Kurzbezeichnung RÖPH (Rektorenkonferenz der öffentlichen Pädagogischen Hochschulen) zusammengefunden und treffen sich dabei regelmäßig ein- bis zweimal im Semester. Diese Rektorenkonferenz wurde als Verein gegründet, da eine solche Einrichtung im PH-Gesetz nicht vorgesehen ist. Gerade am Beginn des Jahres 2013 beriet die Rektorenkonferenz (zum wiederholten Mal) darüber, ihre Statuten zu ändern und auch die privaten PH zum Beitritt einzuladen. So trat Ende April dieses Jahres[18] dann schließlich eine erweiterte Rektorenkonferenz erstmals zusammen, weiterhin unter der Kurzbezeichnung RÖPH, da sich diese in Insiderkreisen etabliert hat,

[17] Die PHT zB hat eine Kooperationsschiene zur Chandrakasem Rajabhat University 39/1 Ratchadapisek Rd, Chatuchak Bangkok.

[18] Sitzung vom 26. 4. 2013 in Wien im Hotel Astoria.

jedoch mit leicht abgeänderter umfassender Langformulierung: Rektorenkonferenz der österreichischen Pädagogischen Hochschulen.

Auch das BMUKK als Zentralstelle stützt sich auf diese Regelung, wenn es zu den verschiedensten Themen in Arbeitsgruppen insb zur Entwicklung von gemeinsamen Rahmencurricula einlädt. Die Kooperationsverpflichtung erstreckt sich nämlich gemäß Satz 2 des § 10 HG neben der berufsfeldbezogenen Forschung und Entwicklung auch auf die Evaluation und insb auf die Erstellung der Curricula und auf die Studienangebote sowie deren Durchführung und soll die Durchlässigkeit von Bildungsangeboten im Sinne einer gegenseitigen Anrechenbarkeit von Studien und Studienteilen im Rahmen der bestehenden Möglichkeiten sicherstellen. Die Bestimmung soll wohl eine aktive Verpflichtung jeder einzelnen Hochschule auslösen, auf Partnereinrichtungen zuzugehen, aber nicht eine Handhabe für die Zentralstelle darstellen, um zu Dienstbesprechungen zur Erarbeitung von Curricula bis hin zu sogenannten österreichweit angelegten „Bundesforen“ für Fortbildungsfragen oder zur Koordination gleichgelagerter Institute der Hochschulen (zB für die Berufspädagogik) einzuladen. Das könnte das BMUKK als vorgesetzte Dienststelle ohnehin, nur müsste dann die Zentralstelle als Urheber der Reisebewegungen auch die Reisekosten übernehmen. Mit dem Hinweis auf § 10 HG, dass die PH ja zur Zusammenarbeit verpflichtet sind, gehen diese Reisekosten meist zu Lasten des Budgets der jeweiligen PH.

XI. Die Organe der PH

Die Organe der PH sind (gem § 11 HG) der Hochschulrat, das Rektorat, der Rektor bzw die Rektorin und die Studienkommission. Der von der Studienkommission einzurichtende Arbeitskreis für Gleichbehandlungsfragen (§ 21 Abs 2 HG), Institute oder ihre Institutsleiter/innen, Verwaltungsdirektor bzw -direktorin und andere Verantwortungsträger oder Organisationseinheiten der Hochschulen sind hingegen nicht als Organe ausgeprägt worden und haben damit keine gesetzlich vorgesehene nach außen gerichtete eigene Handlungskompetenz.

Auf Grund meiner Aufgabenstellung möchte ich keine genaue

Darstellung all dieser Organe hinsichtlich ihrer Zusammensetzung und Arbeitsweise ausbreiten. Auch in diesem Themenfeld werde ich nur die Rechts-Elemente herausziehen, bei denen nach meiner Erfahrung in der Praxis Fragen auftauchen (können).

XII. Der Hochschulrat

Der HSR besteht aus fünf Mitgliedern (§ 12 HG). Drei von den Mitgliedern werden von der Bundesministerin bzw dem Bundesminister für Unterricht, Kunst und Kultur bestellt (bei der Hochschule für Agrar- und Umweltpädagogik Wien vom BM für Land- und Forstwirtschaft), eines von der jeweiligen Landesregierung und den fünften Platz nimmt ex lege der Amtsführende Präsident bzw die Amtsführende Präsidentin des Landesschulrates (LSR) bzw in Wien des Stadtschulrates ein, in dessen örtlichen Wirkungsbereich die PH ihren Sitz hat. Warum ich das ausdrücklich erwähne?

Im Sinne eines systemischen Verstehens sollte einfach klar ausgesprochen werden, dass eine Bundesministerin oder ein Bundesminister, die oder der entsendet, natürlich einen politischen Auftrag zu verwirklichen hat, der sich wohl auch in der Auswahl der Mitglieder – neben den unbestrittenen fachlichen Qualitäten – niederschlagen wird. Der Amtsführende Präsident des LSR oder Stadtschulrates darf sich ohnehin zu Recht nach Art 81a B-VG und dem Bundesschulaufsichtsgesetz[19] als Vertreter der Bundesministerin im jeweiligen Bundesland sehen und wurde zudem nach der Formulierung des VfGH-Erkenntnisses v 1.10.92 (VfSlg 13.176) sogar noch als „alter ego" des Landeshauptmannes in der Schulverwaltung des jeweiligen Bundeslandes bezeichnet. Am wenigstens sehe ich die Bindung an parteipolitische Vor-Überlegungen beim vom jeweiligen Bundesland entsendeten Mitglied des HSR, da dieses immerhin von der selten politisch monokoloren Landesregierung bestellt wurde und daher wohl stärker die Interessen des entsendenden Landes als parteipolitische Aspekte in den verschiedenen Entscheidungsfindungsprozessen einbringen wird. Wenn dieses Mitglied aber hauptberuflich in der Schulbehörde des Bundes zB als Landesschulinspek-

[19] §§ 6 u 7 B-SchAufsG BGBl I 1962/240 idgF.

tor beschäftigt ist und damit außerhalb der Mitgliedschaft im HSR weisungsgebundener Mitarbeiter des AP des LSR ist, ergibt sich in dessen Person wiederum eine andere Vernetzungssituation der Interessen von Bund und Land.[20] Diese Zusammensetzung prägt das Geschehen im jeweiligen HSR.

Der Vorsitzende des HSR wird durch Wahl aus dem Kreis der Mitglieder festgelegt (§ 12 Abs 6 HG). So war in der Gründungsphase in vier Bundesländern der AP auch Vorsitzender[21], heute in der 2. Funktionsperiode des HSR ab April 2011[22] sind es nur noch zwei[23].

Die Zusammenarbeit HSR und Rektorat wird natürlich von den handelnden Personen gestaltet und damit geprägt. Gleichlautend wie in § 21 Abs 15 UG hat das Rektorat gem § 12 Abs 8 HG – neben dem Vorsitzenden der Studienkommission oder dem Vorsitzenden des Arbeitskreises für Gleichbehandlungsfragen oder dem Vorsitzenden der Studierendenvertretung das Recht, in den Sitzungen des HSR zu Tagesordnungspunkten angehört zu werden, die ihren Aufgabenbereich betreffen. Auf Grund dieser Bestimmung werden manche Rektorate intensiver, manche weniger intensiv in die Beratungen des jeweiligen HSR eingebunden.

Die wesentlichen Aufgaben im Jahresablauf sind dabei die Beschlussfassung über den Ziel- und Leistungsplan der PH und dessen

---

[20] So zB in Tirol oder der Steiermark zwischen 2007 und 2012. Diese Situationsdarstellung soll kein versteckter Hinweis auf Unvereinbarkeiten nach der derzeitigen Rechtslage sein, auch wenn die Unabhängigkeit der sonst dienstlich in einem Über- und Unterordnungsverhältnis stehenden Mitglieder des HSR wohl von der Stärke der jeweiligen Person abhängig ist. Anders, zumindest hinterfragenswert würde ich es sehen, wenn ein für die Hochschulen weisungsberechtigter Vertreter der vorgesetzten Zentralstelle Mitglied eines ihm sonst nachgeordneten Hochschulrates wäre, da diese Funktion zB mit der damit verbunden Aufsichtspflicht in Kollision geraten könnte.

[21] 2007: Vorarlberg, Tirol, Salzburg, Oberösterreich (Quelle: Telefonische Abfrage in allen öffentlichen Hochschulen v 26. 11. 2012).

[22] Dieses Datum ergibt sich daraus, dass die erste Funktionsperiode der HSR mit 1. 4. 2006 mit dem Inkrafttreten des HG begann und fünf Jahre dauert.

[23] 2012: Vorarlberg und Salzburg.(Homepageabfragen LSR und öffentliche PH v 26. 11. 2012).

Weiterleitung an das zuständige Regierungsmitglied zur Genehmigung (§ 12 Abs 9 Z 7). Das klingt sehr klar – die Praxis hat sich jedoch dahingehend entwickelt, dass der Entwurf des Ziel- und Leistungsplans, den das Rektorat beschlossen hat, parallel an HSR und BMUKK gesandt wird. Dann werden seitens des BMUKK – nach Befassung der verschiedenen Fachabteilungen – Rückmeldungen an das Rektorat gegeben. Dieses Feedback passiert durchaus in sehr ausführlichen Gesprächen im BMUKK, zu denen auch der Vorsitzende des HSR eingeladen wird, aber nicht dabei sein muss. Das Rektorat baut dann die Änderungswünsche des BMUKK ein, sendet diesen abgeänderten Entwurf nochmals an das BMUKK. Erst wenn seitens der zuständigen Fachabteilung für die PH (nach Befassung einer Reihe anderer Abteilungen des BMUKK) grünes Licht gegeben wird, sendet das Rektorat diese „vorgenehmigte" Fassung nochmals an den HSR, der dann erst den Beschluss zum Ziel- und Leistungsplan im Sinne der zitierten Bestimmung fasst und diesen dann dem BMUKK übermittelt. Ein sehr sensibler Abstimmungsprozess also, der in dieser Art nicht im Gesetz vorgesehen ist, aber viel harmonischer wirkt, als wenn ein vom Hochschulrat beschlossener ZLP dann vom Regierungsmitglied abgeändert oder gar nicht genehmigt wird. Die durch das Gesetz dezentralisierte Eigenverantwortung wird damit jedoch faktisch ein Stück weit an die Zentralstelle zurückgegeben. Der ZLP gilt dann für drei Jahre, wird aber jährlich nach den dargestellten, aufwendigen Befassungswegen in einem Roll-out-Verfahren überarbeitet und weiterentwickelt.

Vom Gesetzestext her ebenfalls schwerwiegend liegt die Aufgabe zur *„Beschlussfassung über den jährlichen Ressourcenplan der PHT und ebenfalls dessen Weiterleitung an das zuständige Regierungsmitglied zur Genehmigung"* in den Händen des HSR. Die Realität sieht dabei so aus, dass natürlich die Zentralstelle mehr oder weniger vorgibt, wie viel Geld wofür vorhanden ist. Es werden zwar Erhebungsblätter durch die Rektorate ausgefüllt an das BMUKK gesandt und meist auch an die HSR übermittelt, aber große Abstimmungsprozesse wie zuerst beim ZLP geschildert, gibt es hier (noch) nicht. Hier könnte sich jedoch etwas verändern, da das BMUKK ab dem Jahr 2014 die Gültigkeitsdauer des ZLP mit der Genehmigung des Ressourcenplanes stärker miteinander verknüpfen möchte – eine für die Universitäten inzwischen gelebte Selbstverständlichkeit. Ein erster Schritt in diese Richtung ist, dass ZLP und Ressourcenplan auch die gleiche Gültigkeitsdauer haben – bisher galt der ZLP für das jeweilige Studienjahr, während der Ressourcenplan für das damit nicht synchrone Budgetjahr zugeteilt wurde. Im Jahr 2013 wurde daher eine von der Zentralstelle als „ZLP-light" bezeichnete Übergangsversion erarbeitet, die praktisch die Projekte und Vorhaben aus dem Studienjahr 2012/13 fortschreibt.

Eine darüberhinausgehende, das Budgetjahr übersteigende Planungssicherheit betreffend Ressourcen gibt es für die PH (auch dann) nicht – ganz anders als für die Universitäten etwa im Hinblick auf die Leistungsvereinbarungen (§ 13 UG), das 2. Stabilisierungsgesetz 2012[24] oder die UG Novelle zur Implementierung der kapazitätsorientierten, studierendenbezogenen Universitätsfinanzierung[25].

In der Praxis wirklich wichtig ist das Recht des HSR, den Organisationplan zu beschließen (§ 12 Abs 9 Z 4). Mit diesem wird die PH nach organisatorischen und wirtschaftlichen Gesichtspunkten in Organisationseinheiten gegliedert, die der bestmöglichen Erfüllung der ihr übertragenen Aufgaben zu dienen haben (§ 29 HG). Auch wenn der Entwurf dieses Organisationsplans vom Rektorat erstellt wird, die Stuko ein Anhörungsrecht hat und der Organisationsplan zu seiner Wirksamkeit der Genehmigung des zuständigen Regierungsmitgliedes bedarf, hat hier der HSR eine zentrale Stellung in der organisatorischen „Aufstellung" der Hochschule. Entsprechend unterschiedlich sind daher auch die Hochschulen aufgebaut. Die kleinen Hochschulen haben in der Gründungsphase vom BMUKK vier Institute, die mittleren fünf und die großen Hochschulen sechs Institute zugesprochen erhalten. Manche Hochschulen haben dann diese Institute stärker an die Schularten ausgerichtet, für die sie ausbilden, andere haben wiederum stärkere Themen- und Entwicklungsfelder für die Institute vorgesehen. Hier könnte viel an vergleichenden Überlegungen ausgeführt werden.

Die weiteren Aufgaben des HSR (in § 12 Abs 9 HG aufgelistet) beziehen sich primär auf Einflussfaktoren in Personalfragen:

- Der HSR schreibt die Funktion des Rektors bzw der Rektorin aus, führt das Auswahlverfahren durch und erstellt einen Drei-

---

24 2. StabG 2012, BGBl I 2012/35.

25 BMWF 52.250/0181-I/6/2012; BGBl I 2013/52.

ervorschlag für die Bestellung durch das Regierungsmitglied (Z 1),

- auf Vorschlag des Rektors bzw der Rektorin erfolgt die Zuordnung von Aufgabengebieten zu den Funktionen der Vizerektoren bzw Vizerektorinnen (Z 2) und bei den
- Institutsleitungen hat der HSR das Recht auf Stellungnahme zur beabsichtigten Betrauung durch das Rektorat (Z 7).

Auch wenn es sich bei letztem Punkt „nur" um ein Recht auf Stellungnahme handelt, habe ich noch nicht vernommen, dass ein Rektorat gegen diese Stellungnahme entschieden hätte.

Dass der HSR auch Aufsichtsorgan ist, zeigt sich darin, dass der HSR berechtigt ist, sich über alle Angelegenheiten der Hochschule zu informieren (§ 12 Abs 10 HG) und bei schwerwiegenden Rechtsverstößen von Hochschulorganen sowie bei Gefahr eines schweren wirtschaftlichen Schadens eine Berichtspflicht an das Regierungsmitglied hat (§ 12 Abs 9 Z 9). Dieses Informationsrecht wird von den HSR und ihren Vorsitzenden sehr unterschiedlich intensiv eingefordert.

Die Auflistung der Aufgaben des HSR ist eine abschließende, sofern nicht in weiteren bundesgesetzlichen Bestimmungen darüber hinausgehende Aufgaben des HSR festgelegt werden.[26] Dazu zählen auch die Ausschreibung sowie die Erstellung eines Dreiervorschlages an das zuständige Regierungsmitglied für die VizerektorInnen wie für die Besetzung der Funktion des Rektors bzw der Rektorin. Ein Unterschied besteht dabei darin, dass der Hochschulrat die Stellungnahme des Rektors bzw der Rektorin zu den KandidatInnen anzuhängen hat (§ 14 Abs 2 HG). Hier ist die Frage nicht geklärt, ob dies im Falle eines Amtswechsels der (noch) amtierende Rektor oder der zukünftige sein soll, der vielleicht schon bestellt ist, aber seinen Dienst noch nicht angetreten hat. Meiner Ansicht nach müsste dies der im Amt befindliche Rektor sein, da sonst eine andere gesetzliche Formulierung notwendig wäre, die dem designierten Rektor ausdrücklich dieses Recht zuweist.

---

[26] So zB die Genehmigung des Abschlusses bestimmter schwerwiegender bzw langbindender Rechtsgeschäfte im Rahmen der eigenen Rechtspersönlichkeit gem § 3 Abs 3 HG.

Zusammenfassend kann also festgestellt werden, dass der HSR dem Rektorat gegenüber kein Weisungsrecht hat, aber doch – je nachdem wie stark er sich einbringt strategische Steuerungsfunktion einnehmen kann. Die Abgrenzung zwischen strategischem und operativem Geschäft ist dabei in der Praxis nicht immer ganz leicht zu ziehen. Überengagierte HSR-Mitglieder lassen sich leicht von ihren grundsätzlichen Aufgaben eben abseits des Alltagsgeschäftes von diesem ablenken.

XIII. Rektor, Rektorin

In der Auflistung der Organe der Hochschule führt nun das Hochschulgesetz – anders als das Universitätsgesetz, das nach dem Universitätsrat (§ 21) zunächst das Kollegialorgan des Rektorats (§ 22) und dann erst den Rektor (§ 23) näher bestimmt – die Funktion des Rektors bzw der Rektorin näher aus. Dies ist kein redaktionelles Versehen, denn die Universität wird gem § 22 UG vom Rektorat geleitet und auch nach außen vertreten, während die Hochschule gem § 13 Abs 1 HG vom Rektor geleitet und auch von diesem nach außen vertreten wird. Nach dem UG hat das Rektorat der Universität alle Aufgaben auszuführen, die nicht ausdrücklich einem anderen Organ zugewiesen sind, im HG findet sich genau die gleiche Formulierung – aber für den Rektor. Nach dieser Regelung hat also der Rektor an der PH gesetzlich eine wesentlich stärkere Rolle als der Universitätsrektor. Vorsitzender im Rektorat und Vorgesetzter aller Mitarbeiterinnen und Mitarbeiter der jeweiligen Einrichtung sind beide Kategorien von Rektorinnen oder Rektoren der tertiären Bildungseinrichtungen. Der Uni-Rektor ist aber zugleich *oberster* Vorgesetzter aller Mitarbeiterinnen und Mitarbeiter, während dies für das gesamte Hochschulpersonal das jeweilige Regierungsmitglied (Unterrichtsministerin oder Landwirtschaftsminister) ist. Der PH-Rektor hat als Dienststellenleiter in der dienstrechtlichen Hierarchie nur Zwischenvorgesetztenfunktion und dies nicht einmal in der stärkeren Ausprägung als Dienstbehörde 1. Instanz, wie dies in der Schulverwaltung etwa die Landesschulräte für die Bundesschulen sind.

Welche Voraussetzungen muss ein Kandidat für das Amt eines Rektors oder einer Rektorin mitbringen? Bei der im Jahr 2012 durchgeführten Besetzungsrunde für die Rektorate der PH hat es medial einige kritische Stimmen gegeben, die vorwarfen, dass jemand Rektor oder Rektorin werden kann, der kein Doktorat hat. Im HG § 13 Abs 2 sind die Voraussetzungen aufgelistet:

Es darf zunächst nur ein Lehrer oder eine Lehrerin einer PH sein – mit abgeschlossenem Hochschulstudium, der Fähigkeit zur organisatorischen und wirtschaftlichen Leitung einer PH, mehrjähriger Erfahrung in der Lehre und mit Erfahrung in der internationalen Bildungskooperation. Eine außerhalb einer PH tätige Person kann nur mit „gleichzuhaltender Qualifikation" bestellt werden. Dies wird jedenfalls dann gegeben sein, wenn eine Lehrtätigkeit an einer gleichzuhaltenden postsekundären Bildungseinrichtung im Sinne des § 51 UG nachgewiesen werden kann.

Nach dem UG muss der Funktionsinhaber kein Universitätsprofessor oder keine Universitätsprofessorin sein. Mit einem kurzen Satz, der theoretisch noch mehr als nach dem HG geregelt zulässt, formuliert das UG, dass „nur eine Person mit internationaler Erfahrung und der Fähigkeit zur organisatorischen und wirtschaftlichen Leitung einer Universität" gewählt werden kann (§ 23 Abs 2 UG).

Ein wesentlicher Unterschied zwischen dem Bestellvorgang Rektor Uni und Rektor PH soll (nochmals) hervorgehoben werden: Der Wissenschaftsminister hat keinen Einfluss – oder sagen wir besser: keinen direkten Einfluss – auf die Wahl der Rektorin oder des Rektors einer „seiner" Universitäten, da diese/r im Zusammenwirken zwischen Senat und Universitätsrat bestellt wird. Die Unterrichtsministerin bestellt den Rektor oder die Rektorin auf Grund eines Dreiervorschlages des jeweiligen HSR. Damit ist natürlich ein ganz anderes Verhältnis von BM zu Rektor gegeben und auch notwendig. Das Verhältnis Unterrichtsministerin und PH-Rektor soll sicherlich von Vertrauen geprägt sein.

Während beim Uni-Rektor eine Abberufung vom Universitätsrat unter Einbindung des Senates (siehe näher § 23 Abs 5 UG) wegen einer schweren Pflichtverletzung, einer strafrechtlichen Verurteilung, wegen mangelnder gesundheitlicher Eignung oder wegen eines begründeten Vertrauensverlusts ausdrücklich gesetzlich vorgesehen ist, findet sich im HG keine derartige Regelung. Dort heißt es nur, dass der Rektor bzw die Rektorin auf die Dauer der Ausübung der Funktion in einem zeitlich befristeten, besonderen vertraglichen Dienstverhältnis zum Bund steht. Was in dem Vertrag jedoch dann steht, bleibt offen, sodass dort auch entsprechende Regelungen hinsichtlich der Kündigung oder Entlassung aus der Funktion formuliert und vereinbart sein können.

Dies geschieht aktuell dadurch, dass die Rektorinnen und Rektoren einen Sondervertrag gemäß § 36 VBG erhalten. Nach dessen Abs 1 können in Ausnahmefällen im Dienstvertrag Regelungen getroffen werden, die von diesem Bundesgesetz – also vom VBG – abweichen. Da nun § 34 VBG mit seinen Regelungen über die vorzeitige Beendigung eines befristeten Dienstverhältnisses in diesen Rektorenverträgen nicht abgeändert oder ausgeschlossen wurde, gelten auch die dort verankerten wichtigen Gründe, die zu einer Entlassung führen können. So erlaubt gerade auch bei einem Vertrauensverlust im Sinne des Abs 2b dieser Bestimmung – zwar nicht wie bei der Universität gegenüber dem Universitätsrat aber hier an der PH gegenüber der Unterrichtsministerin – eine vorzeitige Abberufung des Funktionsinhabers.

XIV. Das Rektorat

Das Rektorat gibt sich gem § 15 Abs 6 HG selbst seine Geschäftsordnung, also die Aufteilung und Abläufe seiner internen Arbeiten. In der Geschäftsordnung ist jedenfalls festzulegen, welche Agenden, die dem Rektorat gem Abs 3 des § 15 HG grundsätzlich gemeinsam zukommen, zur Rationalisierung der Arbeiten und Abläufe doch von einzelnen Mitgliedern des Rektorats allein oder zu zweit wahrgenommen werden können. Entscheidungen in wirtschaftlichen Angelegenheiten sind jedenfalls von mindestens zwei Mitgliedern des Rektorats zu treffen. In der Geschäftsordnung ist auch die Vertretungsbefugnis vom abwesenden Rektor oder der Rektorin, aber auch der Vizerektoren oder Vizerektorinnen festzulegen.

Diese Geschäftsordnung bedarf der Genehmigung des Hochschulrates. Hier ist die Frage zu stellen, ob dies wirklich systemisch günstig ist. Mit einer damit möglichen Genehmigung erst nach Festlegung der Geschäftsordnung durch das Rektorat entsprechend den Vorstellungen des HSR oder gar einer Nicht-Genehmigung wird von außen in die Arbeitsweise des Rektorats eingegriffen. Wesentlich zielführender würde ich es finden, wenn diese Geschäftsordnung im Rektorat nicht nach der Bestimmung des Abs 5, wonach das Rektorat grundsätzlich mit Stimmenmehrheit entscheidet, sondern die Geschäftsordnung des Rektorats nur einstimmig festgelegt werden kann. Eine Geschäftsordnung sollte wirklich von allen Mitgliedern des Rektorats mitgetragen werden. Es wäre wohl als ungünstig, nein sogar als total dekonstruktiv für die Zusammenarbeit in diesem Leitungsgremium anzusehen, wenn die Geschäftsordnung durch eine 2:1 Entscheidung entstehen würde. Wenn sich die drei Mitglieder dieses Kollegialorgans jedoch geeinigt haben, dann sollte dies auch Gültigkeit haben und nicht noch von Zusatzauflagen des Hochschulrat abhängen, der ohnehin schon einen starken Einfluss auf das jeweilige Einsatzgebiet der Vizerektoren hat, indem er ihnen die Aufgabenbereiche zuordnet, in denen sie den Rektor im Besonderen zu unterstützen haben (§ 14 Abs 1 HG). Nach einem fehlgeschlagenen Einigungsverfahren im Rektorat betreffend eine Geschäftsordnung, könnte immer noch der HSR wegen Führungsunfähigkeit des Rektorats als Aufsichtsorgan zum Einschreiten befugt werden.

Lassen Sie mich nochmals kurz bei diesem Absatz 5 des § 15 verbleiben, wonach das Rektorat mit Stimmenmehrheit entscheidet. In der Führungspraxis muss klar festgestellt werden, dass es in einem so kleinen und intensiv in das eigene Hochschulsystem hineinwirkenden Führungsgremium nie gut tut mit Mehrheitsentscheidungen zu arbeiten oder gar zu spekulieren. Es würden wohl gerne Vorbehalte oder gar menschliche Verletzungen zurückbleiben, die dann an anderer Stelle gruppendynamisch störend wirken könnten. Daher kann aus der Praxis sprechend wohl nur geraten werden, möglichst auf einstimmige Entscheidungen hinzuwirken. Trotzdem wird diese Mehrheitsentscheidungsregel bleiben müssen, da auch ein diskussionsfreudiges Rektorat als Dreiergremium trotz aller Einigungsbemühungen nicht immer einer Meinung sein kann, aber wenigstens sollte eine Mehrheitsentscheidung nicht gegen die Meinung des Rektors geschehen können. Es gibt zwar bei Stimmengleichheit die Stimme des Rektors den Ausschlag (§ 15 Abs 5 2. Satz), diese Regelung kann aber bei einem Dreiergremium nur zum Tragen kommen, wenn ein Vizerektor oder eine Vizerektorin bei der Sitzung fehlt. Die gleichlautende Regelung der Mehrheitsentscheidung im Rektorat einer Universität im UG § 22 (Abs 5) ist anders zu sehen, da hier doch bis zu vier Vizerektoren bestellt werden. Doch nicht nur andere Mehrheitsverhältnisse sind hier im Universitätsbereich möglich, viel wichtiger erscheint mir, dass die Vizerektorinnen und Vizerektoren gem § 22 Abs 7 UG eigenverantwortlich agieren und in dieser Funktion auch an keine Weisungen und Aufträge der Rektorin oder der Rektors gebunden sind. Nach dem Hochschulgesetz aber sind die Vizerektorinnen und Vizerektoren weisungsgebundene MitarbeiterInnen des Rektors bzw der Rektorin, die die Aufgabe haben, den Rektor bzw die Rektorin „bei den ihnen vom Hochschulrat zugeordneten Aufgaben zu unterstützen" (§ 14 Abs 1 2. Satz). Dann in der Rolle des Rektoratsmitglieds in der Rektoratssitzung den Rektor oder die Rektorin zu überstimmen, um aus dem Sitzungsraum zu gehen und dann wieder Weisungen entgegenzunehmen, ist wohl kaum einer gedeihlichen Zusammenarbeit aller Beteiligten förderlich. Entweder man ringt sich also zur universitären Regelung der Weisungsfreiheit der VizerektorInnen insgesamt durch – oder es wird die Regelung aufgenommen, dass der Rektor als Chef nicht überstimmt werden kann. Bei einer Weisungsfreistellung der VizerektorInnen müsste aber dann konsequenterweise die Rolle des Rektors mit seinen in § 13 HG aufgelisteten Aufgaben verändert und an die im Universitätsrecht § 23 UG entfaltete Gesamtstruktur dieses Führungsorgans mit den anderen Verantwortungsstrukturen zwischen dessen Mitgliedern angenähert werden.

XV. Die Studienkommission

Last not least soll nun auf die letzte im HG als Organ geführte Einrichtung der PH geblickt werden: die Studienkommission (Stuko). Diese besteht aus 12 Mitgliedern und zwar aus

- neun von den Lehrenden aus deren Kreis zu wählenden Mitgliedern und
- drei von der Studierendenvertretung zu entsendenden Mitgliedern (§ 17 Abs 1 HG).

An der Hochschule für Agrar- und Umweltpädagogik kommt noch ein vom Landwirtschaftsminister entsandtes Mitglied dazu. Die Studienkommission hat vier Aufgaben:

- Die umfangreichste ist sicherlich die Erlassung aller Curricula mit wenigstens 30 ECTS-Punkten sowie der Prüfungsordnung (§ 42 HG).

- Dazu kommt dann noch die Entscheidung in Studienangelegenheiten in zweiter und letzter Instanz,
- die Erstellung von Maßnahmen der Evaluation und der Qualitätssicherung der Studienangebote sowie
- die Einrichtung eines Arbeitskreises für Gleichbehandlungsfragen.

Nicht vertreten in der Stuko ist das Verwaltungspersonal. Es fehlt an der Hochschule ein gemeinsames Vertretungsgremium wie der Senat, in dem wirklich alle Bereiche der Bildungseinrichtung PH repräsentativ vertreten sind. Für die Pädagogischen Hochschulen muss nicht unbedingt die Konstruktion eines Senates direkt vom UG „abgeschrieben" werden, da es sich bei den PH gegenüber den Universitäten meist doch um wesentlich kleinere Einheiten handelt und die aktuellen Universitätsstrukturen sich in der Praxis doch gerne als manchmal „schwerfällig" darstellen. Im Sinne einer Verstärkung des Partizipationsgedankens sollten die Hochschulen jedoch trotzdem ein nicht zu großes „Hochschulkollegium" aus vielleicht 11 bis 15 gewählten Mitgliedern erhalten, das die HochschullehrerInnen und die Studierenden ebenso vertritt wie die VerwaltungsmitarbeiterInnen. Dieses Kollegialorgan könnte dann die Aufgaben der jetzigen Stuko übernehmen, aber darüber hinaus auch gemeinsame Aufgaben, die die Hochschule als Gemeinschaft allgemein und insgesamt betreffen, wie die Erlassung von Statuten oder die Mitwirkung im Auswahlverfahren bei der Bestellung des Rektors bzw der Rektorin und den VizerektorInnen. Das wäre für die universitäre Weiterentwicklung der PH auf dem Weg zum Selbstverwaltungskörper ein wichtiger Schritt.

Doch zurück zu den Niederungen des Alltags. Dort stellt sich in der Praxis zB immer wieder folgende Frage: Kann der Rektor oder das Rektorat der Studienkommission Aufträge zur Erlassung von Curricula geben – ev auch mit angemessenen Zeitvorgaben, bis wann diese „abgeliefert" werden sollen? Da der Rektor gem § 13 Abs 1 HG die Aufgabe hat, die Tätigkeit der Organe zu koordinieren, wird er solche Koordinationsschritte setzen können (und auch manchmal müssen[27]). Inhaltlich kann sich das Rektorat bei Curriculafragen mit

[27] ZB als nach der Schulorganisationsnovelle 2012, mit der die Neue Mit-

einer Stellungnahme im Rahmen eines Begutachtungsverfahrens für ein Curriculum einbringen. Nach der Beschlussfassung durch die Stuko hat jedoch das Rektorat die Curricula erst noch zu genehmigen (§ 15 Abs 4 Z 11 sowie § 42 Abs 4 HG). Hier hat das Rektorat die Möglichkeit eine „Notbremse" zu ziehen, wenn dies im Sinne der Gesamtverantwortung dieses Organs für die Hochschule notwendig erscheint. Anders der Hochschulrat: dieser kann schon vor der Beschäftigung der Stuko Ausbildungsinhalte für die Curricula festlegen (§ 12 Abs 9 Z 3 HG)[28]. Das BMUKK wiederum kann durch Verordnung nähere Grundsätze für die Gestaltung der Curricula vorgeben. Dazu gibt es die Hochschul-Curriculaverordnung (BGBl II Nr 2006/495) die doch recht genaue Regelungen zB über die Verteilung der ECTS-Credits auf die verpflichtend vorzusehenden Studienfachbereiche von Humanwissenschaften, Fachwissenschaften und Fachdidaktik, die schulpraktischen Studien bis zu den ergänzenden Studien (§ 10 HCVO) österreichweit verbindlich einführt (und damit den Entscheidungsspielraum der Studienkommissionen entsprechend einschränkt). Ob darüber hinausgehende Weisungen der Zentralstelle betreffend die Inhalte und die Ausgestaltung von Curricula gesetzlich möglich sind? Ich glaube ja, da kein Organ der Hochschule, auch nicht die Stuko, in Wahrnehmung ihrer Aufgaben weisungsfrei gestellt ist. So gibt es mehrseitige Check-Listen des BMUKK für Formulierung und Gestaltung der Curricula für ihre Vorlage bei der Zentralstelle. Der Satz „Das zuständige Regierungsmitglied hat die Curricula aufzuheben, wenn sie gesetzlichen Bestimmungen nicht entsprechen …" in § 42 Abs 7 HG wird hierfür als Grundlage für diese Verpflichtung zur entsprechenden Vorlage genommen. Dieses Verfahren hinterlässt bei den juristisch weniger geschulten Personen den Eindruck, dass es sich um ein Genehmigungsverfahren handelt, was es gesetzlich eigentlich nicht ist, aber auf Grund der Gewissenhaftigkeit der Einforderung der Verpflichtung, die Curricula samt Qualifikationsprofilen samt Darlegung der personellen und finan-

---

telschule flächendeckend eingeführt wurde, die neu erlassenen Curricula für die Ausbildung des Lehrpersonals für diese NMS nach den Vorgaben des BMUKK bis 1.5. 2013 im Ministerium sein mussten.

28 In der Praxis geschieht dies nach meiner Erfahrung sehr selten bis gar nicht.

ziellen Ressourcen nicht nur dem HSR, sondern gerade auch dem zuständigen Regierungsmitglied „zur Kenntnis zu bringen", faktisch ist.

Eine zweite Frage bei den Regelungen über die Stuko stellt sich in der Praxis immer wieder: Hat die Stuko die Curricula nur zu beschließen oder hat sie diese auch zu erarbeiten? Im § 17 HG heißt es zunächst unter den Aufgaben der Stuko, dass sie die „Erlassung des Curriculums und der Prüfungsordnung" durchzuführen hat. Das klingt danach, als ob es genügen würde, ein mehr oder weniger großes Papier, das irgendwo erarbeitet wurde, durch Handaufheben zu „erlassen". Im § 42 heißt es dann leicht anders formuliert, dass die Curricula von der Studienkommission „zu verordnen" sind. Das Recht und die Pflicht zur Erlassung einer Verordnung setzen jedoch auch in anderen Verwaltungseinrichtungen voraus, dass diese zuerst einmal entwickelt werden müssen. Da diese Vorbereitungsarbeit vom HG nicht von der Erlassung abgetrennt einem anderen Organ verantwortlich zugesprochen wurde, wird wohl auch die Knochenarbeit der Entwicklung bei der Studienkommission liegen. Sollte sie damit ressourcenmäßig (personell, zeitlich, kompetenzmäßig) überfordert sein, wird sie wohl mit dem Rektor oder dem Rektorat über die Organisation und Finanzierung entsprechender Vorarbeiten verhandeln müssen. Dass es zudem strategisch vorteilhaft ist, Curriculaentwicklungen einem breiten Diskussionsprozess zu unterziehen, ergibt sich bei Beachtung des Aspekts der Zusammenführung von Expertenwissen und der späteren Akzeptanz der Entscheidung. Hier sei nur eine entsprechende juristische Antwort und nicht ein Prozessverlauf für ein gutes Hochschulmanagement skizziert.

Eine letzte Bemerkung zur Studienkommission: Die Studienkommission ist nicht beschlussfähig, wenn nicht wenigstens ein Mitglied aus dem Bereich der Studierenden anwesend ist (§ 17 Abs 7 HG). In der Praxis zeigt sich immer wieder, dass diese Vertretung der Studierenden – trotz nachgewiesener Einladung und vielleicht sogar noch persönlicher Erinnerung – aus den verschiedensten persönlichen, nicht unbedingt strategischen Gründen nicht erscheint (zB gerade wenn die Funktionsperiode der Studierendenvertretung im Herbst vor den Neuwahlen zu Ende geht). Ärgerlich und behindernd für die anwesenden Vertreter aus dem Lehrkörper! Hier könnte eine Änderung des HG sinnvoll sein, denn wer trotz ordnungsgemäßer Einladung nicht an einer ordnungsgemäß ausgeschriebenen Sitzung teilnimmt, hat sein demokratisches Recht an einer Entscheidungsfindung verloren. Blockadepolitik mag vielleicht im Kärntner Landtag[29] aber nicht in einer Stuko sinnvoll erscheinen.

XVI. Der Verwaltungsdirektor bzw die Verwaltungsdirektorin

Trotz aller Mühe um Kürze der Überlegungen bin ich nun erst bei § 17 HG angelangt und konnte Ihnen erst eine Skizze zu einigen Praxisthemen bei den Organen der PH geben. Am Ende des Hochschulgesetzes finden sich die nach der Gründungsphase der Hochschulen nicht mehr sehr aktuellen, weil umgesetzten Übergangsbestimmungen vom vorherigen Rechtsstand des Schulorganisationsgesetzes als äußerem Rahmen der Vorgängerorganisationen und den inhaltlichen Vorgaben für diese Einrichtungen im Akademien-Studiengesetzes 1999 in den §§ 84/85 HG. Dazwischen liegen noch viele Praxisfragen, deren gesamthafte Analyse den Rahmen dieses Beitrages sprengen würde. Lassen Sie mich daher einfach noch einige Stichworte auf die Waagschale legen, um das Gewicht des Hochschulrechts in der Praxis – so ja mein Thema – aus der Sicht eines Rektors einer Pädagogischen Hochschule zu verstärken.

Der Verwaltungsdirektor und das sonstige Verwaltungspersonal haben im Sinne des § 19 HG die Organe der PH bei der Erfüllung ihrer Aufgaben zu unterstützen. Ich möchte hier nicht das Lied des Personalmangels anstimmen, das seit dem von der Bundesregierung beschlossenen Aufnahmestopps in den Bundesdienst von 2011 bis 2014 noch einige Strophen dazu bekommen hat. Es ist nicht unbedingt ein juristisches sondern ein Managementlied, das der Leser vielleicht auch zur Genüge kennt. Aber ein Wort zum Verwaltungsdirektor: Nach der dienstrechtlichen Einstufung handelt es sich dabei derzeit um einen Maturanten-Posten. Im Sinne einer fairen Arbeitsplatzbewertung muss ich jedoch ein in Sparzeiten unpopuläres

[29] Im Jahr 2012 sind die Mitglieder der FPK mehrmals aus Landtagssitzungen gezogen, wodurch die Beschlussfassung über einen Neuwahlantrag zum Kärtner Landtag unmöglich gemacht wurde.

Plädoyer dafür halten, dass es sich dabei um einen Arbeitsplatz handelt, der sicherlich einen akademisch gebildeten Manager rechtfertigt. Damit meine ich nicht nur die hohe Zahl an Mitarbeitern, die diese Person zu „dirigieren“ hat – es sind an einer mittelgroßen Hochschule zwischen 40 und 50 Mitarbeitern. Ein guter Verwaltungsdirektor bezieht in sein gesamtes Handeln juristisches und betriebswirtschaftliches Wissen und Können ebenso ein wie wesentliche Aspekte der Qualitäts- und Personalentwicklung der gesamten Hochschule und auch noch pädagogische Fähigkeiten, um die Verwaltungsmitarbeiter gut an die Bedürfnisse einer hoch pädagogischen Einrichtungen möglichst zielführend heranzuführen. Dazu kommt noch, dass der Rektor bzw die Rektorin nach Maßgabe der Größe und Aufgabenfülle der PH den Verwaltungsdirektor oder die Verwaltungsdirektorin mit der selbständigen Erledigung bestimmter Angelegenheiten betrauen kann. Passend wäre nach einer Aufwertung des Arbeitsplatzes auch eine neue Funktionsbezeichnung zB als Rektoratsdirektor, vergleichbar mit dem Vorstandsdirektor im Aktienrecht. Das würde der Realität dieser für die Hochschule sehr wichtigen Funktion, die die gesamte Hochschule, ihre Aufgabenfülle und Abläufe und nicht nur die Verwaltung im Auge haben soll, wesentlich näher kommen.

Eine ähnliche Funktion ist dem UG nach der Abschaffung des Universitätsdirektors fremd. Die VerwaltungsmitarbeiterInnen der Universitäten werden dort unter den Begriff des „Allgemeinen Universitätspersonals“ gestellt, einer Gruppe von MitarbeiterInnen, deren Dienstpflichten weder eine Lehrtätigkeit noch eine selbständige Forschungstätigkeit umfassen. Dazu zählen gem § 94 Abs 3 UG das administrative Personal, das technische Personal und das Bibliothekspersonal, das an den Hochschulen unter dem Begriff Verwaltungspersonal zu subsumieren ist, ein Terminus technicus, der nicht ganz glücklich gewählt ist, da auch die Hochschullehrpersonen neben ihrer Lehrtätigkeit teilweise sogar sehr intensiv zu „pädagogischen“ Verwaltungsarbeiten herangezogen werden, was durch das neue Hochschullehrerdienstrecht 2012 ab 1. 10. 2013 zurückgedrängt werden soll. Die weiteren Angehörigen der Universität, die unter diese Kategorie fallen, nämlich vom Krankenpflege- bis zum Ärztepersonal kommen im HG als für eine Lehrerbildungsstätte „artfremd“ nicht vor.

XVII. Angehörige der Hochschule

Eben habe ich den Begriff „Angehörige der Universität" erwähnt. § 94 zählte dabei von Studierenden bis Universitätsprofessoren alle auf, die sich als Angehörige fühlen dürfen, parallel dazu tut dies § 72 HG für seinen Regelungsbereich. Ein Unterschied fällt im Vergleich der Angehörigen der beiden Bildungs„familien" auf: § 72 HG apostrophiert auch die Mitglieder von Organen der PH, die nicht ebenso dem Lehr- oder Verwaltungspersonal angehören, zu diesem Personenkreis. So sind etwa die Mitglieder des Hochschulrates, sofern sich deren Funktion auf die Mitgliedschaft in diesem Gremium beschränkt, Angehörige der Hochschule. Universitätsratsmitglieder mit diesem Hintergrund sind dies nicht. Dies mag lediglich als Formalität erscheinen, aber einem Angehörigen kommt ein größeres Naheverhältnis mit zusätzlichen Rechten und Pflichten zu „seiner" Institution zu als einem Nicht-Angehörigen. Dafür haben Nicht-Angehörige vielleicht die bessere Distanz zu der Einrichtung, für die sie Aufsichtsfunktionen übernommen haben.

XVIII. Die Aufsicht über die Hochschule

Doch zurück zu einem vielleicht juristisch spannenderen Thema:

Die Organe der Pädagogischen Hochschule unterliegen gem § 24 HG bei der Besorgung ihrer Angelegenheiten der Aufsicht des zuständigen Regierungsmitglieds. Hier werden juristische Ohren hellhörig. Hat die PH vielleicht doch eigenständige, vielleicht autonome Aufgabenbereiche, die die Formulierung eines eigenen Aufsichtsrechtes notwendig machen? Diese Bestimmung suggeriert eine solche, die ich nicht sehe! Wie ich eingangs erwähnt habe, ist die PH nach der derzeitigen Rechtslage eine nachgeordnete Dienststelle des BMUKK, wie der LSR oder eine Schule zB ein Gymnasium. Weder im Bundesschulaufsichtsgesetz noch in anderen Rechtsgrundlagen der Schulverwaltung muss ausdrücklich betont werden, dass der zuständige Bundesminister ein eigens festgelegtes Aufsichtsrecht braucht, um in seinem Verantwortungsbereich neben der zentralen Führung auch das entsprechende Aufsichtsrecht zur Zielerreichung wahrnehmen zu können.

Was umfasst nun dieses Aufsichtsrecht des zuständigen Regierungsmitgliedes gegenüber den Hochschulen? Die Aufsicht erstreckt sich gem § 24 Abs 1 2. Satz HG auf die Einhaltung der geltenden Rechtsvorschriften sowie auf die Erfüllung der der PH obliegenden Aufgaben. Diese sind umfassend und im Detail in § 8 HG geregelt. Damit unterliegt jedes Handeln der Hochschule der Aufsicht des zur Zeit zuständigen Regierungsmitgliedes, das ist die Bundesministerin für Unterricht und Kultur, bezüglich der Hochschule für Agrar- und Umweltpädagogik in Wien jedoch für die in § 79 Abs 1 aufgelisteten nicht–pädagogischen Angelegenheiten der Bundesminister für Land- und Forstwirtschaft, Umwelt und Wasserwirtschaft.

Anders die Aufsicht über die Universitäten. Diese unterliegen zwar – ebenso wie die von ihnen gegründeten Gesellschaften, Stiftungen und Vereine – ebenfalls der Aufsicht des Bundes, diese umfasst jedoch lediglich die Einhaltung der Gesetze und Verordnungen einschließlich der Satzung und ist daher nur eine Rechtsaufsicht. Der dort verantwortliche Bundesminister für Wissenschaft hat mit Verordnung Verordnungen und mit Bescheid Entscheidungen von Universitätsorganen aufzuheben, wenn die betreffende Verordnung oder Entscheidung im Widerspruch zu geltenden Gesetzen und Verordnungen steht. Im Bereich der Hochschulen hebt das zuständige Regierungsmitglied Entscheidungen einschließlich der Durchführung von Wahlen von Organen der PH schlicht durch eine Weisung auf. § 24 Abs 3 HG verpflichtet dann, den der Rechtsanschauung der Ministerin entsprechenden Rechtszustand mit den rechtlich zu Gebote stehenden Mitteln unverzüglich herzustellen, widrigenfalls die zu erfüllende Aufgabe vom zuständigen Regierungsmitglied wahrzunehmen ist. Die Organe der PH haben in diesen aufsichtsbehördlichen Verfahren – anders als die Universitätsorgane gem § 45 Abs 7 UG – keine Parteistellung und auch nicht das Recht, gegen den das Verfahren abschließenden Bescheid vor dem Verwaltungsgerichtshof Beschwerde zu führen (wobei ja kein aufsichtsbehördlicher Bescheid vorgesehen ist!). Dass die Hochschule wie die Universitäten nach Ansicht des VfGH (VfSlg 13.429/1993) dann auch noch ein Beschwerderecht an den VfGH hat, davon kann diese nur träumen.

XIX. Fort- und Weiterbildung

Lassen Sie mich eine vielleicht naiv klingende Frage stellen: Was ist Fort- und was ist Weiterbildung? So genau kann das eigentlich in der Praxis niemand beantworten, das HG tut es nämlich auch nicht! Darum haben sich auch hier unterschiedliche Begrifflichkeiten „eingeschlichen", was unter Fort- und was unter Weiterbildung verstanden wird oder werden sollte.

Bei den Legaldefinitionen für das Studienrecht in § 35 HG gibt es eine Erklärung für den Begriff der Studiengänge, welche die sechssemestrigen Studien anspricht, deren Arbeitsaufwand 180 ECTS-Credits beträgt, für die Hochschullehrgänge als Bildungsangebote, deren Arbeitsaufwand mindestens 60 ECTS-Credits umfasst und schließlich noch für die Lehrgänge als „Bildungsangebote, die nicht Hochschullehrgänge sind" (§ 35 Z 1–3 HG). Mit dieser Auflistung wollte man die einzelnen Angebotsformen „gemäß dem universitären Standard über die zu erlangende Qualifikation und die Workload zur internationalen Vergleichbarkeit" einführen (so die ErlRV).[30] Daraus ergibt sich, dass Lehrgänge Bildungsangebote unterhalb von 60 ECTS-Credits sind – aber immerhin Bildungsangebote mit Credits und festgelegtem Workload. Dies kann daher als Basis für die Antwort auf die gestellte Frage zur Abgrenzung von Fort- und Weiterbildung gelten: Mit der Vergabe von Credits und damit verankerten Überlegungen für ein durchschnittliches Workload begeben wir uns in den Bereich der Weiterbildung. Lehrgänge können also zum Bereich der Weiterbildung gezählt werden. Was aber ist mit den vielen Kurzveranstaltungen, die zwei Stunden, einen Halbtag oder auch einen Tag, ja vielleicht auch mehrere Tage dauern, die aber kein Curriculum mit diesen festgelegten Parametern von Credits und Workload haben? Sind diese dann unter den Begriff der „Fortbildung" zu zählen? So wird es in der Praxis gerne gemacht. Da der Gedanke der Vergabe von Credits auch damit einhergeht, damit den Nachweis des Erwerbes von neuen Kompetenzen zu verknüpfen, wird also eine Veranstaltung oder Veranstaltungsreihe erst dann in den Bereich der Lehrgänge fallen, wenn sie eine solche Dichte aufweist, die es rechtfertigt, vom Erwerb einer neuen Kompetenz zu sprechen. Dafür aber

[30] ErlRV 1167 BlgNR 22. GP zu § 35.

braucht es grundsätzlich mehr Zeit und Raum als die genannten Arten von Kurzveranstaltungen. Die Praxis an den Hochschulen spricht davon, dass eine Curricula-Erstellung unter einem Aufwand von drei Credits nicht sinnvoll erscheint, andere meinen, dass dies erst bei einem Aufwand für ein Modul der Fall ist – wobei das BMUKK grundsätzlich für die Erstellung von Curricula vorgegeben hat, dass dort ein Modul unter 6 ECTS-Credits nicht sinnvoll erscheint. Also Lehrgänge und damit Weiterbildung erst ab einem festgelegten Umfang von 6 ECTS-Punkten?

Ein Blick in das UG zeigt, dass der Begriff der Fortbildung dort überhaupt nicht vorkommt. Weiterbildung ist aber gem § 3 UG insb für die Absolventinnen und Absolventen von Universitäten eine der Aufgaben der Universität. Den Begriff der Weiterbildung verknüpft dann § 51 Abs 2 in Z 21 UG, wo es bei den in diesem Paragraphen aufgelisteten Begriffsbestimmungen heißt, dass Universitätslehrgänge der *Weiterbildung* dienen. Interessant vielleicht auch, dass die Universität die berufliche *Weiterbildung* der Mitarbeiterinnen und Mitarbeiter zu fördern hat – und zwar darin, dass diese die für ihre Aufgaben notwendigen Qualifikationen aufweisen (siehe § 100 Abs 2 UG für das wissenschaftliche und § 101 Abs 2 für das allgemeine Universitätspersonal). Der Erwerb von Qualifikationen wird wohl in einer oder auch mehreren *Fortbildungs*veranstaltungen nicht zu erreichen oder zu erwirken sein.

Bis hierher waren die Überlegungen zur Abgrenzung von Fort- und Weiterbildung vielleicht noch eine eher theoretische Abhandlung. Jetzt aber geht es ums liebe Geld: Eine der Heiligen Kühe der Lehrerfortbildung in Österreich ist nämlich, dass Fort- und Weiterbildung gratis sein muss. Wenn man sich den § 70 HG näher betrachtet, ist dies jedoch gar nicht mehr so klar, wie dies üblicherweise kommuniziert wird: In der ursprünglichen Fassung des HG 2005 stand diese Bestimmung unter der Überschrift „Beitragsfreiheit in der Fort- und Weiterbildung für Lehrer und Lehrerinnen“. Dies wurde durch die HG-Novelle 2010 abgeändert, indem der Begriff der Lehrerinnen und Lehrer in der Zwischenüberschrift gestrichen wurde und nun nur noch von „Beitragsfreiheit in der Fort- und Weiterbildung“ gesprochen wird. Es haben sich nämlich in der Zwischenzeit immer mehr Personen aus anderen pädagogischen Berufsfeldern, die nicht zum Lehrerberuf im engeren Sinne gezählt werden, in die Fort- und Weiterbildungsangebote der Hochschule „hineinreklamiert". Dies gilt bspw für KindergartenpädagogInnen genauso wie für SozialpädagogInnen oder SchulassistentInnen, die *sonstiges* Betreuungspersonal aber nicht Unterrichtspersonal als Lehrerinnen oder Lehrer sind.[31] § 8 Abs 4 HG wiederum differenziert hinsichtlich „Fortbildungsangeboten für Lehrer und Lehrerinnen nach den inhaltlichen Vorgaben des zuständigen Regierungsmitgliedes …", wobei hier nur von Fortbildungsangeboten und nicht von *Fort- und Weiterbildung* gesprochen wird, während dann in Z 2 dieses Absatzes über die Aufgaben der PH „in *allen* pädagogischen Berufsfeldern" vom Erstellen für „weitere Fort- und Weiterbildungsangebote" gesprochen wird, die damit über reine „Fortbildungsangebote für Lehrer und Lehrerinnen" hinausgehen. Es gibt danach also die Fortbildung unter der Anleitung der zuständigen Bundesministerin oder des zuständigen Bundesministers rein für LehrerInnen und die andere Fort- und Weiterbildung in allen pädagogischen Berufsfeldern, die nicht unter die erste Rubrik und damit die Vorgaben der Unterrichtsministerin und nur für LehrerInnen zu subsumieren sind.

Nun lautet der Text des § 70 zur Beitragsfreiheit in der Fort- und Weiterbildung aber wörtlich: „Die Teilnahme an (Hochschul)Lehrgängen der Fort- und Weiterbildung, die im öffentlich-rechtlichen Bildungsauftrag der Pädagogischen Hochschulen gemäß § 8 durchgeführt werden, ist für die Teilnehmer und Teilnehmerinnen frei von Beiträgen." Damit könnte der Eindruck entstehen, dass nur die aufwendigeren – und für die Nachhaltigkeit im System der Schule tiefer wirkenden Lehrgänge oder Hochschullehrgänge beitragsfrei sind, unabhängig davon, ob sie nun zur Fort- oder Weiterbildung gezählt werden. Daraus ließe sich dann der Schluss ziehen, dass Fortbildung, die nicht unter die Rubrik Lehrgänge fallen würde, durchaus auch mit Kostenersatz der Teilnehmenden verbunden sein könnte. Dies wäre besonders dann interessant, wenn teure Experten und Expertinnen mit den nicht sehr üppigen Sätzen nach dem Lehrbeauf-

[31] Dass Art 14 B-VG die Kindergärten verfassungsrechtlich in die Kompetenzbestimmungen des österreichischen Schulsystems integriert und daher auch die dort beschäftigten KindergartenpädagogInnen gleichwertig wie alles andere Lehrpersonal im Schulwesen sieht, ist in der Praxis weitgehend ungekannt!

tragtengesetz[32] nicht für die Fortbildung zu gewinnen sind. Hier werden in der Praxis manchmal abenteuerliche Konstruktionen über Hochschulkooperationen im Sinne des § 10 HG oder über die Teilrechtsfähigkeit gesucht, in deren Rahmen durchaus eine Abgeltung für die Teilnahme verrechnet werden kann, um doch Eintritt verlangen und damit diese „Zugpferde" der LehrerInnenbildung ins Land holen zu können, ohne § 70 HG, der nur für die Fort- und Weiterbildungsangebote im öffentlichen Bereich gilt, zu verletzen.

Die Erläuterungen zu dieser Bestimmung des § 70 HG vermischen dann wieder Fort- und Weiterbildung und sprechen – wie die Überschrift, aber nicht der oben zitierte Gesetzestext – davon dass „es nicht gerechtfertigt erscheint, von im Dienst befindlichen Lehrern und Lehrerinnen für die Teilnahme an beruflichen Fort- und Weiterbildungen einen Lehrgangsbeitrag einzuheben"[33]. Mit der Novelle 2010 wurde die Beitragsfreiheit für (Hochschul)Lehrgänge für Lehrerinnen und Lehrer dahingehend ausgeweitet, dass diese „für die Teilnehmer und Teilnehmerinnen" frei von Beiträgen ist. „Dies entspricht auch den bisherigen Gepflogenheiten, wonach derzeit für das öffentlich-rechtliche Angebot .... auch von Kindergärtnerinnen und Kindergärtnern bzw von Erzieherinnen und Erziehern" keine Teilnehmerbeiträge eingehoben wurden – so die Begründung für die offizielle Ausweitung der Beitragsfreiheit mit der HG-Novelle 2010.[34] Was aber, wenn das Fort- und Weiterbildungsangebot für LehrerInnen und VertreterInnen anderer pädagogischer Berufe kein (Hochschul)Lehrgang ist, für den allein der Gesetzestext die Beitragsfreiheit verspricht? Kann dann von allen TeilnehmerInnen ein Obulus eingehoben werden?

Damit schließt sich der Kreis und es bleibt die begriffliche Unsicherheit, was Fort- und Weiterbildung eigentlich wirklich unterscheidet.

---

32 Das sind derzeit je nach Einstufung der Veranstaltung und der Vorbildung des Referenten zwischen 75,50 Euro (Satz lit a), 54,- Euro (Satz lit b) und 37,10 Euro (Satz lit c) brutto. S BGBl Nr 656/1987 idgF.

33 S ErlRV in der Grundversion des HG 2005.

34 S ErlRV 676 BlgNR 24. GP zu § 70.

XX. Die Autonomie der Hochschulen

Hochschulen und Universitäten unterscheiden sich von anderen Schulen insbesondere durch ihre (beschränkte) Rechtspersönlichkeit, ihr eigenes Satzungsrecht, ihre Elemente einer Körperschaft, das in ihnen geltende Grundrecht auf Freiheit der Wissenschaft und ihrer Lehre sowie durch ihren autonomen Wirkungsbereich – der gerade durch die Weisungsfreiheit gegenüber staatlichen Behörden charakterisiert ist – in Verbindung mit einem staatlichen Aufsichtsrecht.[35]

Was das Hochschulgesetz nicht gewährt, ist Autonomie in diesem zutiefst rechtlichen Sinn. In keinem einzigen Punkt.[36] Nicht einmal dort, wo die Studienkommission verantwortlich zeichnet, ist echte Weisungsfreiheit gesetzlich verankert. Auch eine „kleine Autonomie" kann somit nach den angedeuteten rechtswissenschaftlich ausgeloteten Kriterien für eine gesetzlich verankerte Autonomie aus dem aktuellen Hochschulgesetz nicht herausgelesen werden.

Aber lassen Sie mich hier aus meiner Praxissicht zusammenfassend bemerken:

Wenn sich die Hochschulen auf der vom Entwicklungsrat und von politischen Vertreterinnen immer wieder geforderten Augenhöhe mit den Universitäten bewegen und von diesen auch als Partner ernst genommen werden sollen, dann ist nicht nur eine entsprechende personelle und ressourcenmäßige Ausstattung notwendig. Dann ist nicht nur notwendig, dass die Hochschulen einen Ausbildungs-Master etwa in Gestalt eines Master of Education und in einem wei-

---

[35] Zu den Kompetenzen im Hochschulsektor vgl *Funk,* Verfassungsrechtliche Dimensionen des Hochschulrechts, in *Funk/Hauser/Kostal/Nowak/Schwar/Winkler/Dragaric* (Hrsg), Handbuch des österreichischen Hochschulrechts (2006) 6 f; *Rathmoser,* Öffentliche und private Pädagogische Hochschulen im Gefüge des postsekundären Bildungssektors (2012) 72 ff.

[36] Vgl die näheren Erklärungen zu dieser hart klingenden Aussage *Juranek,* Die Pädagogischen Hochschulen: Hochschulautonomie versus Universitätsautonomie, zfhr 2013/1, 1–12; *Bernd-Christian Funk* hat dies bei einer Fachtagung der Johannes-Kepler-Universität Linz v 29. 11. 2012 zum Thema Pädagogische Hochschulen anders gesehen und die derzeitige Situation der PH als „kleine Autonomie" bezeichnet.

teren Schritt dann das Doktorat vergeben können, sondern auch dass sie dem wissenschaftlichen Nachwuch die Venia dozendi in ihrem Zuständigkeitsbereich selbst verleihen können. Die Pädagogischen Hochschulen in Baden-Württemberg haben diese Entwicklung vom Bachelor-Institut zur universitären Lehrerbildungsstätte mit Habilitationsrecht in einem Zeitraum von ca 20 Jahren vorgelebt.[37] Mindestens ebenso wichtig ist dann aber auch die Selbständigkeit und Eigenverantwortlichkeit, wie sie sich hinter dem inhaltsschwangeren und juristisch zutiefst durchdrungenen Begriff der Autonomie verbirgt.

XXI. Die Weiterentwicklung der Pädagogischen Hochschulen

Im Jahr 2013 kommen gleich zwei Gesetzesnovellen zum HG 2005 auf die PH zu, davon eine, für die bereits die (verfassungs)rechtliche Verpflichtung zur Abänderung der bisherigen Berufungsmöglichkeiten bis zum 1. 1. 2014 besteht – und mit der anderen das wohl am besten vorbereitete und diskutierte Bildungsprojekt der 24. Gesetzgebungsperiode, das noch kurz vor deren Ende beschlossen und verlautbart wurde.

A. Veränderungen im Rechtsschutzsystem

Mit dem Verwaltungsgerichtsbarkeits-Anpassungsgesetz – Bundesministerium für Unterricht, Kunst und Kultur, Bereich Pädagogische Hochschulen[38] stellt sich das HG auf die durch die Verwaltungsgerichtsbarkeits-Novelle 2012[39] vorgegebene Abschaffung des administrativen Instanzenzuges und die dafür vorgesehene Einführung einer zweistufigen Verwaltungsgerichtsbarkeit ein. Im Bereich der PH wird eine Reihe von studienrechtlichen Entscheidungen in Bescheidform erlassen, etwa im Bereich der Zulassung zum Studium genauso wie der Beurlaubung oder der Beendigung des Studiums.

[37] Vgl *Juranek,* Was die Tiroler Lehrerbildungsstätte von einer deutschen Hochschule lernen kann, ÖGSR Newsletter 2/2010, 44 ff.

[38] BGBl I 2013/78.

[39] BGBl I 2012/51.

Gegen diese Entscheidungen ist bisher das Rechtsmittel der Berufung an die Studienkommission möglich, sofern diese nicht bereits in erster und damit letzter Instanz entschieden hat. Künftig soll an Stelle dessen das Bundesverwaltungsgericht als Berufungsinstanz fungieren.[40] *„Mit dem Inkrafttreten der neuen Bestimmungen zur Verwaltungsgerichtsbarkeit mit 1. 1. 2014 entscheidet die PH, ob über die bei ihr eingebrachte Beschwerde gegen eine Entscheidung des für studienrechtliche Angelegenheiten zuständigen Organs eine Beschwerdevorentscheidung gefällt wird"*.[41] Wird ein solches Verfahren eingeleitet, so ist die Studienkommission zu befassen, die jedoch nur noch eine Stellungnahme abgeben kann. Gibt sie eine solche ab, hat die Vorentscheidung unter Beachtung der Stellungnahme zu erfolgen, im Falle der Vorlage beim Verwaltungsgericht ist sie der Beschwerde anzuschließen.[42] Ob dies tatsächlich zu einer Verfahrensbeschleunigung führt, wie dies als Ziel in der RV angepeilt wird, wird die Praxis zeigen, darf aber schon jetzt auf Grund des zusätzlichen Verfahrensschrittes der Einholung einer Stellungnahme zwischen den beiden Entscheidungsebenen von Hochschule und Verwaltungsgericht bezweifelt werden. Dass Studienkommissionen als einziges direkt demokratisch legitimiertes Organ der Hochschule diese Neuregelung als Rückschritt in der schon jetzt so wenig ausgeprägten autonomen Struktur betrachten, kann nachempfunden werden.[43] Dass es dadurch jedoch zur Entlastung der Studienkommissionen als 2. Instanz kommt, kann ebenfalls nur in einem Aspekt gesehen werden, denn sie sollen ja immer noch Stellungnahmen in den Rechtsverfahren abgeben, die ja auch ein Befassen mit der Angelegenheit bedeuten: Mangels Ausstattung der Hochschulen und damit auch der Studienkommissionen mit juristischen Diensten war zur Sicherung der Qualität so manche Bescheiderstellung durch diese in letzter Instanz eine aufwendige Angelegenheit, die so manchem Stuko-Vorsitzenden als

---

40 Die Möglichkeit der Beschwerde an das Bundesverwaltungsgericht ergibt sich direkt aus dem B-VG (Art 132 idF BGBl I 2012/51).

41 ErlRV 2188 BlgNR 24. GP zu Z 2 und 3; vgl § 17 Abs 3 Z 2 iVm § 25 Abs 2 HG idF RV 2188 BlgNR 24. GP.

42 Vgl § 25 Abs 2 HG idF BGBl I 2013/78.

43 Vgl die Stellungnahmen der Studienkommissionen der PH zur RV.

Pädagogen manch schlaflose Nacht und lange Diskussionen im Kollegialorgan gebracht hat.[44]

B. PädagogInnenbildung NEU

Ein bildungspolitisches Kernprojekt der letzten Jahre war und ist nach dem Start der PH die gesamthafte Neugestaltung der Aus- und Weiterbildung aller Personen und Berufsgruppen, die einen pädagogischen Beruf ergreifen und ausüben. Zielsetzungen des Projekts sollen eine inhaltliche Aufwertung und die Harmonisierung der Ausbildung an den Pädagogischen Hochschulen und den Universitäten unter der Zielsetzung von weitreichenden Kooperationen sein.[45]

Das Projekt der Pädagoginnen- und Pädagogenbildung NEU sieht eine nach der Bildungshöhe differenzierte Lehramtsausbildung mit Lehrämtern für größere Altersbereiche, nämlich nur noch für die Bereiche Primarstufe und Sekundarstufe (Allgemeinbildung oder Berufsbildung) vor.[46] Im Sinne der Bologna-Architektur soll das Angebot achtsemestrige Bachelorstudien und zwei- bis dreisemestrige Masterstudien umfassen.[47] Diese Struktur betrifft grundsätzlich alle Lehrämter, wobei jedoch im Bereich der Berufsbildung zB für Quereinsteiger und Quereinsteigerinnen, die bereits eine einschlägige Berufsvorbildung und Berufspraxis mitbringen, der zuständige Bundesminister unter Berücksichtigung der dienstrechtlichen Vorschrif-

---

44 So die Rückmeldung einzelner Funktionsträger seit der Gründung der Hochschulen gegenüber dem Autor und auch dessen Erfahrung als Teilnehmer so mancher Stuko Sitzung.

45 Vgl ErlRV, 1 (unter www.bmukk.gv.at/schulen/recht/erk/bg_aend_hg2005.xml); Begutachtungsfrist bis 3. 5. 2013.

46 Vgl § 38 Abs 2 HG idF BGBl I 2013/124.

47 Ein „Entwicklungsrat" erarbeitete ein Konzept für die PädagogInnenbildung Neu (Beilage 2 zum Vortrag an den Ministerrat v 9. 11. 2012 – GZ BMUKK-BMS 1000/0034-MinBüro Dr. Schmied/2012), das der gegenständlichen HG-Novelle zugrunde liegt. Dieses wurde in der Endversion des Gesetzesbeschlusses in BGBl I 2013/124 schließlich als verbindliche Anlage unter der Bezeichnung „Rahmenvorgabe für die Begutachtung der Curricula durch den Qualitätssicherungsrat für Pädagoginnen- und Pädagogenbildung" zu § 74a Abs 1 Z 4 HG sowie gleichlautend als Anlage zu § 30 Abs 1 Z 4 Hochschul-Qualitätssicherungsgesetz eingefügt.

ten durch eine Verordnung eine Ausnahme von der Absolvierung eines verpflichtenden Masterstudiums erteilen können soll[48] Diese Regelung betrifft insb den Bereich der Lehrerausbildung im Bereich der Berufsschulen bzw die Lehrbefähigung für die praktische Ausbildung im Bereich der berufsbildenden mittleren und höheren Schulen.

Träger der Ausbildung sollen weiterhin die PH *und* die Universitäten sein, die jedoch verstärkt zur Kooperation im Bereich ihrer jeweiligen Stärken angehalten werden. Ein wichtiger Teil der PädagogInnenbildung Neu soll auch eine ein- bis zweijährige Induktionsphase als ein begleiteter Berufseinstieg mit reflexionsbezogenen Lehrveranstaltungen[49] sein. Regelungen zu dieser Induktionsphase und den Anstellungserfordernissen werden erst noch dienstrechtlich festzulegen sein.

XXII. Das neue Zusammenspiel von PH und Universitäten

Diese neuen Regelungen im HG wie auch im UG, die nach einem noch für beide Rechtsmaterien getrennt durchgeführten Begutachtungsverfahren in ein „Bundesrahmengesetz zur Einführung einer neuen Ausbildung für Pädagoginnen und Pädagogen"[50] zusammengeschweißt wurden, wollen die tertiären Bildungseinrichtungen, die in beiden Gesetzesbereichen PädagogInnenbildung anbieten, aufeinander zuführen. Sie tun dies jedoch in unterschiedlicher Ausprägung:

- In § 54 Abs 6c UG neu ist vorgesehen, dass Bachelor- und Masterstudien zur Erlangung eines Lehramtes für Volksschulen, Sonderschulen, Polytechnische Schulen, Hauptschulen, Neue Mittelschulen oder für den Bereich der Berufsbildung von den

[48] § 8 Abs 2 1.Satz HG idF BGBl I 2013/124.

[49] Sog Induktionslehrveranstaltungen, die im Rahmen der Berufseinstiegsphase als Lehrer bzw Lehrerin an einer österreichischen Schule zur wissenschaftlichen Begleitung und Reflexion der Praxis im jeweiligen pädagogisch-praktischen Berufsfeld dienen (Legaldefinition in § 35 Z 6 HG neu).

[50] S BGBl I 2013/124 v 11. Juli 2013.

Universitäten nur in Form eines mit einer (oder mehreren) PH gemeinsam eingerichteten Studiums angeboten und geführt werden können.

- Spiegelbildlich zu dieser Regelung stellt § 38 Abs 2c 1. Satz HG neu fest: „Die Zuständigkeit für das jeweilige Lehramt richtet sich nach der zum Zeitpunkt der Beschlussfassung schon bestandenen bisherigen Kompetenzverteilung."[51] Die Bachelorstudien der PH nach dem ursprünglichen HG 2005[52] decken sich mit den in § 54 Abs 6c UG neu aufgelisteten Schulbereichen und werden daher auch weiterhin von den Hochschulen durchgeführt – wenn nicht eine Universität in diesen Bereichen tätig werden möchte und dafür in Kooperation mit einer PH tritt. Da für die Erlangung eines Lehramtes in Zukunft jedoch Bachelor- UND Masterstudium erforderlich sein werden (§ 8 Abs 2 HG neu), sind die Pädagogischen Hochschulen damit ermächtigt, auch die Masterstudien für ein Lehramt für Volksschulen, Sonderschulen, Polytechnische Schulen, Hauptschulen, Neue Mittelschulen oder für den Bereich der Berufsbildung alleine durchzuführen, ohne auf die Kooperation mit einer Universität angewiesen zu sein.

  Neue Studien zur Erlangung eines Lehramtes im Bereich der Sekundarstufe im Bereich der Allgemeinbildung, die jedoch zukünftig über das Lehramt für eine einzelne dieser Schularten hinaus gehen sollen, können an einer PH nur in Kooperation mit einer oder mehreren Universitäten und bzw oder ausländischen Hochschulen[53] angeboten werden (§ 38 Abs 2c 2. Satz HG neu). Genau dies ist jedoch eines der Hauptziele der Gesamtreform, dass es nur noch einen allgemein einsetzbaren

---

[51] In der in die Begutachtung gesandten Fassung war diese Formulierung noch in Gestalt einer Legaldefinition in § 8 Abs 2 HG vorgesehen gewesen.

[52] Vgl § 8 Abs 2 HG in der bis 2013 geltenden Fassung.

[53] Da auch ausländische Hochschulen nicht unbedingt das Recht zur Verleihung von Doktorgraden in facheinschlägigen Studien besitzen, wurde nach dem Begutachtungsverfahren vor dem Ministerratsbeschluss in den Entwurf eingefügt, dass nur ausländische Hochschulen mit einem solchen Promotionsrecht als Kooperationspartner in Frage kommen (§ 38 Abs 2c 2. Satz HG).

Lehrer im Bereich der gesamten Sekundarstufe für die allgemeinbildenden Fächer geben soll. Damit wird -mit verwinkelter Formulierung – klargestellt, dass Masterlehrgänge an einer PH im Bereich der Sekundarstufe für die Allgemeinbildung in Zukunft faktisch nur in Kooperation mit einer Universität oder ausländischen Hochschule eingerichtet werden können – außer die PH bliebe, das sei zur Klarstellung nochmals betont, weiterhin bei einer für eine einzelne im Schulorganisationsgesetz verankerten Schulart[54] spezialisierten Lehramtsausbildung. Universitäten hingegen könnten dies ebenfalls für den Bereich eines Lehramtes für die AHS und für die berufsbildenden höheren Schulen weiterhin alleine tun, da sie auch bisher schon im Bereich der Sekundarstufe/Allgemeinbildung bis zum Magister ausbildungsberechtigt waren. Da aber auch hier der Anspruch besteht, dass diese Lehrämter für die anderen Schularten im Bereich der gesamten Sekundarstufe (Hauptschule, Neue Mittelschule, Sonderschul-Oberstufe, Polytechnische Schule) gelten sollen, wird für die Universitäten genauso die Notwendigkeit für eine Kooperation mit wenigstens einer PH entstehen. Ein Unterschied besteht jedoch hier in der legistischen Formulierung: Masterlehrgänge an PH haben „in Kooperation" zu erfolgen (§ 38 Abs 2c HG neu), Masterlehrgänge der Universitäten müssen in den angeführten Bereichen als „gemeinsam eingerichtetes Studium" (§ 54 Abs 6c UG neu) durchgeführt werden. Der Umfang dieser Kooperationsverpflichtung ist damit für die PH Studienangebote offen und kann von offiziellen, kooperativ gesetzten kleineren Hilfestellungen zB bei der Curriculaerstellung oder der Zurverfügungstellung von Universitätslehrpersonal bis hin zu einem eben auch gemeinsam eingerichteten Studium gehen. Eine Legaldefinition in § 54 Abs 9 UG, welche inhaltlich ähnlich in § 35 Z 4a HG neu übernommen wurde, listet auf, welche Voraussetzungen für „gemeinsam eingerichtete Studien" erfüllt werden müssen: Diese sind Studien, bei denen die beteiligten Institutionen insb ein gleichlautendes Curriculum erlassen, in dem vorzusehen ist, welche Studienteile von welcher Institution

[54] § 3 Abs 4 SchOG BGBl 1962/242 idgF.

durchgeführt werden. In einer solchen Kooperationsvereinbarung sind dann die Arbeits-, die Ressourcenaufteilung sowie die Aufnahmevoraussetzungen festzulegen.

- In § 38 Abs 2c 2. Satz HG neu wird als Gegengewicht ausdrücklich verankert, dass das angestrebte neue Angebote von Masterstudien zur Erlangung eines *umfassenden* Lehramtes im Bereich der Sekundarstufe (Allgemeinbildung) ebenfalls nur in der engen Verschränkung eines *gemeinsam eingerichteten Studiums* mit einer Universität oder einer ausländischen Hochschule im Sinne des § 35 Z 4a HG neu angeboten werden darf. Dass freiwillig auch in allen anderen Bachelor- oder Masterstudien der PH die vertiefte Kooperationsform von gemeinsamen Studienprogrammen oder gemeinsamen Studien gewählt werden kann, unterstreicht § 38 Abs 3 HG neu ausdrücklich.

Die Entwicklung der PädagogInnenbildung wird also wesentlich davon abhängen, in welchen Bereichen und mit welcher Qualität und Intensität Hochschulen und Universitäten hier die Zusammenarbeit suchen und im Alltag gestalten.

Zur Sicherung dieser Qualität und zur inhaltlichen Unterstützung sowohl der tertiären Lehrerbildungsstätten als auch der Bildungspolitik wurde eine neue Einrichtung geschaffen: ein *Qualitätssicherungsrat für Pädagoginnen- und Pädagogenbildung.* Dieser wurde parallel und gleichlautend für die PH im HG (§ 86) und für die Universitäten im Hochschul-Qualitätssicherungsgesetz (§ 30a)[55] verankert.[56] Der Qualitätssicherungsrat soll zunächst die Curricula der neuen Lehramtsstudienangebote sowohl der Universitäten als auch

[55] Mit Verweis auf diese Gesetzesstelle auch in §§ 13 Abs 2 Z 1 lit n sowie 54 Abs 5 erster Satz UG Neu.

[56] In den zur Begutachtung versandten Gesetzesentwürfen wird der Qualitätssicherungsrat nach dem HG vom BM für Unterricht, Kunst und Kultur (im Einvernehmen mit dem BM für Wissenschaft und Forschung), im Hochschul-QualitätssicherungsG jedoch vom BM für Wissenschaft und Forschung (im Einvernehmen mit dem BMUKK) eingerichtet. Dies wird wohl – sollte es sich um das gleiche Gremium handeln, wovon auf Grund der geführten Vorgespräche und auch den Erl zur vorgeschlagenen Änderung im UG S 4 auszugehen ist – in der Endversion des Gesetzestextes gleich lauten müssen, falls es tatsächlich eine doppelte gesetzliche voll formulierte Verankerung dieses neuen Organs braucht.

der PH qualitätssichernd überprüfen und hinsichtlich der Umsetzung der berufsrechtlichen Vorgaben eine Stellungnahme an die Anbieterinstitution abgeben. Zudem hat er die Entwicklung der PädagogInnenbildung in Österreich zu beobachten und Vorschläge zu deren Weiterentwicklung an das jeweils zuständige Mitglied der Bundesregierung zu richten.

Es wird sicherlich von der Art und Weise der Arbeit des Qualitätssicherungsrates inklusive der Akzeptanz seiner bestellten Mitglieder abhängen, wie und auch wie rasch durch diese Begleitmaßnahmen das Ziel des Konzepts der PädagogInnenbildung Neu, die „Harmonisierung der Ausbildung an Pädagogischen Hochschulen und an Universitäten unter der Zielsetzung von weitreichenden Kooperationen"[57], erreicht werden wird. Wir dürfen also auch die nächsten Jahre hinsichtlich der Entwicklung der LehrerInnenbildung in Österreich gespannt bleiben.

[57] Vgl Erl zum Entwurf des HG, 1.

Günther Löschnigg

Pädagogische Hochschulen aus personalrechtlicher Sicht

Inhalt

Das Bundesgesetz über die Organisation der Pädagogischen Hochschulen und ihre Studien (Hochschulgesetz 2005), BGBl I 2006/30, ist kein Ausgliederungsgesetz. Die öffentlichen Pädagogischen Hochschulen – § 1 Abs 1 HG zählt sie taxativ auf – bleiben Einrichtungen des Bundes.[1] Damit sind auch weitgehend die Weichen für die personalrechtlichen Strukturen gestellt. Zu diesem Sektor postsekundärer Bildungseinrichtungen[2] mit vorrangig auf Lehre ausgerichtetem Personal finden sich jedoch einige Besonderheiten. Gleichzeitig bildet das Hochschulgesetz 2005 die Grundlage für die staatliche Anerkennung von privaten und pädagogischen Hochschulen, privaten Hochschullehrgängen, privaten Studiengängen und privaten Lehrgängen. Für diese privaten Einrichtungen stellt sich zwar auch die Frage nach den rechtlichen Grundlagen für die Beschäftigungsverhältnisse, in diesem Beitrag wird jedoch nicht näher darauf eingegangen.

I. Die Dienstrechts-Novelle 2012

Mit dem BG vom 14. 6. 2012, BGBl I 55/2012 (Dienstrechts-Novelle 2012), wurden neue dienstrechtliche Bestimmungen für die Pädagogischen Hochschulen geschaffen. Der Kern der Novelle (insb die Regelungen zum BDG, Gehaltsgesetz, VBG) ist erst mit 1. 10. 2013 in Kraft getreten.

Als Grund für die Änderungen geben die Materialien zur Novelle[3] an, dass die dienstrechtlichen Rahmenbedingungen für das Lehrpersonal an Pädagogischen Hochschulen wesentlich durch die Orientierung am Verwendungsbild der Lehrkräfte an Schulen geprägt wären und daher dem Aufgabenspektrum der Pädagogischen Hochschulen

---

[1] Zum Überblick vgl *Hauser/Dragaric,* Pädagogische Hochschulen, in *Funk/Hauser* ea (Hrsg), Handbuch des österreichischen Hochschulrechts[2] (2012) 387.

[2] Allg zum Begriff *Perthold-Stoitzner* in *Mayer* (Hrsg), UG[2] III (2010) zu § 51; *dies,* Abschlussmöglichkeiten im postsekundären Bildungssektor, in *Funk* (Hrsg), Neue Entwicklungen im universitären Studiensystem (2001) 1.

[3] Erläuterungen zum Ministerialentwurf, 323/ME 24. GP 1 bzw ErlRV 1626 BlgNR 24. GP 1.

und ihrer Stellung im tertiären Bereich nicht ausreichend Rechnung tragen würden. Die an den Pädagogischen Hochschulen wahrzunehmenden Aufgaben in Ausbildung, Fortbildung, Forschung, Kooperation mit anderen Bildungseinrichtungen, Qualitätssicherung etc würden ihrer inhaltlichen und zeitlichen Struktur nach deutlich von den an Schulen wahrzunehmenden Aufgaben abweichen. Die Regelungsdichte in Organisation und Studienbetrieb an Pädagogischen Hochschulen wurde deutlich reduziert, sodass bei manchen dienst- und besoldungsrechtlichen Bestimmungen erhebliche Anwendungsprobleme entstehen würden. Insb wären Elemente leistungsbezogener Besoldung nicht ausreichend entwickelt.

Als Ziel für die Novelle geben die Materialien explizit an:

- Verbesserte Funktionalität des Dienstrechts für das Lehrpersonal an Pädagogischen Hochschulen bezüglich der Erfüllung sämtlicher Aufgaben der Einrichtung;
- höhere Flexibilität beim Einsatz des Lehrpersonals an Pädagogischen Hochschulen entsprechend den Anforderungen an eine hochschulische Einrichtung;
- Vereinfachung der dienst- und besoldungsrechtlichen Bestimmungen, die der geringeren Regelungsdichte in Organisation und Studienbetrieb Rechnung tragen;
- Verstärkung der Leistungsorientierung.

In Hinblick auf diese Zielsetzungen soll den Materialien[4] zufolge ein mehrgliedriges Verwendungsbild für das Lehrpersonal an Pädagogischen Hochschulen, das alle von der Pädagogischen Hochschule wahrzunehmenden Aufgaben abdeckt, geschaffen werden. Vor allem soll es zu einer *„Abkehr von Instrumenten des herkömmlichen Lehrerdienstrechts"* kommen. Erreicht werden soll dies mit einer *„Neuregelung in Anlehnung an die für Universitätslehrerinnen und Universitätslehrer im BDG 1979 geltenden Bestimmungen"*.

Die Bezugnahme auf das Dienstrecht der Universitäten im BDG und die „Anlehnung" daran verwundert allerdings, dürfen doch seit 1. 1. 2004 UniversitätslehrerInnen nur mehr nach Angestelltenrecht, dh nicht mehr nach den Sonderbestimmungen des BDG und des

---

[4] Erläuterungen zum Ministerialentwurf, 323/ME 24. GP 1 bzw ErlRV 1626 BlgNR 24. GP 1.

VBG aufgenommen werden.[5] Die Regelungen im öffentlichen Dienst sind ein Auslaufmodell. Der Grund dafür war nach den Materialien zum UG[6] *„durch den Gestaltungsspielraum des Arbeitsvertrages im Gegensatz zum Dienstrecht des Bundes die Möglichkeit, wesentlich flexibler auf die Arbeitsbeziehung zwischen der Universität und der einzelnen Arbeitnehmerin oder dem einzelnen Arbeitnehmer einzugehen"*.

Die Pädagogischen Hochschulen bleiben somit der Bundesverwaltung und dem öffentlichen Dienstrecht verhaftet. Während die öffentlichen Universitäten[7], die privaten Universitäten[8], Fachhochschulen[9] und Fachhochschulstudiengänge den Weg zum (privaten) Arbeitsrecht gefunden haben, baut der Gesetzgeber für die Pädagogi-

---

5 Bis zum In-Kraft-Treten des Universitäten-KV kam für neu eintretende Arbeitnehmer und Arbeitnehmerinnnen das VBG zur Anwendung; s hiezu *Löschnigg,* VBG als Inhalt des Arbeitsvertrages gem § 128 UG 2002, in unilex 2005, H1/2, 8; *Löschnigg/Slywa,* Anwendung des VBG auf alle neu eingestellten MitarbeiterInnen der Universität, unilex 2006, H1/2, 3; *Pfeil,* Übergangsprobleme des Personalrechts nach UG 2002, zfhr 2004, 4; *Grimm/Sacherer/Wolf,* Anwendbarkeit des VBG auf neu eintretende Arbeitnehmer der Universitäten, RdW 2007, 293; OGH 8 Ob A 1/08t DRdA 2010/23 *(Löschnigg).*

6 Vgl ErlRV 1134 BlgNR 24. GP Erläuterungen zu §§ 107 und 108.

7 *Löschnigg/Sommer,* Universitätspersonalrecht in Österreich, in *Löschnigg* (Hrsg), Universitätspersonalrecht im internationalen Vergleich (2011) 213 f; *Windisch-Graetz,* Die Beschäftigtengruppen nach dem UG 2002 – Probleme der Personalüberleitung, in *Reissner/Tinhofer* (Hrsg), Das neue Universitätsarbeitsrecht (2007) 13; *Schöberl* in *Pfeil* (Hrsg), Personalrecht der Universitäten (2010) Erl zu § 108 UG; *Dumpelnik,* Universitätsarbeitsrecht (2008) 75 ff.

8 *Grimberger/Huber,* Das Recht der Privatuniversitäten (2012); *Grimberger/Huber,* Privatuniversitäten, in *Funk/Hauser* ea (Hrsg), Handbuch des österreichischen Hochschulrechts[2] (2012) 287 ff.

9 Vgl zB *Mazal,* Zur Rechtsstellung von Personal an Fachhochschulen, in *Prisching/Lenz/Hauser* (Hrsg), 10 Jahre FHStG: Fachhochschulrecht zwischen Bewährung und Reform (2004) 183; *Schweighofer,* Der leitende Angestellte im Fachhochschul-Sektor, zfhr 2011, 156; *Heimerl,* Personalmanagement an österreichischen Fachhochschulen, in *Holzinger/Jungwirth* (Hrsg), 15 Jahre Fachhochschulen in Österreich (2009) 111; *Reininghaus,* Die arbeits-, sozial- und einkommenssteuerrechtliche Stellung von Lehrbeauftragten an Fachhochschulen, in *Koubek/Möstl* ea (Hrsg),

schen Hochschulen die alten Bestimmungen des öffentlichen Dienstrechts aus. Ein gewisser Anachronismus im postsekundären Bildungssektor ist damit nicht zu leugnen.

II. Lehrpersonal und Forschungsauftrag?

Ausgangspunkt für eine Differenzierung nach Beschäftigungsgruppen muss § 72 HG sein. Dieser Bestimmung zufolge zählen zu den Angehörigen der Pädagogischen Hochschulen die Studierenden, das Lehrpersonal, das Verwaltungspersonal und die Mitglieder von Hochschulorganen, die nicht dem Lehr- oder Verwaltungspersonal angehören.

Das in § 72 HG erwähnte Lehrpersonal erfährt hinsichtlich des betroffenen Personenkreises in § 18 leg cit eine Konkretisierung. Die Lehre an den Pädagogischen Hochschulen erfolgt durch

- Bundeslehr- und Bundesvertragslehrpersonal (Stammlehrpersonal),
- vorübergehend zur Dienstleistung zugewiesenes Bundespersonal, Bundesvertragslehrpersonal, Landeslehrpersonal oder Landesvertragslehrpersonal, land- und forstwirtschaftliches Landeslehr- oder land- und forstwirtschaftliches Landesvertragspersonal,
- mitverwendetes Bundeslehr- und Bundesvertragslehrpersonal, mitverwendetes Landeslehr- und Landesvertragslehrpersonal, land- und forstwirtschaftliches Landeslehr- oder land- und forstwirtschaftliches Landesvertragslehrpersonal,
- Lehrbeauftragte.

Diese Aufzählung ist als taxative Enumeration zu verstehen. Ein Spielraum für weitergehende Beschäftigungstypen fehlt. Damit finden sich zwei extreme Ausgestaltungen für das Lehrpersonal. Zum einen handelt es sich um öffentlich-rechtliche Dienstverhältnisse (Beamtenstatus) und privatrechtliche Dienstverhältnisse zu den Gebietskörperschaften, zum anderen um Lehrbeauftragte, denen kraft Gesetzes die Arbeitnehmereigenschaft „aberkannt“ wird (s unter VI.).

Bene Meritus, FS Schachner-Blazizek (2007) 161; *Hauser,* FHStG[6] (2011) 134.

Im Gegensatz zum UG spricht das Hochschulgesetz und die einschlägigen dienstrechtlichen Bestimmungen nicht von wissenschaftlichem Personal sondern von Lehrpersonal (Lehrpersonen, Stammlehrpersonal, Hochschullehrperson etc). Dies resultiert aus den unterschiedlichen Zielsetzungen der Einrichtungen. Die Aufgaben der Universitäten bestehen insb in der Entwicklung der Wissenschaften, in Bildung durch Wissenschaft sowie in Heranbildung und Förderung des wissenschaftlichen Nachwuchses.[10] Die Wissenschaften werden durch den Klammerausdruck in § 3 Z 1 UG als Forschung und Lehre definiert.[11] Aufgabe der Pädagogischen Hochschule ist es, wissenschaftlich fundierte berufsfeldbezogene Bildungsangebote in den Bereichen der Aus-, Fort- und Weiterbildung in pädagogischen Berufsfeldern, insb in Lehrberufen, zu erstellen, anzubieten und durchzuführen.[12] Den Anforderungen des Lehrberufes ist durch Angebote der humanwissenschaftlichen, fachwissenschaftlichen, fachdidaktischen, pädagogischen und schulpraktischen Ausbildung (Praxisschulen) Rechnung zu tragen (§ 1 Abs 1 HG). Die Forschung findet sich im Hochschulgesetz nicht als eigenständige Zielsetzung, sondern regelmäßig nur als Annex zur Lehre. So haben sich etwa die Studienangebote an sich verändernden Professionalisierungserfordernissen und am Transfer neuer wissenschaftlich-berufsfeldbezogener Erkenntnisse in die pädagogische Arbeitswelt zu orientieren (§ 9 Abs 4 HG). Durch die Unterstützung der internationalen Zusammenarbeit im Bereich der Forschung und Lehre sowie durch den Ausbau der nationalen und internationalen Mobilität im Bereich der pädagogischen Berufsbildung ist der Stellenwert der europäischen Dimension in der österreichischen Gesellschaft zu festigen (§ 9 Abs 5 HG). Als leitender Grundsatz wird die Verbindung von Forschung und Lehre erachtet (§ 9 Abs 6 Z 2 HG). Am deutlichsten kommt das Verhältnis zwischen Forschung und Lehre aber wohl durch den Be-

---

[10] Vgl insb *Mayer* in *Mayer* (Hrsg), UG$^{2.02}$ § 3 UG (Stand 1. 1. 2013); *Novak,* Universitäten, in *Funk/Hauser* ea (Hrsg), Handbuch des österreichischen Hochschulrechts^{2} (2012) 138; *ders,* Universitätsrecht (2010) 14 ff.

[11] Vgl *Novak,* Universitäten, in *Funk/Hauser* ea (Hrsg), Handbuch des österreichischen Hochschulrechts^{2} (2012) insb 191 ff, 204 ff.

[12] Allgemein hiezu *Hauser,* Pädagogisches Hochschulgesetz (2006) Erl zu § 8 HG.

griff der forschungsgeleiteten Lehre iSd § 9 Abs 7 HG zum Ausdruck: die Lehre an den Pädagogischen Hochschulen ist mit berufsfeldbezogener Forschung und Entwicklung zu verbinden. Die Pädagogischen Hochschulen haben dementsprechend hinsichtlich der Erfüllung ihrer Aufgaben untereinander und mit anderen Bildungs- und Forschungseinrichtungen, insb mit in- und ausländischen Universitäten und Fachhochschulen, zu kooperieren (§ 10 HG).

Ein gewisser eigenständiger Forschungsauftrag lässt sich allerdings aus § 8 Abs 6 HG ableiten, wonach die Pädagogische Hochschule *„... durch wissenschaftlich-berufsfeldbezogene Forschung ...“* die Befähigung zu den einschlägigen Berufen zu vermitteln hat. Eine Neuausrichtung soll auch mit der Dienstrechts-Novelle 2012 eingeleitet werden. Gem § 200d BDG (ebenso § 48g VBG) haben Hochschullehrpersonen Aufgaben in der wissenschaftlich-berufsfeldbezogenen Forschung zu erfüllen (Z 2 leg cit), sofern sie entsprechend qualifiziert sind und eine entsprechende Beauftragung erfolgt ist. Diese Neuorientierung in Bezug auf die Forschungstätigkeit (zB auch durch die Einführung einer Funktion Assistenz, s unter V.) kommt auch expressis verbis in den Materialien[13] zum Ausdruck. Die Erläuternden Bemerkungen zur Regierungsvorlage sehen in der neuen Umschreibung der Dienstpflichten der Hochschullehrpersonen den Kern der Neuregelung. Es wird hiebei ausdrücklich von Pflichten *„in Anlehnung an die Universitätslehrerinnen und Universitätslehrern zukommenden Aufgaben“*[14] gesprochen. Damit soll dem Auftrag der Pädagogischen Hochschule zu wissenschaftlich-berufsfeldbezogener Forschung dienstrechtlich Rechnung getragen werden.

III. Die Verwendungsgruppen

Mit der Dienstrechts-Novelle 2012 kommt es bei den beamteten Hochschullehrpersonen – ebenso bei den Vertragshochschullehrpersonen nach VBG – hinsichtlich der Verwendungsgruppen zu einer Dreiteilung.

---

[13] ErlRV 1626 BlgNR 24. GP 3.

[14] ErlRV 1626 BlgNR 24. GP 6.

Unter die **Verwendungsgruppe PH 1** fallen zwei Gruppen:

- Zum einen nennt Anlage 1 Z 22a BDG Personen, die eine der Verwendung entsprechende abgeschlossene inländische oder gleichwertige ausländische Hochschulbildung und eine an einer österreichischen Universität erworbene oder gleichwertige ausländische Lehrbefugnis (venia docendi) aufweisen. Die abgeschlossene Hochschulbildung (zB auch ein Bakkalaureat) muss hiebei für die Verwendung einschlägig sein, die Lehrbefugnis nicht. Die venia docendi könnte damit in einem völlig anderen Wissenschaftsbereich verliehen worden sein. Durch die Voraussetzung der Lehrbefugnis soll offensichtlich nur dem Grunde nach dokumentiert werden, dass die Befähigung zur wissenschaftlichen Arbeit in einem Höchstmaß gegeben ist.
- Zum anderen sind die Ernennungserfordernisse für die Verwendungsgruppe PH 1 erfüllt, wenn ein facheinschlägiges Doktorat erworben wurde, eine mindestens vierjährige Verwendung als Hochschullehrperson und Bewährung bei der Erfüllung der Aufgaben der pädagogischen Hochschule vorliegt und einschlägige wissenschaftliche Tätigkeiten gegeben sind. Die wissenschaftliche Tätigkeit kann durch Publikationen in international anerkannten wissenschaftlichen Fachzeitschriften oder durch gleichzuhaltende Publikationen nachgewiesen werden. Der Umstand gleichzuhaltender Publikationen muss im Rahmen eines Gutachtens eines „Wissenschaftlichen Beirates" festgestellt werden.

Unter Gutachten eines Wissenschaftlichen Beirates kann nur eine weitgehend autonome und aus Fachleuten zusammengesetzte Personengruppe verstanden werden, nicht jedoch kann die Meinungsbildung einer derartigen Kommission/eines derartigen Beirates durch die Bestellung eines Einzelgutachtens ersetzt werden. Ein Gutachten oder mehrere Einzelgutachten von Fachleuten/WissenschafterInnen werden als Entscheidungsgrundlage sinnvollerweise eingefordert werden können. Die Materialien[15] gehen davon aus, dass der Wissenschaftliche Beirat beim Bundesministerium für Unterricht, Kunst und Kultur einzurichten ist. Die Einrichtung eines derartigen Beirats müsste aber auch einer Regelung durch die Satzung der Pädagogi-

---

15 ErlRV 1626 BLgNR 24. GP, 11.

schen Hochschule zugänglich sein, selbst wenn § 28 Abs 2 HG dies nicht explizit erwähnt. Eine klare Ordnungsvorschrift auf der Ebene des Gesetzes oder einer Verordnung würde hingegen eine entsprechende Satzungsbestimmung ausschließen. Ein Wissenschaftlicher Beirat auf Satzungsebene könnte gleichzeitig prüfen, ob sich die entsprechende Person an der Hochschule bewährt hat (Ernennungserfordernis iSd Z 22a Abs 2 lit b der Anlage zum BDG). Im Ergebnis käme man damit zu einem Beirat, der den Personalkommissionen nach den BDG-Bestimmungen nachgebildet wäre.[16]

Auf die vierjährige Verwendung als Hochschullehrperson ist eine einschlägige Verwendung als Universitätslehrer anzurechnen. Das Gesetz verwendet hiebei einen Begriff, der ihm nicht fremd ist. Die Universitätslehrer iSd BDG werden nämlich durch § 154 BDG mit Universitätsprofessoren, Universitätsdozenten, Universitätsassistenten und Bundeslehrern an Universitäten umschrieben. Auch das VBG fasst die Professoren und Assistenten (einschließlich der sog Staff Scientists) mit privatrechtlichen Verträgen unter den Begriff der Universitätslehrer zusammen (vgl §§ 49a ff VBG[17]). Ebenso sind die nach den Vorgängerregeln (§§ 50 ff VBG) angestellten Vertragsassistenten und Vertragslehrer den Universitätslehrern nach Z 22a der Anlage zum BDG hinzuzuzählen. Dasselbe muss für die nicht in einem Dienstverhältnis beschäftigt gewesenen „wissenschaftlichen MitarbeiterInnen in Ausbildung" nach dem Uni-AbgG[18] gelten. Die Tätigkeit dieser Mitarbeitergruppe entsprach vollinhaltlich jener von Assistenten, die vor und nach diesem Gesetz angestellt wurden bzw werden. Vor allem aber sind jene Arbeitsverhältnisse an den Universitäten anzurechnen, die seit 2004 nach den Bestimmungen des UG

[16] § 178 BDG; Anl 1 Z 21 BDG, vgl *Novak,* Das Dienstrecht der Wissenschaftler (2003) Erl zu § 178.

[17] Diese Bestimmungen sind nur auf Arbeitsverhältnisse anzuwenden, die zwischen dem 1. 10. 2001 und dem 31. 12. 2003 begründet wurden. Für Dienstverhältnisse die ab dem 1. 1. 2004 begründet wurden, gelten nur mehr die Bestimmungen des Universitäten-Kollektivvertrags und die einschlägigen Regelungen des Arbeitsrechts; s oben bzw FN 7.

[18] BG über die Abgeltung von wissenschaftlichen und künstlerischen Tätigkeiten an Universitäten und Universitäten der Künste, BGBl 463/1974 (außer Kraft 28. 5. 2002); § 132 UG 2002; vgl *Schrammel* in *Mayer* (Hrsg), UG$^{2.02}$ § 132 UG (Stand 1. 1. 2013).

bzw in weiterer Folge nach dem Universitäten-KV abgeschlossen wurden (insb Universitätsassistenten, Associate Professoren, Senior Scientists, Seniors Lectures).[19] Die Tätigkeit als studentischer Mitarbeiter[20] wird nicht den Qualitätsstandards, die üblicherweise für Universitätslehrer anzusetzen sind, gerecht werden, sodass Zeiten als studentischer Mitarbeiter außer Betracht bleiben müssen. Anders wird die Lektorentätigkeit zu beurteilen sein. Lehraufträge werden seit 2004 überwiegend im Rahmen von Arbeitsverhältnissen zur Universität erteilt.[21] Ein inhaltlicher Bezug zur Forschung/Entwicklung bzw zur Erschließung der Künste wird vorausgesetzt,[22] auch wenn § 29 Universitäten-KV Differenzierungen hinsichtlich der Lehrveranstaltungskategorien vorsieht bzw zulässt. Die Materialien[23] geben als Richtwert für eine Anrechnung einer universitären Lehrtätigkeit fünf Wochenstunden an. Begründet wird dies damit, dass im Rahmen der Verwendung der Hochschullehrperson ein Einsatz in der Lehre im Mindestausmaß von fünf Wochenstunden vorgesehen ist. Im Hinblick darauf, dass das Gesetz in diesem Zusammenhang generell nicht zwischen Voll- und Teilzeitbeschäftigung unterscheidet (s unten), wird auch hinsichtlich der Lektorentätigkeit kein Mindestmaß an Lehre vorausgesetzt werden dürfen. Forschungsstipendiaten iSd § 95 UG und Ärzte in Ausbildung iSd § 96 UG werden nicht dem wissenschaftlichen und künstlerischen Universitätspersonal zugeordnet und sind dementsprechend nicht als Universitätslehrer iSd Anl 1 Z 22a BDG anzusehen. Projektmitarbeiter gem § 28 Universitäten-KV sind Arbeitnehmer, die befristet für die Dauer von wissenschaftlichen/künstlerischen Projekten aufgenommen werden, die von Dritten finanziell gefördert werden. Gewisse Differenzierungen zum sonstigen wissenschaftlichen Personal finden sich zwar ansatzweise im UG und im Universitäten-KV. Abgesehen von der pro-

---

[19] Ebenso ErlRV 1626 BlgNR 24. GP 11.

[20] S hiezu auch *Löschnigg,* Studienassistent – Berufsbild und rechtliche Implikation, unilex 2007/3.

[21] Vgl insb *Löschnigg,* Die arbeitsrechtliche Stellung der Universitätslektoren nach dem Universitätsrechts-Änderungsgesetz 2009, in FS Binder (2010) 281; *Resch,* Das Vertragsverhältnis der Lektoren an Universitäten und Fachhochschulen, zfhr 2005, 83.

[22] S zB *Pfeil* in *Pfeil* (Hrsg), Personalrecht der Universitäten (2010) 314.

[23] ErlRV 1626 BlgNR 24. GP 11.

jektbezogenen Ausrichtung handelt es sich aber um Forschungspersonal, das unter Umständen auch mit Lehre betraut werden könnte. Insofern sind sie auch Universitätslehrer und ist ihre Tätigkeit iSd Z 22a anzurechnen.

Im Zusammenhang mit der Voraussetzung der vierjährigen Tätigkeit wird keine Unterscheidung zwischen Voll- und Teilzeitarbeit getroffen. Eine Aliquotierung, wie sie mitunter in Kollektivverträgen enthalten ist,[24] finden sich in Z 22a leg cit nicht. Damit wird von vornherein eine Diskriminierung von Teilzeitbeschäftigten[25] hintangehalten. Gerade bei Universitätslektoren mit geringem Beschäftigungsausmaß (zB zwei Semesterwochenstunden) führt dies allerdings zu einer sehr niedrigen Qualifikationsschwelle für die Verwendungsgruppe PH 1 (s auch oben).

Für den Begriff des Universitätslehrers ist es einerlei, ob die Tätigkeit an einer Universität iSd UG oder an einer Privatuniversität erbracht wird. Nicht erwähnt wird im BDG die Tätigkeit von Fachhochschullehrern, sodass sich die Frage stellt, ob hiebei ein Versehen des Gesetzgebers vorliegt. Dass der gesamte Fachhochschulsektor übersehen wurde, kann dem Gesetzgeber nicht unterstellt werden. Der Grund für die fehlende Automatik einer Anrechnung wird eher darin zu sehen sein, dass die Berufsbilder an den Fachhochschulen weder gesetzlich noch (bisher) kollektivvertraglich klar umschrieben sind. Übernimmt man die hier vertretende Ansicht, dass die Tätigkeit von Fachhochschullehrern nicht von der Z 22a einbezogen werden, nimmt man gleichzeitig in Kauf, dass sich dadurch ein gewisses Potential unsachlicher Differenzierungen eröffnet.

Die Einstufung in die **Verwendungsgruppe PH 2** verlangt zwei Grundvoraussetzungen. Einerseits muss eine vierjährige verwendungseinschlägige Lehr- und Berufspraxis vorliegen und andererseits muss das Erfordernis einer *„durch Publikationen in Fachmedien nach-*

---

24 Vgl nur *Löschnigg/Resch,* BAGS-KV 2013, (2013) Erl 3 zu § 32.

25 Zur Gesamtproblematik vgl *Löschnigg,* Arbeitsrecht[11] (2011), 421; *Mosler,* Das Benachteiligungsverbot für Teilzeitbeschäftigte nach österreichischem, deutschem und europäischem Recht, in FS Tomandl (1998) 273; *Standeker,* Haben teilzeitbeschäftigte Arbeitnehmer einen gemeinschaftsrechtlichen Anspruch auf gleiches Entgelt wie vergleichbare Vollzeitbeschäftigte? ASoK 2003, 80; zur Anrechnungsproblematik nach VBG OGH 9 Ob A 131/05p DRdA 2008, 510 *(Ziehensack).*

zuweisende einschlägige (fach)wissenschaftliche bzw (fach)didaktische, praktische oder künstlerische Tätigkeit" erfüllt sein (Anlage 1 Z 22b Abs 1 BDG).

Verwendungseinschlägige Praxis bedeutet, dass ein gewisser Sachzusammenhang zwischen der Verwendung an der Pädagogischen Hochschule und der anrechenbaren Praxis gegeben sein muss. Zum Ausmaß dieser inhaltlichen Übereinstimmung trifft das Gesetz zwar keine Aussage, für die Verwendungseinschlägigkeit wird man aber zumindest eine Übereinstimmung der Verwendung im halben Ausmaß fordern müssen. Inhalt der Arbeitsleistung und Umfang der Arbeitsleistung lassen sich allerdings im Zusammenhang mit anrechenbarer Vorpraxis nicht trennen. Eine 40%ige Facheinschlägigkeit einer Vollzeitarbeit über acht Jahre würde obige Voraussetzung eher erfüllen als eine 50%ige Facheinschlägigkeit einer Teilzeitarbeit mit 10 Stunden pro Woche über vier Jahre. Kommt man jedoch bei der Verwendungsgruppe PH 1 zum Ergebnis, dass Teilzeitbeschäftigungen in beliebigem Ausmaß (für die vierjährige Verwendung als Hochschullehrperson) heranzuziehen sind (s oben), dann wird man auch bei der Verwendungsgruppe PH 2 das Beschäftigungsausmaß hochrechnen und mit dem Grad der Verwendungseinschlägigkeit kombinieren dürfen. Im Ergebnis kommt man daher eher zum Ergebnis, dass die Facheinschlägigkeit (zB iSd 50%-Marke) zu prüfen ist, das Ausmaß der Beschäftigung in weiterer Folge aber irrelevant bleibt.

Die einschlägige Praxis kann sich durch Lehr- oder sonstige berufliche Tätigkeiten ergeben. An sich ist auch die Ausübung von Lehre eine Berufspraxis. Offensichtlich wollte der Gesetzgeber diesbezüglich keine Zweifel aufkommen lassen und erwähnt zur Klarstellung die Lehrpraxis expressis verbis. Wo die Lehrtätigkeit ausgeübt wird (zB Fachhochschule, WIFI, BFI) ist (bei Facheinschlägigkeit) einerlei. Wohl außer Zweifel steht, dass (außeruniversitäre) Forschung (im Grundlagenbereich) zur Berufspraxis zu zählen ist, wenn sie facheinschlägig ist.

Kurios mutet die Formulierung der zweiten Grundvoraussetzung für die Verwendungsgruppe PH 2 an. Gefordert werden nicht Publikationen schlechthin, sondern – wie schon bei der ersten Grundvoraussetzung – Tätigkeiten mit unterschiedlichen Attributen. Diese Tätigkeiten sollen durch Publikationen nachgewiesen werden. Diese

Konstruktion passt durchaus für den wissenschaftlichen oder didaktischen Bereich. Ein Nachweis „praktischer" Tätigkeiten durch Publikationen wird hingegen in den seltensten Fällen gelingen. Auch künstlerische Tätigkeiten werden regelmäßig nicht durch Publikationen in Fachmedien, sondern durch (künstlerische) Werke, zumeist iSd Urheberrechtsgesetzes,[26] nachgewiesen werden können. Hier eröffnet sich sehr klar eine unbeabsichtigte Lücke im Gesetz, die durch Analogie[27] zu schließen ist.

Zusätzlich zu den beiden obigen Grundvoraussetzungen muss für die Einstufung in PH 2 grundsätzlich eine einschlägige Vorbildung zumindest auf Diplom- oder Masterniveau vorliegen (Anlage 1 Z 22b Abs 1 BDG). Fachhochschulabschlüsse sind universitären Abschlüssen gleichgestellt. Eine Alternative zum Diplom- oder Masterabschluss enthält Anlage 1 Z 22b Abs 2 BDG. An die Stelle einer einschlägigen Vorbildung auf Diplom- bzw Masterniveau kann der Erwerb eines einschlägigen Bakkalaureatsgrades oder eines Grades Bachelor of Education – jeweils in Verbindung mit einem Universitäts- oder Hochschullehrgang im Bereich Hochschuldidaktik – treten. Den Materialien zufolge soll damit auf die Situation der an einer Verwendung im Hochschulbereich interessierten Pflichtschullehrkräfte Bedacht genommen werden.[28]

Das Erfordernis eines Bachelor of Education iSd § 65 Abs 1 HG 2005 wird bis Ende September 2017 durch ein einschlägiges Diplom nach dem Akademien-Studiengesetz 1999 (AStG) erfüllt (§ 248a Abs 2 HG). Bis Ende 2017 wird auch die Voraussetzung eines Universitäts- oder Hochschullehrgangs im Bereich Hochschuldidaktik durch ein weiteres einschlägiges Diplom nach dem AStG erfüllt.

Die Kombination von Bakkalaureats-/Bachelor-Abschluss und Lehrgang für Hochschuldidaktik ersetzt damit den Master-/Diplom-Abschluss. Auch wenn der Universitäts- oder Hochschullehrgang mindestens 60 ECTS aufweisen muss, ist erstaunlich, dass der Hoch-

---

26 Zum Werkbegriff iSd Urheberrechtsgesetzes vgl *Kucsko* in *Kucsko* (Hrsg), urheber.recht § 1 Pkt 2 (Stand 1. 12. 2007).

27 Allg hiezu vgl *Bydlinski* in *Rummel* (Hrsg), ABGB³ (2000) § 7 Rz 3 ff.

28 ErlRV 1626 BlgNR 24. GP 12.

schuldidaktiklehrgang (gehaltsmäßig) jegliche fachliche Ausbildung auf Masterniveau[29] zu ersetzen vermag.

Ernennungserfordernisse für die **Verwendungsgruppe PH 3** sind einerseits die Verwendung als HochschullehrerIn und andererseits der Abschluss eines der Verwendung entsprechenden Studiums iSd Anlage 1 Z 22c BDG:

- Bakkalaurat/Bachelor nach UG
- Bachelor of Education nach HG
- Bakkalaureat/Bachelor nach Fachhochschul-Studiengesetz
- Diplom nach AStG an einer Pädagogischen, Religionspädagogischen oder Berufspädagogischen Akademie.

Das BDG nennt zwar den Bachelor of Education nach HG, im Zusammenhang mit dem UG und dem Fachhochschul-Studiengesetz ist in der Anlage jedoch nur vom Bakkalaureat die Rede. Dies ist deshalb nicht verständlich, da sowohl das UG als auch das FHStG nur mehr von Bacherlorstudien sprechen und das Bakkalaureat grundsätzlich nur mehr im Übergangsrecht[30] Berücksichtigung findet.

Bezüglich der sog **Vertragshochschullehrpersonen** verweist das VBG auf die für die beamteten Hochschullehrpersonen geltenden Bestimmungen. § 48e VBG sieht für diese Vertragsbediensteten die Entlohnungsgruppen Ph1, Ph 2 und Ph 3 vor. Die Einreihung in diese Entlohnungsgruppen ist nach dem in der Anlage 1 zum BDG enthaltenen Regelungen über die Ernennungserfordernisse für Hochschullehrpersonen (s oben) vorzunehmen.

IV. Ausbildungsorientierte Abgeltung

Die Entgeltfindung im Arbeitsleben orientiert sich überwiegend an der Verwendung und nicht an der Ausbildung der Arbeitnehmer. Dieser Ansatz zieht sich durch die gesamte kollektivvertragliche Lohnpolitik und wird nur vereinzelt bei besonderen Interessenlagen

[29] Gem § 54 Abs 3 UG hat der Arbeitsaufwand für Masterstudien mindestens 120 ECTS-Anrechnungspunkte zu betragen.

[30] Vgl zB § 124 Abs 10 UG; hiezu etwa *Rainer* in *Mayer* (Hrsg), UG[2.02] § 124 UG Rz 1 ff.

durchbrochen. Die Konstruktion der Verwendungsgruppen im Bereich der Pädagogischen Hochschulen (s unter III) steht damit nicht in Einklang. Handelt es sich um einen Hochschullehrer, dann ist er der entsprechenden Verwendungsgruppe zuzuordnen, wenn er die jeweiligen Voraussetzungen (zB die venia docendi) erfüllt. Im universitären Bereich würde etwa die Erteilung der Lehrbefugnis keine Veränderung des Arbeitsverhältnisses bewirken (§ 103 Abs 11 UG).[31] Nach Erfüllung einer universitären Qualifizierungsvereinbarung – die Erteilung der venia docendi wird regelmäßig in die Qualifizierungsziele der Vereinbarung integriert – sieht der Universitäten-KV allerdings eine Anhebung des Entgelts vor (§§ 27, 49 Universitäten-KV).[32]

V. Sonderplanstelle Assistenz

Gem § 48e Abs 7 VBG können Planstellen der Entlohungsgruppe ph 2 von der zuständigen Personalstelle mit der Widmung Assistenz versehen werden. Ein solches Arbeitsverhältnis darf nur mit Personen mit einschlägiger Universitätsausbildung (Diplom- oder Masterniveau), die ein für die Tätigkeit an der Pädagogischen Hochschule fachlich relevantes Doktoratsstudium betreiben, begründet werden. Der Erfüllung der allgemeinen Anstellungserfordernisse für die Entlohnungsgruppe Ph 2 bedarf es hiebei nicht. Den Materialien zufolge soll mit diesem Instrument iS einer Personalentwicklung Absolventinnen und Absolventen eines universitären Diplom- oder Masterstudiums eine Einstiegsverwendung an der Pädagogischen Hochschule eröffnet werden und gleichzeitig eine fachliche Verbindung zwischen der Hochschule und der Universität, an der das Doktoratsstudium betrieben wird, hergestellt werden.[33]

Wie sonstige Planstellen ist auch die Stelle mit der Widmung Assistenz gem § 20 HG auszuschreiben. Im Sinn der Ausschreibungswahrheit muss die Ausschreibung den Hinweis auf eine Assistenzstelle enthalten.

---

[31] S *Dumpelnik,* Universitätsarbeitsrecht (2008) 42 f.

[32] Vgl *Grimm* in *Pfeil* (Hrsg), Personalrecht der Universitäten (2010) 299.

[33] ErlRV 1626 BlgNR 24. GP 15.

Wenn § 48e VBG verlangt, dass ein Doktoratsstudium betrieben wird, dann wird diese Voraussetzung formal durch die Inskription eines entsprechenden Doktoratsstudiums erfüllt sein. Der Fortschritt der Dissertation oder die Ablegung von Prüfungen im Rahmen des Doktoratsstudiums können aber im Bewerbungsverfahren mitentscheidend sein.

Vertragshochschullehrpersonen in der Funktion Assistenz führen gem § 48l Abs 3 VBG die Verwendungsbezeichnung Assistent bzw Assistentin.

Ob das Doktoratsstudium in weiterer Folge zielführend weiterbetrieben wird, kann durchaus im Rahmen der Erfüllung der Dienstpflichten, insb im Zusammenhang mit Mitarbeitergesprächen thematisiert und geprüft werden. Voraussetzung hiefür ist allerdings, dass dem Assistenten bzw der Assistentin tatsächlich Zeit für das Doktoratstudium eingeräumt wurde. § 48h Abs 7 VBG verpflichtet jedenfalls den Rektor/die Rektorin, bei der Festlegung der Dienstpflichten auf die für den Erwerb des Doktorats erforderliche Zeit Bedacht zu nehmen.

Die Dienstpflichten des Assistenten bzw der Assistentin unterscheiden sich von den sonstigen Vertragshochschullehrpersonen ganz wesentlich. In erster Linie soll sich ihre Tätigkeit in der Mitwirkung an den Aufgaben für die Hochschule erschöpfen (§ 48g Abs 3 VBG). Dies bezieht sich sowohl auf die Forschung als auch auf die Lehre. Es kann daher von ihnen weder eine selbständige Forschung/eigenständige Publikationstätigkeit noch eine selbständige Lehre verlangt werden. Letzteres schließt aber nicht aus, dass sie zu Supplierungen bei Ausfall sonstiger Lehrender herangezogen werden. Die Mitwirkung in der Lehre muss sich gleichzeitig auf mindestens 160 Lehrveranstaltungsstunden beziehen (§ 48h Abs 7 VBG). Damit soll gewährleistet werden, dass der Assistent bzw die Assistentin mit einem Mindestausmaß in der Lehre und damit im wesentlichsten Bereich der Pädagogischen Hochschule eingebunden ist.

Das Dienstverhältnis von AssistentInnen ist gem § 48e Abs 7 VBG auf zwei Jahre zu befristen. Das Gesetz lässt weder eine kürzere noch eine längere Befristung zu. Unzulässig wäre auch ein Dienstverhältnis auf unbestimmte Zeit. Das auf zwei Jahre befristete Dienstverhältnis kann jedoch bei positiver Evaluierung *(„Bewährung bei der Erfüllung der Aufgaben“)* um zwei weitere Jahre verlängert werden.

Eine zweite Verlängerung bzw ein drittes befristetes Dienstverhältnis wäre unzulässig und würde analog zu § 48e Abs 6 VBG in ein unbefristetes Dienstverhältnis übergehen. Ein übergeordneter Schutz von Allgemeininteressen, der zur Nichtigkeit eines weiteren befristeten Arbeitsvertrages führen würde,[34] ist in diesem Fall zu verneinen.

Unter gewissen Voraussetzungen kommt es zu einer Verlängerung des befristeten Dienstverhältnisses von Assistenten bzw Assistentinnen. Eine derartige Verlängerung ex lege erfolgt durch Zeiten eines Beschäftigungsverbotes nach dem MSchG, einer Karenz nach dem MSchG oder dem VäterkarenzG sowie der Leistung des Präsenz-, Ausbildungs- oder Zivildienstes. In Summe kann sich das Dienstverhältnis maximal um zwei Jahre verlängern. Von vornherein schließt das Gesetz eine Verlängerung aus, wenn die Assistenz als Ersatzkraft für eine unter Entfall der Bezüge beurlaubte Vertragshochschullehrperson aufgenommen worden ist (§ 48e Abs 8 VBG). Unter Beurlaubung iSd Bestimmung wird auch eine Freistellung unter Entfall der Bezüge nach § 48j Abs 2 VBG zu verstehen sein.

VI. Lehrbeauftragte

Zum Lehrpersonal iSd § 18 HG zählen auch die Lehrbeauftragten. Gem § 18 Abs 4 HG kommt für sie das Lehrbeauftragtengesetz[35] zur Anwendung. Dieses Gesetz regelt die dienst-/arbeitsrechtlichen und die sozialrechtlichen Aspekte der Lehraufträge an der PH.

Sowohl § 18 Abs 4 HG als auch § 1 Abs 3 LBG legen explizit fest, dass durch die Erteilung des Lehrauftrages kein Dienstverhältnis begründet wird. Gemeint ist damit, dass weder ein öffentlich-rechtliches Dienstverhältnis noch ein privatrechtliches Arbeitsverhältnis[36]

---

34 Vgl OGH 8 Ob A 1/08t DRdA 2010/23 *(Löschnigg)*.

35 BG über die Abgeltung von bestimmten Unterrichts-, Lehr- und Erziehungstätigkeiten an Schulen und Pädagogischen Hochschulen im Bereich des BM für Unterricht, Kunst und Kultur und des BM für Land- und Forstwirtschaft, Umwelt und Wasserwirtschaft, BGBl 656/1987.

36 Allgemein zur Abgrenzung vgl zB *Löschnigg*, Der Arbeitsvertrag – Abgrenzung, Kombination und Mehrfachabschluss, in *Resch* (Hrsg), Abhängiger Arbeitsvertrag versus Selbständigkeit – Abgrenzungsfragen aus dem Arbeits-, Sozialversicherungs- und Steuerrecht (2006) 15; *Tomandl*,

zustande kommt. Diese gesetzliche Anordnung schließt auch das Vorliegen eines Werk- oder freien Dienstvertrages[37] aus.

Die Konstruktion der Lehraufträge an den Pädagogischen Hochschulen deckt sich mit jener an den Universitäten vor In-Kraft-Treten des UG. Sowohl § 30 Abs 6 UOG 1993 als auch die Vorgängerbestimmung des § 38 Abs 4 UOG 1975 hatten das Zustandekommen eines Dienstverhältnisses durch die Vergabe von Lehraufträgen ausgeschlossen. Der (remunerierte) Lehrauftrag wurde als öffentlich-rechtliches Rechtsverhältnis sui generis mit spezifischen Vergütungsregelungen angesehen.[38] Diese Qualifikation ist unmittelbar auf Lehraufträge im Bereich der Pädagogischen Hochschulen übertragbar.

Sozialversicherungsrechtlich wurden Lehraufträge anderer Universitäten – trotz dem gesetzlichen Ausschluss eines Dienstverhältnisses – als Beschäftigungsverhältnisse nach ASVG verstanden.[39] Mit In-Kraft-Treten des UG und der Gestaltungsfreiheit[40] der Lehraufträge durch die Universitäten wurden mit den Lektoren und Lektorinnen regelmäßig Arbeitsverträge abgeschlossen. Auch der Universitäten-KV bezieht die Lehrbeauftragten mit ein und geht damit grundsätzlich von einem Arbeitsverhältnis aus.[41] Sozialversiche-

---

Wesensmerkmale des Arbeitsvertrages in rechtsvergleichender und rechtspolitischer Sicht (1971) 68.

37 S etwa *Kuras/Strohmayer,* Der „freie" Dienstvertrag – Anthologie aus einer Schaffensperiode, in FS Bauer/Maier/Petrag (2004) 37; *Tomandl,* Der rätselhafte freie Dienstnehmer, ZAS 2006, 248; *Mazal,* Freier Dienstvertrag oder Werkvertrag? ecolex 1997, 277; *Löschnigg* in *Löschnigg* (Hrsg), AngG I[9] (2012) § 1 Rz 24–40.

38 Vgl OGH 9 Ob A 199/02h zfhr 2003/9; *Pfeil,* Ein verlängerter aber schlecht bezahlter Lehrauftrag, DRdA 2004, 470; *Novak,* Das Dienstrecht der Wissenschaftler (2003) Erl zu § 2 UniAbgG Z 10; *Kucsko-Stadlmayer,* Universitätslehrer-Dienstrecht 2001 (2001) 29.

39 VwGH 4. 12. 1957, 1836/56 VwSlg 4495 A; VwGH 24.1985, 83/08/0033 VwSlg 11.648A; VwGH 26. 1. 2000, 94/08/0139 infors 2000, 44; s auch *Hauser/Möstl/Reininghaus,* Der Lehrauftrag im rechtlichen Umbruch. Arbeitsrecht, Sozialversicherungsrecht und Steuerrecht – Verfassungskonformität? SWK 2001, 375.

40 Vgl *Löschnigg,* (Freie)Dienstverträge zur Universität – Versicherungspflicht nach ASVG oder B-KUVG, unilex 2/2003, 22.

41 S *Pfeil* in *Pfeil* (Hrsg), Personalrecht der Universitäten (2010) 312.

rungsrechtlich ist diese Gruppe der Lehrbeauftragten sonstigen Arbeitnehmern und Arbeitnehmerinnen der Universität gleichgestellt. Mit der UG-Novelle 2009, BGBl I 81/2009, wurde jedoch eine eigene Kategorie von „nebenberuflichem Lehrpersonal" geschaffen, die kraft Gesetzes in einem freien Dienstverhältnis stehen.[42] Eine Nebenberuflichkeit liegt gem § 100 Abs 4 UG bei Personen vor, die ausschließlich in der Lehre tätig sind, nicht mehr als vier Semesterstunden lehren und nachweislich einer anderen vollen Sozialversicherungspflicht auf Grund von Einkünften im Ausmaß von mindestens 60% der Höchstbeitragsgrundlage nach § 108 ASVG unterliegen. Das FHStG kennt eine davon abweichende Begriffsbildung. Zum nebenberuflich tätigen Lehrpersonal zählen Personen, die ausschließlich in der Lehre tätig sind, nicht mehr als sechs Semesterwochenstunden unterrichten und nachweislich einer anderen voll sozialversicherungspflichtigen Erwerbstätigkeit nachgehen.[43] Im Lehrbeauftragtengesetz wurde weder eine Angleichung an das UG noch eine an das FHStG vorgenommen. Gem § 1 Abs 3 LBG wird durch den Lehrauftrag an der Pädagogischen Hochschule keine Sozialversicherung nach ASVG begründet, wenn der Lehrauftrag nicht als Hauptberuf ausgeübt wird und nicht die Hauptquelle der Einnahmen bildet. Vergleichbare Bestimmungen finden sich zB nicht im Privatuniversitätengesetz. Ob für diese Differenzierungen eine ausreichende sachliche Rechtfertigung gegeben ist, ist mehr als fraglich, sodass die Frage der Gleichheitswidrigkeit zu stellen wäre.

---

[42] Hiezu *Löschnigg,* Die arbeitsrechtliche Stellung der Universitätslektoren nach dem Universitätsrechts-Änderungsgesetz 2009, in FS Binder (2010) 281.

[43] Vgl *Hauser,* FHStG[6] (2011) 134; kritisch hiezu *Hauser/Reininghaus/Schweighofer,* Die FHStG-Novelle BGBl I 2007/89 – Fachhochschulrecht aus trüber Quelle? zfhr 2008, 70 (73).

Bernd-Christian Funk

Zur Autonomie der Pädagogischen Hochschulen

Inhalt

I. Autonomie im Bereich postsekundärer Bildungseinrichtungen

Eine ausdrückliche verfassungsgesetzliche Autonomiegarantie ist nur für *öffentliche Universitäten* vorgesehen: Sie gelten als Stätten freier wissenschaftlicher Forschung, Lehre und Erschließung der Künste, sie handeln *„im Rahmen der Gesetze autonom"* und können Satzungen erlassen; die Mitglieder universitärer Kollegialorgane sind weisungsfrei.[1]

Für andere postsekundäre Bildungseinrichtungen, im Besonderen auch für die **Pädagogischen Hochschulen,** bestehen keine vergleichbaren verfassungsrechtlichen Regelungen. Das Hochschulgesetz lässt allerdings ein Konzept erkennen, welches in Bezug auf öffentliche Pädagogische Hochschulen am Autonomiemodell des UG orientiert ist, diese jedoch als *„Einrichtungen des Bundes"* mit partieller Rechtsfähigkeit (Teilrechtsfähigkeit) einrichtet.[2] Diese regulative Konstellation führt zu der Frage, wie sich das gesetzliche Autonomiekonzept in Verbindung mit der hierarchischen Positionierung der öffentlichen Pädagogischen Hochschulen als Einrichtungen des Bundes vor dem Hintergrund fehlender (ausdrücklicher) verfassungsrechtlicher Autonomiegarantien in normativer Hinsicht miteinander vereinbaren lassen.

II. Das HG und die Autonomie Pädagogischer Hochschulen

Autonomie im juristischen wie auch im funktionell-pädagogischen Sinne ist ein regulatives Prinzip, welches – in abgestufter Weise – das

---

1 Art 81c Abs 1 B-VG, eingefügt durch BGBl I 2008/2. Zur Geschichte dieses Artikels siehe *Funk,* Verfassungsrechtliche Dimensionen des Hochschulrechts, in *Funk/Hauser/Novak/Schwar/Winkler/Dragaric/Grimberger/Huber/Kohler* (Hrsg), Handbuch des österreichischen Hochschulrechts[2] (2012) 31 (42).

2 §§ 2 und 3 HG. Zur Organisation und zu den Aufgaben der Pädagogischen Hochschulen siehe *Hauser/Dragaric,* Pädagogische Hochschulen, in *Funk* ea (Hrsg), Handbuch[2] (FN 1) 387.

gesamte öffentliche und in staatlicher Verantwortung kontrollierte Bildungswesen durchzieht.[3] Als Einrichtungen des postsekundären Bildungssektors[4] stehen Pädagogische Hochschulen in der Skala der Autonomieerwartungen an hochrangiger Stelle. Sie befinden sich in Gesellschaft mit den Studienangeboten der öffentlichen Universitäten[5], der Pädagogischen Hochschulen, des Institute of Science and Technology-Austria, der Fachhochschul-Studiengänge sowie der Privatuniversitäten.

Zu den charakteristischen Merkmalen des postsekundären Bildungssektors gehört die Verbindung von Forschung und Lehre.[6] Sie ist bei den einzelnen Institutionen unterschiedlich ausgeprägt. Diese typische Kombination ist auch im Recht der Pädagogischen Hochschulen programmatisch vorgesehen.[7] Auf die normative Bedeutung, die das Programm für die Autonomie der Pädagogischen Hochschulen hat, wird noch einzugehen sein.

Hinsichtlich der öffentlichen Pädagogischen Hochschulen weist das institutionelle Konzept des HG Parallelen mit dem UG auf. Wie

---

3 Dazu sei auf die Monographie von *Berka,* Autonomie im Bildungswesen (2002) verwiesen. Sie enthält eine Bestandsaufnahme der Autonomiekonzepte im österreichischen Bildungswesen mit Blick auf Universitäten, Schulen, Fachhochschul(studiengäng)e/n und Privatuniversitäten.

4 Eine eingehende Auseinandersetzung mit diesem Sektor findet sich etwa bei *Perthold-Stoitzner,* Hochschulrecht im Strukturwandel (2012) 20.

5 Dazu gehören die Universitäten nach dem UG sowie – kraft grundsätzlicher Anwendbarkeit des UG – die Universität für Weiterbildung (Donau-Universität) Krems.

6 *Perthold-Stoitzner,* Hochschulrecht (FN 4) 25.

7 Gemäß § 8 Abs 1 HG hat die Pädagogische Hochschule „mit dem Fokus auf die pädagogische Profession und ihre Berufsfelder im Rahmen von Lehre und Forschung nach internationalen Standards sowohl Personen in Lehrberufen sowie nach Maßgabe des Bedarfs in pädagogischen Berufsfeldern aus-, fort- und weiterzubilden als auch Bildungsinstitutionen, vornehmlich Schulen, in ihrer Qualitätsentwicklung zu beraten und zu begleiten. Den Anforderungen des Lehrberufes ist durch Angebote der bildungswissenschaftlichen, fachwissenschaftlichen, fachdidaktischen und schulpraktischen Ausbildung (Praxisschulen) Rechnung zu tragen. In allen pädagogischen Berufsfeldern ist Forschung zu betreiben, um wissenschaftliche Erkenntnisse zur Weiterentwicklung der Lehre zu erlangen.“

das UG enthält auch das HG eine abschließende Aufzählung der öffentlichen Pädagogischen Hochschulen.[8] Für private Pädagogische Hochschulen und deren Studienangebote gilt ebenso wie für private Universitäten das Prinzip der behördlichen Zulassung durch Anerkennung[9] bzw Akkreditierung[10]. Im Folgenden sollen die Fragen der Autonomie Pädagogischer Hochschulen auf öffentliche Einrichtungen bezogen werden. Bei ihnen konkurrieren Autonomie und Hierarchie in der für das Thema charakteristischen Weise.

Öffentliche Pädagogische Hochschulen sind Einrichtungen des Bundes mit Teilrechtsfähigkeit. In dieser Hinsicht erinnert ihre Rechtsstellung an jene der Universitäten des Bundes nach der Rechtslage, wie sie bis zum Inkrafttreten des UG bestanden hat. Die Reichweite der Teilrechtsfähigkeit öffentlicher Pädagogischer Hochschulen ist in § 3 UG festgelegt. Sie entsprechen sprachlich und inhaltlich weitgehend den Regeln, die nach den beiden Universitätsorganisationsgesetzen für die Universitäten des Bundes gegolten haben.[11] Tätigkeiten, die öffentliche Pädagogische Hochschulen als (teil)rechtsfähige Organisationen ausüben, unterliegen – zusätzlich zur allgemeinen Aufsichtskompetenz[12] – einem speziellen Aufsichtsregime mit umfassenden Informationsrechten des zuständigen Mitgliedes der BReg und Kontrollbefugnissen des Rechnungshofes.[13]

---

8 § 1 Abs 1 HG zählt neun Pädagogische Hochschulen auf und bestimmt damit den Anwendungsbereich des Gesetzes. Analog die Auflistung der Universitäten in § 6 Abs 1 UG. Da wie dort kann eine Änderung des Bestandes nur im Wege der Gesetzgebung erfolgen. Daran hat auch die Fusionsregelung nach § 6 Abs 4 UG nichts geändert.

9 Die Anerkennung privater Pädagogischer Hochschulen und deren Studienangebote erfolgt durch Bescheid des zuständigen Bundesministers/der Bundesministerin (§ 6 HG).

10 Die Akkreditierung von Privatuniversitäten erfolgt nach den Bestimmungen des Privatuniversitätengesetzes (PUG) in Verbindung mit dem Hochschul-Qualitätssicherungsgesetz (HS-QSG) durch das Board der Agentur für Qualitätssicherung und Akkreditierung Austria.

11 § 2 Abs 2 UOG 1975; § 3 Abs 1 UOG 1993. Im UG sind diese Elemente in modifizierter Form in den Regelungen über Vollmachten von Leiter/inne/n der Organisationseinheiten zu rechtsgeschäftlichen Erklärungen im Namen der (voll rechtsfähigen) Universität enthalten (§ 27 UG).

12 § 24 HG.

13 § 3 Abs 11 HG.

Sowohl die Organisation als auch die den Pädagogischen Hochschulen übertragenen Aufgaben sind in ein normatives System eingebunden, welches dem Modell autonomer Aufgabenerfüllung entspricht – und wohl auch von einem solchen, nämlich dem der Autonomie der Universitäten, inspiriert und geleitet ist. Die Parallelen zeigen sich bereits im Aufbau des Gesetzes und dessen Terminologie.

Zu den Aufgaben, die in § 8 Abs 1 HG umschrieben sind,[14] kommen die leitenden Grundsätze, denen zufolge die Pädagogischen Hochschulen durch die Vermittlung von fundiertem, auf den neuesten wissenschaftlichen Erkenntnissen basierendem Fachwissen und umfassenden Lehrkompetenzen ein hohes Qualitätsniveau der Ausbildung von Lehrer/inne/n zu gewährleisten haben.[15] Für die Durchführung der Studienangebote ist Hochschulniveau gefordert.[16] Zu den Eckpunkten gehören ua die Vielfalt wissenschaftlicher Theorien, Methoden und Lehrmeinungen, die Verbindung von Forschung und Lehre und die Lernfreiheit.[17] Die den Pädagogischen Hochschulen gesetzlich aufgetragene Forschung steht im Dienste der Gewinnung wissenschaftlicher Erkenntnisse, die zur Entwicklung der pädagogischen Berufsfelder beitragen.[18]

Die organisatorischen Strukturen weisen Ähnlichkeiten mit denen der (öffentlichen) Universitäten auf. Als Organe der Pädagogischen Hochschulen fungieren der Hochschulrat, das Rektorat, der Rektor/die Rektorin und die Studienkommission.[19]

Der **Hochschulrat** ist ein Kollegialorgan mit strategischen und kontrollierenden Aufgaben. Drei seiner fünf Mitglieder werden durch den/die Ressortminister/in des Bundes, je eines von der LReg und vom Präsidenten/der Präsidentin des Landesschulrates für eine Funktionsperiode von fünf Jahren bestellt.[20] Der Vorsitz im Hoch-

---

[14] Siehe vorhin FN 7.

[15] § 9 Abs 1 HG.

[16] § 9 Abs 3 HG.

[17] § 9 Abs 6 HG.

[18] § 9 Abs 7 HG.

[19] § 12 Abs 1 HG.

[20] § 12 Abs 1 HG. Besondere Bestellungsmodalitäten kommen für den Hochschulrat der HS für Agrar- und Umweltpädagogik Wien zur Anwendung – siehe FN 34.

schulrat wird durch Wahl der Mitglieder bestimmt.[21] Eine Abberufung von Mitgliedern des Hochschulrates aus den gesetzlich genannten Gründen[22] erfolgt durch das zuständige Mitglied der BReg in Form eines Bescheides auf Grund übereinstimmender Beschlüsse der Studienkommission und des Rektorates.[23] Die Funktionen des Hochschulrates umfassen operative und kontrollierende Aufgaben, wie die Ausschreibung des Amtes des Rektors/der Rektorin, die Durchführung des Auswahlverfahrens und die Erstellung eines Dreiervorschlages für die Bestellung durch das zuständige Mitglied der BReg, die Festlegung von Ausbildunginhalten für die Curricula, die Beschlussfassung über den Organisationsplan, die Genehmigung der Satzung und der Geschäftsordnung, die Beschlussfassung über den Ziel- und Leistungsplan und den jährlichen Ressourcenplan für die Weiterleitung dieser Pläne zur Genehmigung durch das zuständige Regierungsmitglied. Der Hochschulrat hat ein umfassendes Informations- und Überwachungsrecht, das jenem der Universitätsräte[24] ähnlich ist.[25] Die vom Hochschulrat zu beschließende Geschäftsordnung bedarf keiner ministeriellen Genehmigung.[26] Die Höhe des Aufwandsersatzes für die Mitglieder des Hochschulrates wird durch ministerielle Verordnung festgelegt.[27]

Die **Leitungsfunktionen** sind ähnlich gestaltet wie jene an Universitäten. Sie sind zwischen dem Rektor/der Rektorin, einem oder maximal zwei Vizerektoren/Vizerektorinnen und dem aus diesen Organen bestehenden Rektorat als Kollegialorgan geteilt. Die Bestellung obliegt dem zuständigen Mitglied der BReg, jeweils auf Vorschlag nach einem Ausschreibungs- und Auswahlverfahren des Hochschulrates.[28]

---

21 § 12 Abs 6 HG.

22 Schwere Pflichtverletzung, strafgerichtliche Verurteilung, mangelnde körperliche oder geistige Eignung.

23 § 12 Abs 5 HG.

24 § 21 Abs 2 UG.

25 § 12 Abs 9 und 10 HG.

26 § 12 Abs 12 HG.

27 § 12 Abs 11 HG. Vgl dem gegenüber § 21 Abs 11 UG: Demnach wird die Vergütung der Mitglieder des Universitätsrates durch diesen autonom festgelegt.

28 §§ 13, 14, 15 HG.

Dem **Rektor**/der **Rektorin** obliegt die Leitung der Pädagogischen Hochschule, sie sind Vorgesetzte des Lehr- und Verwaltungspersonals, sie vertreten die Pädagogische Hochschule nach außen, koordinieren die Tätigkeit der Organe und haben subsidiär alle Aufgaben wahrzunehmen, die nicht in die Zuständigkeit eines anderen Hochschulorgans fallen.[29] Für die Dauer der Ausübung ihrer Funktion von vier Studienjahren stehen sie in einem zeitlich befristeten, besonderen vertraglichen Dienstverhältnis zum Bund.[30]

Die Bestellung des **Vizerektors**/der **Vizerektoren** erfolgt in gleicher Weise wie jene des Rektors/der Rektorin. Für die Amtsdauer und das Beschäftigungsverhältnis gelten die gleichen Regeln.

Zu den Aufgaben des **Rektorats** gehören ua die Erstellung der Satzung, des Entwurfs eines Organisationsplanes, eines Ziel- und Leistungsplanes, des jährlichen Ressourcenplanes – alles zur Vorlage an den Hochschulrat zur Beschlussfassung, weiters die Ausschreibung von Planstellen für das Lehr- und Verwaltungspersonal, die Zulassung der Studierenden, die Einhebung der Studienbeiträge in der gesetzlich vorgesehenen Höhe.[31] Das Rektorat hat eine Geschäftsordnung zu erlassen, die der Genehmigung des Hochschulrates bedarf.[32]

Das Rektorat kann Entscheidungen anderer Organe – ausgenommen Beschlüsse des Hochschulrates – **zurückverweisen**, wenn diese Entscheidungen nach Auffassung des Rektorats im Widerspruch zu Gesetzen oder Verordnungen einschließlich der Satzung stehen.[33]

Die **Studienkommission** besteht aus 12 Mitgliedern, von denen neun aus dem Kreis der Lehrenden zu wählen und drei von der Studierendenvertretung zu entsenden sind.[34] Zu den Aufgaben der Studienkommission gehören die Erlassung des Curriculums und der

---

[29] § 13 Abs 1 HG.

[30] § 13 Abs 6 HG.

[31] § 15 Abs 2 HG.

[32] § 15 Abs 6 HG.

[33] § 15 Abs 4 HG. Der Anwendungsbereich dieser Bestimmung dürfte auf Entscheidungen der Studienkommission beschränkt sein, die neben dem Hochschulrat, dem Rektor/der Rektorin, dem Vizerektor/der Vizerektorin und dem Rektorat die Organausstattung der Pädagogischen Hochschule bildet.

[34] § 17 Abs 1 HG. Besondere Bestimmungen bestehen für die Hochschule für Agrar- und Umweltpolitik (§ 17 Abs 2 HG) – siehe FN 20.

Prüfungsordnung, die Entscheidung in Studienangelegenheiten, die Erstellung von Maßnahmen der Evaluation und der Qualitätssicherung der Studienangebote und die Einrichtung eines Arbeitskreises für Gleichbehandlungsfragen.[35] Die Studienkommission hat eine Geschäftsordnung zu beschließen, die die näheren Bestimmungen über die Geschäftsführung festzulegen hat.[36]

Der **Verwaltungsdirektor**/die **Verwaltungsdirektorin** werden durch das zuständige Mitglied der BReg bestellt. Sie haben die Organe der Pädagogischen Hochschulen bei der Erfüllung ihrer Aufgaben zu unterstützen. Sie sind an die Weisungen des Rektors/der Rektorin gebunden und können mit der selbständigen Erledigung bestimmter Angelegenheiten betraut werden.[37]

Der Befund der Regelungen des HG ergibt eine klares Bild des Modells, das dem Gesetz zugrunde liegt: Es ist ein – modifiziertes und im Vergleich zum UG reduziertes – Modell einer **„kleinen" Autonomie,** die sich am Muster der Vollautonomie der öffentlichen Universitäten orientiert. Dieses Konzept ist sowohl im System als Ganzem als auch in den Einzelregelungen zu erkennen. Es gibt kollegiale Organe, die durch das Gesetz zu einem Arbeitsverbund zusammen geführt werden. Ihnen sind Entscheidungsbefugnisse zugeordnet, für die sie jeweils im eigenen Bereich Verantwortung tragen. Das Verfahren ist auf Zusammenwirken in selbständiger Koordination ausgerichtet. Die Letztentscheidung liegt zwar in der Regel beim zuständigen Regierungsmitglied, die Funktionsweise ist aber nicht auf ministerielle Interventionen in den laufenden Prozessen ausgerichtet.

Für ein generelles Konzept der Autonomie spricht auch die Einrichtung eines **Kontrollorgans** auf Hochschulebene – des Hochschulrates, dessen Aufgaben und Vorgangsweise an jene eines Aufsichtsrates erinnern.

Dem steht eine allgemeine Aufsichtsverantwortung des zuständigen Mitglieds der BReg zur Seite: Die Organe der Pädagogischen Hochschule unterliegen bei der Besorgung ihrer Angelegenheiten der **Aufsicht des zuständigen Regierungsmitgliedes.** Die Aufsicht ist

---

[35] § 17 Abs 2 HG.

[36] § 17 Abs 8 HG.

[37] § 19 HG.

als Rechts- und Funktionsaufsicht konzipiert.[38] Im Rahmen dieser Aufsicht verfügt das Aufsichtsorgan über umfassende Informationsrechte, denen ebenso umfassende Auskunfts-, Vorlage- und Unterstützungspflichten der Pädagogischen Hochschulen gegenüber stehen.[39]

Dazu kommen differenzierte Zuständigkeiten zur **Ersatzvornahme** im Säumnisfall, die durch das Rektorat, den Hochschulrat und zu guter Letzt das zuständige Mitglied der BReg auszuüben sind.[40] Hervorzuheben sind auch die Möglichkeiten der **Aufhebung von Entscheidungen** (einschließlich der Durchführung von Wahlen) als klassische Instrumente der Aufsicht.

III. Verfassungsrechtliche Bindungen

Die öffentlichen Pädagogischen Hochschulen sind Einrichtungen des Bundes. Sie stehen organisations- und beschäftigungsrechtlich unter der Leitung des zuständigen obersten Organs des Bundes, das ist idR der Bundesminister/die Bundesministerin für Unterricht, Kunst und Kultur.[41] Diese Struktur unterliegt den Bindungen des Art 20 Abs 1 B-VG, die für die Vollziehung des Bundes ein hierarchisches System mit **Weisungsbeziehungen** fordern. Art 20 Abs 2 B-VG enthält eine Liste von Tatbeständen, die die einfache Gesetzgebung zur Schaffung von Ausnahmen und Durchbrechungen der Hierarchie ermächtigen.

Die Autonomie der öffentlichen Pädagogischen Hochschulen kann keinem dieser Ausnahmetatbestände zugeordnet werden. Auch sonst gibt es keine Regelungen des Bundesverfassungsrechts, die – in vergleichbarer Weise wie das Art 81c Abs 1 B-VG für die öffentlichen Universitäten bewirkt – als Grundlagen für ein Autonomiemodell innerhalb des hierarchischen Systems der Bundesverwaltung dienen können.

---

38 § 24 Abs 1 HG.

39 § 24 Abs 2 HG.

40 § 27 HG.

41 § 79 HG. Partiell bestehen auch (Mit)Kompetenzen anderer Mitglieder der BReg.

IV. Hierarchie versus Autonomie – Lösung eines Gegensatzes

Dem Organisationsrecht der öffentlichen Pädagogischen Hochschulen liegt ein gesetzliches Autonomiekonzept zugrunde, welches mit den Anforderungen des B-VG an die hierarchischen Strukturen der Verwaltung nicht vereinbar ist. Eine verfassungskonforme Auslegung des HG führt zum Ergebnis, dass die „kleine" Autonomie durch das allgemeine Prinzip der Weisungsbindung overruled wird. Wo das Gesetz das Weisungsprinzip durch die schwächere, autonomietypische Intervention der Aufsicht ersetzen möchte, kommt als höherrangiges verfassungsrechtliches Gebot ein tendenziell unbeschränktes Instrumentarium ministerieller Weisungen zur Anwendung.

Somit ergibt sich die Wahl zwischen einer gesetzlich begründeten, jedoch verfassungsrechtlich nicht haltbaren Autonomie der öffentlichen Pädagogischen Hochschulen einerseits und dem verfassungskonformen, funktionell aber nicht gewollten Ergebnis einer tendenziell unbeschränkten Weisungsbindung. Das Absurde einer solchen Lösung sei am Beispiel einer ministeriellen Weisung illustriert, mit der der Hochschulrat verpflichtet wird, die ihm zur Beschlussfassung vorgelegten und an das zuständige Mitglied der BReg weiterzuleitenden Pläne[42] in bestimmter Weise zu erledigen. Die Annahme einer solchen Weisungskompetenz würde den Sinn und Zweck der im Gesetz vorgezeichneten Arbeitsteilung zwischen den beteiligten Organen konterkarieren. Das System der internen und externen Aufsichtsbeziehungen wäre damit obsolet.[43]

Ein möglicher Ausweg aus dem Dilemma kann mit Hilfe grundrechtlicher Überlegungen gesucht werden, die auf die Wissenschafts-, Lehr- und Lernfreiheit rekurrieren. Eine solche Argumentation liegt angesichts der gesetzlichen Aufträge nahe, die die Pädagogischen Hochschulen auf dem Gebiet der wissenschaftsgeleiteten Lehre und Praxis zu erfüllen haben. Im Ergebnis läuft dieser Ansatz auf die Annahme eines in den Grundrechten der Wissenschafts-, Lehr-

---

42 Ziel- und Leistungsplan, Ressourcenplan.

43 Welchen Sinn hätte da noch die Verfügbarkeit der feinen Klinge (Aufsicht), wenn man ebenso gut zum Knüppel (Weisung) greifen kann?

und Lernfreiheit begründeten Verfassungstatbestandes hinaus, der die Schaffung autonomer Einrichtungen im Bildungswesen, namentlich im postsekundären Bereich, außerhalb der hierarchischen Vorgaben des Art 20 B-VG und außerhalb der auf öffentliche Universitäten ausgerichteten Legitimation des Art 81c Abs 1 B-VG erlaubt.

Harald Lidauer/Caroline Récsey

Kooperationsmöglichkeiten zwischen Pädagogischen Hochschulen und Universitäten

Inhalt

I. Der Zugang zur universitären Bildung für PH-Absolventen

Bevor in den nachfolgenden Abschnitten im Detail auf eine mögliche Kooperation bzw Zusammenarbeit zwischen Universitäten und Pädagogischen Hochschulen (PH) eingegangen wird, möchte sich dieses erste Kapitel mit der Frage auseinandersetzen, inwieweit der Abschluss eines Studiums bzw eines Studienganges an der einen postsekundären Bildungseinrichtung den Zugang zu der jeweils anderen Institution in dem Sinne ermöglicht, dass dort eine weiterführende, auf das erste Studium bzw den ersten Studiengang aufbauende Ausbildung begonnen wird. Die Rede ist dabei von der sogenannten Durchlässigkeit.[1]

Betrachtet man die einzelnen Ebenen der dreigliedrigen Bologna-Architektur, so fällt auf, dass nur den Universitäten die Möglichkeit zuteilwird, Studien auf allen drei Stufen anzubieten.[2] Gemäß der letzten HG-Novelle 2013 werden die PH zwar das Masterstudium „Master of Education" anbieten dürfen, Doktoratsstudien fallen nach derzeitiger Rechtslage aber nicht in ihren Kompetenzbereich.[3] Für die Prüfung der Durchlässigkeit bedeutet dies, dass sich die Frage, ob Absolventen eines fachlich einschlägigen Bachelor- oder Masterstudiums einer Universität zum weiteren Doktoratsstudium an eine PH wechseln können, mangels entsprechender Berechtigung der PH im Hinblick auf die Einrichtung eines solchen erst gar nicht stellt. Die Frage, inwieweit Bachelor-Absolventen einer Universität zum weiteren Masterstudium an eine PH wechseln können, stellt

[1] Vgl im Zusammenhang mit dem Begriff der Durchlässigkeit auch § 10 HG, der festlegt, dass die PH durch Kooperationen mit anderen Bildungs- und Forschungseinrichtungen (insb Universitäten und Fachhochschulen) die Durchlässigkeit von Bildungsangeboten im Sinne einer gegenseitigen Anrechenbarkeit von Studien und Studienteilen sicherstellen sollen. Diese Zielbestimmung bringt klar das Interesse des Gesetzgebers an der zukünftigen vermehrten Förderung einer solchen Durchlässigkeit zum Ausdruck.

[2] Vgl dazu § 54 Abs 1 UG. Gleiches gilt im Übrigen für die Privatuniversitäten (§ 3 PUG), nicht jedoch für die Fachhochschulen, die keinerlei Doktoratsstudien einrichten dürfen (§ 4 Abs 3 FHStG).

[3] Vgl §§ 38 ff und 80 Abs 8 Z 4 HG.

sich zwar prinzipiell, sie besitzt derzeit aber noch wenig Relevanz, da die PH momentan noch keine Masterstudien eingerichtet haben. Die Durchlässigkeit soll daher im Folgenden va von der PH in Richtung Universität untersucht werden. Der zentrale Punkt ist dabei, inwieweit Absolventen eines Bachelorstudienganges einer PH Zugang zu universitären Master- und Doktoratsstudien gewährt wird.

Absolventen von Bachelorstudiengängen der PH steht es grundsätzlich frei, universitäre Studien auf der zweiten Ebene der Bologna-Architektur (Master-Ebene) zu belegen. Für die Zulassung zu einem universitären Masterstudium setzt § 64 Abs 5 UG *„den Abschluss eines fachlich in Frage kommenden Bachelorstudiums oder eines fachlich in Frage kommenden Fachhochschul-Bachelorstudienganges oder eines anderen gleichwertigen Studiums an einer anerkannten inländischen oder ausländischen postsekundären Bildungseinrichtung"* voraus. Ob der von einem Studierenden an der PH abgeschlossene Bachelorstudiengang im Hinblick auf das angestrebte universitäre Masterstudium ein *„fachlich in Frage kommendes Bachelorstudium"* oder ein *„gleichwertiges Studium"* darstellt, ist jeweils individuell zu prüfen. Im Einzelnen ist laut VwGH[4] aus der Sicht des beantragten Masterstudiums zu beurteilen, ob ein Bachelorstudium als fachlich in Frage kommend zu qualifizieren ist, dh ob in qualitativer und quantitativer Hinsicht die fachlichen Grundlagen für das beantragte Masterstudium vermittelt werden, oder ob ein einem solchen Bachelorstudium gleichwertiges Studium vorliegt. Aus diesen Ausführungen des VwGH ergibt sich, dass die Prüfung der Gleichwertigkeit auch die Facheinschlägigkeit des absolvierten Studiums zu beinhalten hat.[5] Wenn die Gleichwertigkeit grundsätzlich gegeben ist und nur einzelne Prüfungen auf die volle Gleichwertigkeit fehlen, so kann gem § 64 Abs 5 UG die Feststellung der Gleichwertigkeit mit der Auflage von Prüfungen verbunden werden, die während des jeweiligen Masterstudiums abzulegen sind.

Eine Zulassung zu universitären Masterstudien ohne die Erfüllung von zusätzlichen Auflagen ist für die AbsolventInnen von Bachelorstudiengängen der PH nach der derzeitigen Situation nur ver-

---

4 VwGH 15. 12. 2011, 2010/10/0148; 18. 4. 2012, 2009/10/0033.

5 So im Übrigen auch *Perthold-Stoitzner* in *Mayer* (Hrsg), UG$^{2.02}$ § 64 UG Anm III f (Stand: 1. 1. 2013).

einzelt möglich. So kann bspw an der **Universität Wien** und an der **Alpen-Adria-Universität Klagenfurt** momentan kein einziges Masterstudium ohne die Absolvierung weiterer Prüfungen etc belegt werden. Die **Johannes-Kepler-Universität Linz** ermöglicht die auflagenfreie Zulassung zu zumindest einem Masterstudium, nämlich dem „Masterstudium Politische Bildung“. An der **Karl-Franzens-Universität Graz** kann das „Masterstudium Interdisziplinäre Geschlechterstudien“ belegt werden.[6]

Für die Zulassung zu einem universitären Doktoratsstudium verlangt § 64 Abs 4 UG den Abschluss eines fachlich in Frage kommenden Diplom- oder Masterstudiums, eines fachlich in Frage kommenden Fachhochschul-Diplomstudienganges oder Fachhochschul-Masterstudienganges oder eines anderen gleichwertigen Studiums an einer anerkannten inländischen oder ausländischen postsekundären Bildungseinrichtung. Wenn die Gleichwertigkeit grundsätzlich gegeben ist und nur einzelne Prüfungen auf die volle Gleichwertigkeit fehlen, so kann auch hier die Feststellung der Gleichwertigkeit mit der Auflage von Prüfungen verbunden werden. Im Einzelfall lässt der im Zuge des Universitätsrechts-Änderungsgesetzes 2009[7] eingefügte § 64 Abs 4a UG für die Zulassung zu einem Doktoratsstudium auch ein Bachelorstudium genügen, wenn dieses *„innerhalb der vorgesehenen Studienzeit und mit besonderem Studienerfolg“* abgeschlossen wurde.[8] Zwar stellt § 64 Abs 4a nicht ausdrücklich auf die Facheinschlägigkeit des Studiums ab, jedoch wird die Spezialnorm des Abs 4a im Zusammenhang mit der generellen Regelung des Abs 4 zu lesen sein, weshalb wohl vom Erfordernis eines fachlich entsprechenden Bachelorstudiums auszugehen ist. Für die Absolventen von Bachelorstudiengängen der PH bedeuten die Bestimmungen des UG, dass ihr Bachelor of Education (BEd) für die sofortige Zulassung zu einem

6 Die diesbezüglichen Informationen über die momentane Zulassungspraxis ergaben sich aus Anfragen bei den Studienabteilungen der jeweiligen Universitäten.

7 BGBl I 2009/81.

8 Diese Regelung trägt dem Gedanken der Begabtenförderung Rechnung. Hochbegabte Studierende sollen ohne Absolvierung des Masterstudiums zum Doktoratsstudium zugelassen werden können. Vgl ErlRV 225 BlgNR 24. GP 25.

universitären Doktoratsstudium nur ausnahmsweise ausreicht.[9] In aller Regel muss daher, quasi als Zwischenschritt, zunächst ein Studium auf der zweiten Stufe der dreigliedrigen Bologna-Architektur (Master-Ebene) belegt und abgeschlossen werden. Die Absolvierung eines Master of Education wird in Zukunft auch an den PH möglich sein. Die schon derzeit an den PH angebotenen Lehrgänge bzw Hochschullehrgänge gem § 39 HG stellen keine *Masterstudien* iSd § 64 Abs 4 UG dar, sondern explizit eben (Weiterbildungs-) *Lehrgänge*. Daran kann auch die Verleihung eines Mastergrades nichts ändern.[10]

II. Institutionelle Kooperationen im Rahmen ordentlicher Studien

A. Universitätsgesetz

Sowohl UG als auch HG enthalten Bestimmungen zur gemeinsamen Durchführung von Studien und Lehrgängen. Solche institutionellen Kooperationen beruhen auf Vereinbarungen, die im UG in § 54 Abs 9 und Abs 10 geregelt sind. Um diese Bestimmungen richtig deuten zu können, bedarf es eines Blickes auf die alte Rechtslage vor der UG-Novelle 2009[11]: Institutionelle Kooperationen hießen einerseits „Doppeldiplom-Progamme" und wurden definiert in § 51 Abs 2 Z 27 UG als *„ordentliche Studien, die (...) zwischen einer oder mehreren österreichischen Universitäten und einer oder mehreren aus-*

[9] Die Norm des § 64 Abs 4a wird in der Praxis generell, dh nicht nur bezogen auf die Absolventen von Bachelorstudiengängen der PH, restriktiv zu handhaben sein, stellt ein Bachelorstudium doch im Normalfall nicht die für das Verfassen einer Dissertation erforderliche wissenschaftliche Vorbildung in ausreichendem Maße zur Verfügung.

[10] Vergleichbar sind die an den PH angebotenen Lehrgänge bzw Hochschullehrgänge mit Universitätslehrgängen gem § 56 UG. Letztere reichen nach Ansicht des VwGH (29. 1. 2010, 2004/10/0227) für die Zulassung zu einem Doktoratsstudium nicht aus, ist doch die Gleichwertigkeit mit einem Diplom- oder Masterstudium oder einem Fachhochschul-Diplomstudiengang oder Fachhochschul-Masterstudiengang nicht gegeben. Siehe auch III. IdS auch *Novak*, Universitätsrecht (2010) 102.

[11] Universitätsrechts-Änderungsgesetz 2009, BGBl I 2009/81.

ländischen anerkannten postsekundären Bildungseinrichtungen gemeinsam durchgeführt werden, (…)" und andererseits gab es Kooperationen zwischen inländischen Universitäten. Gemäß § 54 Abs 9 UG durften die Universitäten ordentliche Studien auch gemeinsam mit anderen (gemeint waren inländische) Universitäten[12] durchführen. Die normative Bestimmung zur Definition des § 51 Abs 2 Z 27 fand sich in § 54 Abs 10 UG, wo die Universitäten zur Durchführung von (damals so genannten) Doppeldiplom-Programmen ermächtigt wurden. Das UG unterschied also zwischen gemeinsam durchgeführten Studien von inländischen Universitäten gem § 54 Abs 9 und Doppeldiplom-Programmen mit Beteiligung zumindest einer ausländischen postsekundären Bildungseinrichtung gem § 54 Abs 10 UG. Das HG 2005[13] traf für die PH eine zu § 54 Abs 10 UG korrespondierende Regelung in § 38 Abs 3 in Verbindung mit der Definition von Doppeldiplom-Programmen in § 35 Z 4 HG.

Im Zuge der UG-Novelle 2009 wurden Doppeldiplom-Programme in *„gemeinsame Studienprogramme"* umbenannt. Gleichzeitig wurde auch den (inländischen) nicht-universitären Einrichtungen (Pädagogische Hochschule, Fachhochschule und Privatuniversität) die Möglichkeit eröffnet, Kooperationen mit Universitäten einzugehen.[14] Die neue Definition in § 51 Abs 2 Z 27 UG lautet: *„Gemeinsame Studienprogramme sind ordentliche Studien, die auf Grund einer Vereinbarung zwischen einer oder mehreren österreichischen Universitäten, Erhaltern von Fachhochschul-Studiengängen, Privatuniversitäten oder Pädagogischen Hochschulen sowie ausländischen anerkannten postsekundären Bildungseinrichtungen in der Form einer joint, double oder multiple degree programs durchgeführt werden, (…)."* Entsprechend der alten Systematik wurden in § 54 Abs 9 UG Kooperationen zwi-

12 Da auf die Universität für Weiterbildung Krems (DUK) gem § 3 DUK-G 2004 unter anderen das Organisations- und Studienrecht des UG anzuwenden ist, galt auch die DUK als mögliche Kooperationspartnerin gem § 54 Abs 9 UG aF.

13 Die §§ 35 und 38 HG vor der UG-Novelle 2009 in der Stammfassung BGBl I 2006/30.

14 Korrespondierend dazu wurden auch § 35 Z 4 HG (mit BGBl I 2010/47), § 3 Abs 2 Z 10 FHStG (mit BGBl I 2011/74), § 3 Abs 3 PUG (neu eingeführt in BGBl I 2011/74) entsprechend angepasst.

schen den inländischen postsekundären Bildungseinrichtungen[15] verankert (gemeinsam durchgeführte Studien), während in Abs 10 – verweisend auf die Definition des § 51 Abs 2 Z 27 – Kooperationen mit zumindest einer ausländischen postsekundären Bildungseinrichtung geregelt sind (gemeinsame Studienprogramme). Die Materialen[16] allerdings verwerfen dieses System – nämlich: reine Binnen-Kooperationen geregelt in Abs 9, gemeinsame Studienprogramme mit zumindest einer ausländischen Institution geregelt in Abs 10, indem sie als Intention des Gesetzgebers angeben, dass die Definition für *„gemeinsame Studienprogramme"* auch Kooperationen innerhalb des österreichischen Hochschulsektors, also inländische postsekundäre Bildungseinrichtungen untereinander ohne ausländische Beteiligung umfassen soll. Ausschließlich nach dem Wortlaut lässt sich die Bestimmung weder in die eine noch in die andere Richtung eindeutig interpretieren,[17] doch machen die Materialien den Willen des Gesetzgebers deutlich.[18] Dass es weiterhin zwei normative Bestimmungen zu dieser Definition gibt, obwohl die Unterscheidung der Anwendungsbereiche nach den Materialien wegfallen soll,[19] lässt sich folgendermaßen begründen: Während Abs 10 eine Regelung für alle gemeinsamen Studienprogramme von Universitäten nach UG mit inländischen **oder** ausländischen postsekundären Bildungseinrichtungen vorsieht, tritt Abs 9 als speziellere Regel auf, die sich auf gemeinsame Studienprogramme von Universitäten nach UG mit

---

[15] Das Institut of Science and Technology Austria (ISTA) ist auch eine postsekundäre Bildungseinrichtung (IA 798/A 12. GP), wird aber in § 54 Abs 9 UG nicht als mögliche Kooperationspartnerin genannt.

[16] ErlRV 225 BlgNR 24. GP.

[17] Für eine Einbeziehung auch rein inländischer Kooperationen *Perthold-Stoitzner* in *Mayer* (Hrsg), UG$^{2.02}$ § 51 III. zu Z 27 (Stand 1. 1. 2013).

[18] *„Gemeinsam eingerichtete Studienprogramme werden in Hinkunft auch zwischen den einzelnen Hochschulsektoren innerhalb Österreichs möglich sein."* ErlRV 225 BlgNR 24. GP zu Z 91.

[19] Vgl *Perthold-Stoitzner* in *Mayer* (Hrsg), UG$^{2.02}$ § 51 III. zu Z 27 (Stand 1. 1. 2013); *dies,* Die Rechtsnatur von Vereinbarungen über gemeinsame Studienprogramme, in *Jabloner* ea (Hrsg), Vom praktischen Wert der Methode – FS Heinz Mayer (2011) 506 f.

den in dieser Bestimmung genannten inländischen postsekundären Bildungseinrichtungen (konkret: PU, FH, PH) bezieht.[20]

Für die Einrichtung gemeinsamer Studienprogramme bedarf es einer einvernehmlichen Einrichtungsentscheidung durch die zuständigen Organe der Partner-Institutionen.[21] Dafür und somit auch für den Abschluss von Kooperationsvereinbarungen, welche im Ergebnis zur Einrichtung eines neuen Studiums führen, ist gemäß § 22 Abs 1 Z 12 UG das Rektorat zuständig.[22] § 54 Abs 10 UG verpflichtet den Senat, ein der Vereinbarung entsprechendes Curriculum zu erlassen. Nachträgliche Abweichungen des Curriculums vom Vereinbarten werden so verhindert.[23] Zusätzlich[24] zur Kooperationsvereinbarung bedürfen gemeinsame Studien nach § 54 Abs 9 UG, auf die die UniStEV 2004[25] nicht anwendbar ist, noch einer Durchführungsvereinbarung (argumento § 54 Abs 9: *„haben die beteiligten Bildungseinrichtungen eine Vereinbarung über die Durchführung, insbesondere Zuständigkeiten (…) zu schließen.“*). Binnen-Kooperationen haben gemäß Abs 9 ein *gleichlautendes,* im Sinne von *wortgleiches,* Curriculum zu erlassen. Diese Anforderung wird an internationale

---

20 Vgl *Perthold-Stoitzner,* Die Rechtsnatur von Vereinbarungen über gemeinsame Studienprogramme, in *Jabloner* ea (Hrsg), Vom praktischen Wert der Methode – FS Heinz Mayer (2011) 507 f; *Kasparovsky/Perthold-Stoitzner/Zabini,* Gemeinsame Studienprogramme nach Universitätsgesetz 2002, zfhr 2011, 43 (50).

21 Zur Rechtsnatur der Kooperationsvereinbarungen – ob Verordnung oder zweiseitig verbindlicher Vertrag – siehe *Perthold-Stoitzner,* Die Rechtsnatur von Vereinbarungen über gemeinsame Studienprogramme, in *Jabloner* ea (Hrsg), Vom praktischen Wert der Methode – FS Heinz Mayer (2011) 509 f mwN.

22 Es ist zu unterscheiden zwischen der grundsätzlichen Entscheidung zur Einrichtung eines Studiums und der konkreten Erlassung des Curriculums, welches konstitutiver Bestandteil eines Studiums ist. Für ersteres ist das Rektorat zuständig, für zweiteres der Senat gem § 25 Abs 1 Z 10. Siehe dazu ErlRV 225 BlgNR 24. GP zu Z 56.

23 Siehe auch *Kasparovsky/Perthold-Stoitzner/Zabini,* Gemeinsame Studienprogramme nach Universitätsgesetz 2002, zfhr 2011, 43 (50).

24 Seit der UG-Novelle gilt § 54 Abs 10 UG auch für Binnen-Kooperationen. Daher muss es eine Vereinbarung gem § 51 Abs 2 Z 27 iVm § 54 Abs 10 geben, sowie zusätzlich eine Vereinbarung gem § 54 Abs 9 UG.

25 BGBl II 2004/288 idF BGBl II 2011/161.

Kooperationen gemäß Abs 10 mit Rücksicht auf sprachliche Schwierigkeiten und mangels Kompetenz des UG für ausländisches Studienrecht nicht gestellt.[26] Per Durchführungsvereinbarung wird zugeteilt, welche der beteiligten Institutionen mit ihrem internen Organisations- und Studienrecht für welche Aufgaben zuständig sein soll. Das Gesetz sieht dabei nicht vor, dass ein echtes gemeinsames Studienrecht geschaffen wird, sondern nur dass die Aufgaben aufgeteilt und nach den eigenen Regeln der jeweiligen Einrichtung durchgeführt werden. Echte gemeinsame Organe dürfen ebensowenig geschaffen werden wie sonstige Änderungen im Organisationsrecht oder die Vollziehung einrichtungsfremder Regeln.[27] Die Studierenden haben, anders als bei Kooperationen nach UniStEV, nicht die Möglichkeit, die Zulassungsuniversität zu wählen. Die Durchführungsvereinbarung ist in den Mitteilungsblättern kundzumachen.[28]

Die öffentlichen Universitäten nach § 6 UG sind von der Pflicht, untereinander die Zuständigkeiten vertraglich zu regeln ausgenommen,[29] weil hier die UniStEV subsidiär zur Vereinbarung gilt. Die beteiligten Universitäten dürfen eine Zulassungsuniversität vereinbaren, in Ermangelung einer solchen Vereinbarung kann aber gem § 3 Abs 1 UniStEV der Studierende wählen, an welcher Universität er zugelassen sein möchte. Der Zulassungsuniversität kommen alle wesentlichen studienrechtlichen Aufgaben zu, die beteiligten Durchführungsuniversitäten wirken mit.

---

[26] Vgl *Kasparovsky/Perthold-Stoitzner/Zabini,* Gemeinsame Studienprogramme nach Universitätsgesetz 2002, zfhr 2011, 43 (50).

[27] Vgl *Huber,* Rechtliche Parameter der interuniversitären Studienangebots-Entwicklung, zfhr 2008, 12. Wären gemeinsame Organe gesetzlich vorgesehen, so wäre dies im UG wohl ersichtlich. Organe, die in Personalunion für die beteiligten Institutionen tätig werden oder externe Organe, die rein auf Koordination und Kooperation beschränkt sind, müssten je nachdem für welche Institution sie tätig werden, nach der dortigen Geschäftsordnung handeln.

[28] Studienrecht ist Hoheitsverwaltung. Die Durchführungsvereinbarung ist daher als Verordnung zu qualifizieren. Vgl *Perthold-Stoitzner,* Die Rechtsnatur von Vereinbarungen über gemeinsame Studienprogramme, in *Jabloner* ea (Hrsg), Vom praktischen Wert der Methode – FS Heinz Mayer (2011) 513.

[29] So auch in ErlRV 225 BlgNR 24. GP zu Z 98 und 99.

Der Abschluss von Vereinbarungen zwischen postsekundären Bildungseinrichtungen setzt die nötige Rechts- und Handlungsfähigkeit voraus. Die öffentlichen PH sind grundsätzlich weisungsgebundene Einrichtungen des Bundes ohne eigene Rechtsfähigkeit. Gem § 2 Abs 1 HG wird den öffentlichen PH aber eigene Rechtspersönlichkeit nach Maßgabe des § 3 HG verliehen.[30] Im Rahmen dieser Teilrechtspersönlichkeit sind sie rechts- und geschäftsfähige juristische Personen öffentlichen Rechts und es ist ihnen ausdrücklich gestattet, *„Vereinbarungen mit anderen Rechtsträgern über die Zusammenarbeit auf dem Gebiet der wissenschaftlich-berufsfeldorientierten Forschung und Lehre“*[31] abzuschließen. Der Abschluss einer solchen Vereinbarung hat gem § 3 Abs 3 HG durch den Rektor, oder im jeweiligen Zuständigkeitsbereich durch den Vizerektor zu erfolgen. Solche Vereinbarungen dürfen den Lehr- und Forschungsbetrieb in Vollziehung hoheitlicher Aufgaben nicht beeinträchtigen, und haben sich an den Grundsätzen der Sparsamkeit, Wirtschaftlichkeit und Zweckmäßigkeit sowie an den Grundsätzen eines ordentlichen Kaufmannes zu orientieren.[32]

B. Pädagogische Hochschulen

Im HG 2005 sind Kooperationen im 3. Abschnitt unter „Aufgaben und leitende Grundsätze“ festgelegt. PH trifft nach § 10 HG die Verpflichtung, zur Erfüllung der Aufgaben *„untereinander und mit anderen Bildungs- und Forschungseinrichtungen, insbesondere mit in- und ausländischen Universitäten und Fachhochschulen“* zu kooperieren.[33] Die *„ausschließliche und unmittelbare Berufsfeldbezogenheit“*[34] der wissenschaftlichen Forschung an den PH bedingt, dass fachwissenschaftliche Forschung immer im Rahmen eines der pädagogischen Berufsfelder, wie Schule, Schulentwicklung, Pädagogik, Didaktik, Organisation usw, stattfinden muss. Die Forschungsergebnisse müssen in der Schulpraxis und Schulentwicklung anwendbar sein. Trotz-

---

30 Siehe auch ErlRV 1167 BlgNR 22. GP zu §§ 2 und 3.

31 § 3 Abs 1 Z 6 HG.

32 Vgl § 3 Abs 4 und § 3 Abs 7 HG.

33 § 10 HG idF 2006/30; siehe *Jonak/Münster,* Die Pädagogische Hochschule[4] (2012) FN 3 zu § 10 HG.

34 ErlRV 1167 BlgNR 22. GP zu §§ 8 und 9.

dem soll die Anteilnahme der PH an der wissenschaftlichen Forschungslandschaft gewährleistet und die PH in den tertiären Bildungssektor voll integriert sein. Gemeinsame Projekte schlagen eine Brücke zwischen den Bildungseinrichtungen und bieten allen Beteiligten eine Aufwertung durch die Möglichkeit, Forschungsergebnisse aus dem eigenen Schwerpunktgebiet einzubringen. Kooperationen sollen für die Verbreitung der Ergebnisse und einheitliche Qualitätskriterien sorgen. Aus dem finanziellen Blickwinkel betrachtet, können durch Kooperationen wichtige Studienangebote eingerichtet werden, die für eine Institution allein wegen zu kleiner Zielgruppe, ungünstigem Standort, oder anderen finanziellen Belastungen nicht rentabel wären.[35] Studierende profitieren von besserer Durchlässigkeit.

§ 10 HG umfasst alle denkbaren Konstellationen: Kooperationen von PH untereinander, von PH mit inländischen postsekundären Bildungseinrichtungen (Binnen-Kooperationen), von PH mit ausländischen postsekundären Bildungseinrichtungen sowie von PH mit anderen Bildungs- und Forschungseinrichtungen.

Für Kooperationen von PH untereinander gilt § 9 der Hochschul-StudienevidenzVO[36]. Ähnlich wie nach UniStEV wählt der Studierende *eine* PH zur Zulassung, welche für Inskription, Zeugnisse und die Verleihung des akademischen Grades zuständig ist. Die Hochschul-StudienevidenzVO verweist als gesetzliche Grundlage auf § 53 HG sowie auf die „gemeinsam durchgeführten Studien" auf der Basis des § 10 HG.

Kooperationen mit anderen in- und ausländischen postsekundären Bildungseinrichtungen, wobei zumindest eine ausländische dabei sein muss, sind in § 35 Z 4 HG eigens als „gemeinsame Studienprogramme" definiert und in § 38 Abs 3 HG normativ verankert. Wiederum bedarf es eines Rückblickes auf die frühere Rechtslage um begriffliche Unklarheiten darstellen zu können: In der Stammfassung des HG 2005[37] hießen gemeinsame Studienprogramme noch „Doppeldiplom-Programme" und wurden in § 35 Z 4 folgendermaßen definiert: *„ordentliche Studien, die auf Grund von Vereinbarungen*

35 ErlRV 1167 BlgNR 22. GP zu §§ 8, 9, 10.

36 BGBl II 2007/252 idF 2009/122.

37 Stammfassung BGBl I 2006/30.

zwischen einer oder mehreren Pädagogischen Hochschulen oder anderen in- oder ausländischen anerkannten postsekundären Bildungseinrichtungen gemeinsam durchgeführt werden (…)". Hier ließ der Wortlaut darauf schließen, dass auch rein-österreichische Kooperationen der PH zulässig waren. In BGBl I 2010/47 wurde das HG an die neuen Gegebenheiten der UG-Novelle angepasst. Doppeldiplom-Programme heißen in der geltenden Rechtslage[38] auch im HG „gemeinsame Studienprogramme" und auch die Ermächtigung, Bildungseinrichtungen aus dem gesamten Hochschulsektor einzubeziehen, wurde in § 35 Z 4 HG genauer ausformuliert und lautet nun: *„Gemeinsame Studienprogramme sind Studien, die auf Grund von Vereinbarungen zwischen einer oder mehreren Pädagogischen Hochschulen, österreichischen Universitäten, Erhaltern von Fachhochschul-Studiengängen oder Privatuniversitäten sowie ausländischen anerkannten postsekundären Bildungseinrichtungen in der Form eines joint, double oder multiple degree programs durchgeführt werden, wobei in diesen Vereinbarungen festgelegt sein muss, welche Leistungen die betreffenden Studierenden an den beteiligten Institutionen zu erbringen haben."* In den Materialien zu BGBl 2010/47 fand sich der Hinweis, dass der Wortlaut der Definition „gemeinsame Studienprogramme" an die genaue Diktion des UG angepasst werden sollte, damit klargestellt wäre, dass *„ein gemeinsames Studienprogramm der Kooperation einer inländischen und einer ausländischen Bildungseinrichtung bedarf"*[39]. Dies widersprach nun eindeutig dem, was der UG-Gesetzgeber mit der Novelle 2009 zu den gemeinsamen Studienprogrammen bezweckt hatte, nämlich Ermächtigung zu reinen Binnen-Kooperationen nicht nur zwischen Universitäten sondern auch zwischen Universitäten und PH, Privatuniversitäten und FH.[40] Grundsätzlich ist bei gleichem Wortlaut von gleicher Bedeutung auszugehen, außer die abweichende Interpretation wird explizit begründet. Die UG-Novelle erfolgte 2009, die (vermeintliche) Anpassung des HG datiert mit 2010. In der späteren Bestimmung hätte sich eine genauere Spezifikation der Abweichung von der Bedeutung nach UG finden sollen. In den Materialien zum HG fand sich, außer dem oben zitierten Satz, eine solche

---

[38] Nunmehr BGBl I 2013/124.

[39] ErlRV 676 BlgNR 24. GP zu Z 14, 15 und 30.

[40] Siehe ErlRV 225 BlgNR 24. GP zu Z 91.

nicht. So herrschte über die Bedeutung zum einen semantische Unklarheit, weil der Wortlaut der Definition für oder gegen rein inländische Kooperationen interpretiert werden konnte. Zum anderen war in funktionaler Hinsicht unklar, ob der Gesetzgeber wirklich Binnen-Kooperationen aus den gemeinsamen Studienprogrammen ausschließen wollte.

Kooperationen von PH untereinander sind in § 10 HG iVm § 9 der Hochschul-StudienevidenzVO geregelt. Binnen-Kooperationen mit anderen postsekundären Bildungseinrichtungen hatten bisher als einzige Rechtsgrundlage die Grundsatz- und Zielbestimmung des § 10 HG. Von der Systematik des HG her gab es hier eine gesetzliche Lücke bzw Unklarheit darüber, warum die Binnen-Kooperationen nur in § 10 HG und nicht nocheinmal weiter hinten im Studienrecht Festsetzung fanden. Unter der Prämisse, dass § 10 HG als Rechtsgrundlage nicht ausreicht und dass die Interpretation des Gesetzgebers zum UG durch die Materialien des HG aufgehoben war, musste man zum Ergebnis kommen, dass PH innerhalb Österreichs immer zumindest eine ausländische Partnerinstitution brauchten, wenn sie ein gemeinsames Studienprogramm mit anderen postsekundären Bildungseinrichtungen durchführen wollten. Insofern bedurfte § 35 Z 4 HG einer Aufklärung durch den Gesetzgeber.

Die Novelle des Hochschulgesetzes zur **PädagogInnenbildung NEU** bringt vorallem auf dem Gebiet der Hochschul-Kooperationen große Änderungen.[41] Die Studienarchitektur wird an das Bologna-System angepasst. Lehramts-Kandidaten für die Sekundarstufe schließen ab nun zuerst einen 240 ECTS umfassenden Bachelor of Education (BEd) und danach verpflichtend einen mindestens 60–90 ECTS umfassenden Master of Education (MEd) ab. Dazwischen ist verpflichtend eine begleitete ein- bis zweijährige Induktionsphase vorgesehen, während der die Kandidaten in die Berufspraxis mittels begleiteter Unterrichtserteilung und reflexionbezogenen Lehrveranstaltungen an der PH eingeführt werden.[42] Genauere Regelungen für die Induktionsphase sind im Dienstrecht zu erstellen. Die positive

---

[41] Bundesrahmengesetz zur Einführung einer neuen Ausbildung für Pädagoginnen und Pädagogen BGBl 2013/124 siehe auch ErlRV 2348 BlgNR 24.GP; 503/ME 24. GP.

[42] § 3 Abs 3 HG idF 2013/124.

Beurteilung der Induktionsphase stellt ein Zulassungserfordernis zum Masterstudium (MEd) dar, welches auch berufsbegleitend absolviert werden kann. Der Master of Education kann als ordentliches Studium an den PH angeboten werden, das Angebotsspektrum der PH wird damit erweitert und an jenes der Universitäten angenähert. Der MEd berechtigt in weiterer Folge zur Zulassung zum Dokoratsstudium an einer Universität. Weiterhin behalten sowohl Universitäten, als auch PH ihre bereits bestehenden Lehrerausbildungsangebote bei. Wohl aber ist eine stärkere Verzahnung der Schwerpunkte der beiden Institutionen erwünscht. So sollen die Universitäten vom berufsfeldbezogenen Schwerpunkt der PH und die PH vom forschungsbezogenen Schwerpunkt der Universitäten profitieren. Das Masterstudium an den PH darf dementsprechend auch **nur** in Kooperation mit einer oder mehreren in- oder ausländischen Universitäten, die zur Verleihung von Doktorgraden qualifiziert sind, angeboten werden.[43] Damit ist gewährleistet, dass die Absolventen des MEd auch in der Sekundarstufe an den **Neuen** Mittelschulen eingesetzt werden können. Die – im Vergleich zu ausländischen Bildungssystemen ungewöhnliche – Zweigleisigkeit der PädagogInnenbildung wird dadurch ein Stück weiter abgebaut. Es ist zu erwarten, dass es durch das verpflichtende Masterstudium für Lehrer aller Schulstufen auch zu dienstrechtlichen Veränderungen, insbesondere was die Gehaltsschemata betrifft, kommen wird.

Im Hinblick auf die Pflicht zur Kooperation von PH mit Universitäten bei Masterstudien enthält das Bundesrahmengesetz zur Einführung einer neuen Ausbildung für Pädagoginnen und Pädagogen[44] Neuregelungen für gemeinsame Studien und so auch eine Klarstellung zu den oben geschilderten Unklarheiten über Binnen-Kooperationen von PH. In § 35 HG wurde eine Ziffer 4a über *„gemeinsam eingerichtete Studien auf Basis des § 10, bei denen zwei oder mehrere Pädagogische Hochschulen oder eine (oder mehrere) Pädagogische Hochschule(n) in Kooperationen mit einer (oder mehreren) Universität(en) und bzw. oder Hochschulen ein gleichlautendes Curriculum erlassen (…)"*. eingefügt. Das ist gemeinsam mit § 38 Abs 3 HG die klare Er-

[43] Vgl ErlRV 2348 BlgNR 24. GP zu Artikel 1.
[44] BGBl I 2013/124.

mächtigung zu Binnen-Kooperationen erstens zwischen PH untereinander sowie zweitens zwischen einer oder mehreren PH einerseits und einer oder mehreren Universitäten, FH und Privatuniversitäten andererseits. In § 38 Abs 3 HG wird unterschieden zwischen *„gemeinsamen Studienprogrammen"* gemäß § 35 Z 4 und *„gemeinsam eingerichteten Studien"* gemäß § 35 Z 4a. Erstere ermöglichen Kooperationen mit ausländischen postsekundären Bildungseinrichtungen, zweitere reine Binnen-Kooperationen. Letztere bedürfen eines gleichlautenden Curriculums und einer Kooperationsvereinbarung, in der Arbeits- und Ressourcenaufteilung sowie Zulassungsvoraussetzungen festgelegt werden.

C. Gemeinsames Curriculum

Wichtigstes Charakteristikum eines gemeinsamen Studiums ist das gemeinsame Curriculum, welches alle beteiligten Institutionen gleichlautend zu erlassen haben. Für die Erlassung muss jede teilnehmende Institution die für sie geltenden studienrechtlichen Vorschriften erfüllen.[45] So werden Curricula an Universitäten nach UG vom Senat nach Stellungnahme des Rektorats erlassen.[46] Im Unterschied zu ordentlichen Studien ohne Kooperationen ist der Senat im Fall von gemeinsamen Studienprogrammen zur Erlassung eines entsprechenden Curriculums verpflichtet. Dem Senat wird daher die Entscheidung über das „Ob?" und das „Mit welchem Inhalt?" durch die Kooperationsvereinbarung des Rektorates genommen.[47]

An den PH ist die Studienkommission für Curricula zuständig, wobei ebenso eine Genehmigung des Rektorats erforderlich ist.[48] An den FH kommt diese Aufgabe dem Kollegium im Einvernehmen mit

---

45 Vgl *Kasparovsky/Perthold-Stoitzner/Zabini,* Gemeinsame Studienprogramme nach Universitätsgesetz 2002, zfhr 2011, 43 (51).

46 § 25 Abs 1 Z 10 iVm § 22 Abs 1 Z 12 UG.

47 Zur Klarstellung, dass es sich dabei nicht um eine verfassungswidrige Weisung an den eigentlich weisungsunabhängigen Senat handelt, siehe *Perthold-Stoitzner,* Die Rechtsnatur von Vereinbarungen über gemeinsame Studienprogramme, in *Jabloner* ea (Hrsg), Vom praktischen Wert der Methode – FS Heinz Mayer (2011) 509 f.

48 § 17 Abs 3 Z 1 HG iVm § 42 Abs 4 HG.

dem Erhalter zu.[49] Für die Privatuniversitäten haben deren Satzungen nähere Regelungen vorzusehen.[50]

Das gemeinsame Curriculum unterscheidet gemeinsame Studien von der Anerkennung von Leistungen nach § 78 UG. Dort werden auf Antrag des Studierenden, der Leistungen an einer anderen postsekundären Bildungseinrichtung erbracht hat, diese „außertourlich" anerkannt. Beim gemeinsamen Studium ist das Erbringen von Leistungen an verschiedenen Einrichtungen im Curriculum vorgesehen und genau definiert. Eine Anerkennung gem § 78 nach vorheriger Genehmigung durch das zuständige Organ gem § 63 Abs 9 Z 2 ist nicht notwendig.

Das Verfahren zur Erlassung des Curriculums ist in den auf die jeweilige Institution anzuwendenden gesetzlichen Bestimmungen festgelegt. Im Hochschulgesetz sind für die PH als ordentliche Studien der Bachelor of Education (BEd) und der Master of Education (MEd) bestimmt. Andere ordentliche Studien sind im HG vorerst nicht vorgesehen und dürfen daher auch nicht angeboten werden. Daraus folgt, dass von den PH als Studiengänge nur Bachelor-und Master-Curricula erlassen werden dürfen. Gemeinsame Studien auf diesen Ebenen sind gem § 54 Abs 9 UG und § 38 Abs 3 HG bzw § 10 HG zulässig.[51] Gemeinsame Diplom- oder Doktoratsstudien können mangels gesetzlicher Ermächtigung der PH zur Einrichtung von Studien auf diesen Ebenen nicht zwischen Universitäten und PH durchgeführt werden.

Generell gilt für institutionelle Kooperationen aller postsekundären Bildungseinrichtungen, dass nur Curricula beschlossen werden dürfen, die die beteiligten Institutionen auch im Alleingang erlassen dürften. Eine Ausnahme bilden die PH, die seit der HG-Novelle 2013/124 Master-Studien zwar nicht alleine, aber in Kooperation mit Universitäten anbieten dürfen.

Zwischen Universitäten und Fachhochschulen sind Kooperationen auf Bachelor-, Master- und Diplomstudien-Ebene möglich, weil die FH gem § 3 FHStG Bachelor-, Master- und Diplomstudien an-

---

49 § 10 Abs 3 Z 4 FHStG.

50 Vgl § 4 PUG.

51 Siehe dazu II.2.

bieten dürfen.[52] Privatuniversitäten dürfen – ihre Akkreditierung und die inhaltliche Gleichwertigkeit der Studien vorausgesetzt – alle ordentlichen Studien nach UG allein oder gemeinsam mit Universitäten anbieten.[53]

Wie schon dargestellt, bieten nach dem neuen Bundesrahmengesetz[54] PH ordentliche Masterstudien in Kooperation mit Universitäten an. Als Rechtsgrundlage dienen die §§ 8 Abs 2, 35 und 38 HG-neu. Weiterhin wird Voraussetzung die Erlassung eines gemeinsamen, gleichlautenden Curriculums sein. Die PH als Bundeseinrichtungen sind bei der Erstellung der Curricula an die Vorgaben der Hochschul-Curriculaverordnung[55] gebunden. Die Universitäten hingegen sind bei der Zusammenstellung der Curricula weitgehend autonom. Um auf einen Nenner, sprich ein gemeinsames Curriculum, zu kommen, müssten sich also entweder die Universitäten den Vorgaben der Hochschul-Curriculaverordnung fügen, oder der Handlungsspielraum der PH wird von Seiten des BMUKK vergrößert. Da die Autonomie der Universitäten einfach-gesetzlich in den §§ 4,5 UG und verfassungsrechtlich in Art 81c B-VG verankert ist und darüber hinaus die PH in Richtung Hochschulautonomie streben,[56] wäre eine Lockerung der staatlichen Vorgaben für die PH, wenn und soweit sie mit Universitäten kooperieren, uE sinnvoll.

D. Akademischer Grad

Die Partnerinstitutionen einigen sich auf den akademischen Grad der verliehen werden soll und welche Partnerinstitution die Verleihung vornimmt.[57] Kooperationen mit ausländischen postsekundären Bildungseinrichtungen werden in § 51 Abs 2 Z 27 UG als Joint-, Double- oder Multiple-Degree-Programme definiert. Diese Bezeich-

---

[52] § 3 Abs 2 Z 10 FHStG.

[53] § 3 Abs 3 PUG.

[54] BGBl I 2013/124.

[55] BGBl II 2006/495 idF BGBl II 2011/340.

[56] Siehe dazu beispielsweise *Juranek,* Die Pädagogischen Hochschulen: Hochschulautonomie versus Universitätsautonomie, zfhr 2013, 1 ff.

[57] Siehe *Kasparovsky/Perthold-Stoitzner/Zabini,* Gemeinsame Studienprogramme nach Universitätsgesetz 2002, zfhr 2011, 43 (48 ff).

nung soll nicht darüber hinwegtäuschen, dass nur EIN akademischer Grad verliehen wird.[58] Die Zulassung zum Studium und die Verleihung akademischer Grade sind hoheitliche Akte, die keinesfalls an Organe anderer Staaten delegiert, noch von solchen übernommen werden können. Es ist bei internationalen Kooperationen Vereinbarungssache, wo die Studierenden zugelassen sein sollen und welche Zulassungsvoraussetzungen sie erfüllen müssen. In der Regel werden Studierende an allen Partnerinstitutionen zugelassen sein müssen. Innerhalb Österreichs allerdings darf ein Studierender nur an einer Universität zugelassen sein![59] Vereinbart werden muss auch, welcher akademische Grad verliehen wird. Idealerweise wird ein in allen beteiligten Staaten gleichlautend anerkannter Titel (joint degree) verliehen. Ist aufgrund nationaler Vorschriften ein gleichlautender Titel nicht möglich, so verleiht jede Partnerinstitution ihren Titel nach den jeweiligen nationalen Vorschriften durch das damit betraute studienrechtliche Organ mit dem Hinweis, dass es sich um ein gemeinsames Studienprogramm handelt. Bezeichnet werden diese Titel dann als double degrees bei zwei bzw multiple degrees bei mehreren Partnerinstitutionen in verschiedenen Staaten. Gem § 87 Abs 5 UG kann bei internationalen Kooperationen eine gemeinsame Urkunde verliehen werden, die aber lediglich deklarativen Charakter hat. Diese „Schmuckurkunde“ stellt dann ein vereinendes Element zwischen den akademischen Graden dar und soll klarstellen, dass es sich

[58] Vgl *Kasparovsky/Perthold-Stoitzner/Zabini,* Gemeinsame Studienprogramme nach Universitätsgesetz 2002, zfhr 2011, 43 (51); Mit dem Universitätsrechts-Änderungsgesetz 2009 (BGBl I 2009/81) wurde die Möglichkeit der Anrechnung wissenschaftlicher Arbeiten abgeschafft mit der Begründung, dass diese essentieller Bestandteil jedes Studium seien und es daher nicht gerechtfertigt ist, dass mit einer wissenschaftlichen Arbeit mehrere akademische Grade erlangt werden können (siehe ErlRV 225 BlgNR 24.GP zu Z 117). Die Verleihung von in den jeweiligen Partnerstaaten verschieden lautenden akademischen Graden im Rahmen von Kooperationen soll nicht darüber hinwegtäuschen, dass die wissenschaftliche Leistung nur für einen akademischen Grad erbracht wurde. In dieser Hinsicht schafft die „gemeinsame Urkunde“ gemäß § 87 Abs 5 UG in Österreich Klarheit.

[59] § 3 UniStEV.

um ein und dieselbe Studienleistung unter verschiedenen Namen handelt.[60]

Es gibt eine Vielzahl an gemeinsamen Universitätsstudien in Österreich – nur beispielhaft sei das Studium Molekulare Biowissenschaften genannt, das in Kooperation der Paris-Lodron Universität Salzburg und der Johannes-Kepler-Universität Linz angeboten wird. Als Beispiel für internationale Kooperationen kann das Studium der Biologischen Chemie der Johannes-Kepler-Universität Linz gemeinsam mit der Südböhmischen Universität Budweis angeführt werden. Die Ausgestaltung der Kooperationsvereinbarungen bleibt den – innerhalb des gesetzlichen Rahmens autonomen – Universitäten überlassen und ist dementsprechend vielfältig. Studierende der molekularen Biowissenschaften in Linz und Salzburg beispielsweise haben gem § 3 UniStEV die Wahl, an welcher der beiden Universitäten sie zugelassen sein wollen. Im Rahmen der internationalen Kooperation beim Masterstudium der biologischen Chemie in Linz und Budweis wiederum sind die Studierenden an beiden Universitäten zugelassen. Die JKU verleiht den Titel „MSc“, die Südböhmische Universität den Titel „Magistr“. Auf den Verleihungsurkunden ist deutlich zu machen, dass es sich um ein „joint degree programme“ handelt.[61] Anderes gilt für das Joint Master's Degree Programme „Comparative Social Policy and Welfare“ der JKU in Kooperation mit der Mykolas Romeris Universität Litauen und der Universität von Tampere (Finnland). Hier ist im Curriculum vorgesehen, dass in Finnland und Österreich gleichlautende Titel und zusätzlich ein Joint Degree Diplom als gemeinsame Urkunde gem § 87 Abs 5 UG verliehen werden.[62]

---

60 *Kasparovsky/Perthold-Stoitzner/Zabini,* Gemeinsame Studienprogramme nach Universitätsgesetz 2002, zfhr 2011, 43 (45 ff).

61 Curriculum für das Masterstudium Biologische Chemie an der JKU, Version IV.3 Mitteilungsblatt vom 27. 6. 2012 25. Stk Punkt 207.

62 Curriculum für das Joint Master's Degree Programme „Comparative Social Policy and Welfare“ an der JKU, Version IV.4 Mitteilungsblatt vom 27. 6. 2012 25.Stk Punkt 218.

III. Kooperationen bei Hochschul-/Universitäts-/ Fachhochschullehrgängen

Sowohl öffentliche als auch private PH können Lehrgänge und Hochschullehrgänge zur Fort- und Weiterbildung einrichten. Private PH sind in § 39 HG nicht extra angeführt, der Gesetzestext spricht nur von „Pädagogischen Hochschulen" ohne spezieller zu unterscheiden. Nach der Systematik des HG 2005 ist – wenn keine ausdrückliche Spezifikation erfolgt – unter „Pädagogische Hochschulen" der Überbegriff zu verstehen, der sowohl private als auch öffentliche PH umfasst. In denjenigen Bestimmungen, wo eine Unterscheidung zwischen öffentlichen und privaten PH vom Gesetzgeber gewollt ist, wie beispielsweise in den §§ 4 ff zur Anerkennung privater PH oder in § 3 HG zur eigenen Rechtspersönlichkeit öffentlicher PH, wird dies ausdrücklich formuliert.

Gem § 39 Abs 1 HG müssen alle PH (argumento *„sind einzurichten"*) Lehrgänge (Definition § 35 Z 3) und Hochschullehrgänge (Definition § 35 Z 2, im Ausmaß von 60–90 ECTS) zur Fort- und Weiterbildung von Lehrern[63], in allgemein pädagogischen Angelegenheiten der Betreuung von Kindern und Jugendlichen[64] sowie Hochschullehrgänge für Freizeitpädagogik[65] einrichten. Verliehen wird kein akademischer Grad, sondern die Bezeichnung „Akademische/r …".

§ 39 Abs 2 HG bietet den PH außerdem die Möglichkeit, Lehrgänge und Hochschullehrgänge *„in sämtlichen pädagogischen Berufsfeldern"* anzubieten, die inhaltlich nicht durch Studiengänge vom öffentlichen Bildungsauftrag abgedeckt sind. Für die öffentlichen PH gilt dies nur im Rahmen ihrer eigenen Rechtspersönlichkeit nach Maßgabe der taxativen Aufzählung in § 3 Abs 1 HG. Der Bund ist weder Dienstgeber im Rahmen dieser Hochschul-/Lehrgänge, noch

[63] Vgl *Jonak/Münster,* Die Pädagogische Hochschule, Hochschulgesetz 2005[4] (2012) FN 4 zu § 39 HG leiten die Beschränkung auf Fort- und Weiterbildung von ausschließlich Lehrern vom öffentlichen Auftrag der Pädagogischen Hochschule in den ErlRV 1167 BlgNR 22. GP 19 ab.

[64] Zum Beispiel Kindergartenpädagogen, Sozialpädagogen oder Horterzieher.

[65] § 39 (1) HG 2005.

haftet er für Verbindlichkeiten. Sie unterliegen nichtsdestotrotz der Kontrolle des Rechnungshofes, sowie der Aufsicht des Bundesministers und haben dem zuständigen Regierungsmitglied Informationen zur Wirtschaftlichkeit der Tätigkeiten zu geben.[66]

Die privaten PH sind von § 39 Abs 2 HG mit umfasst. Das Gesetz spricht von „Pädagogischen Hochschulen im Rahmen der eigenen Rechtspersönlichkeit" und meint damit scheinbar nur die öffentlichen PH, die im Rahmen ihrer eigenen Teilrechtsfähigkeit handeln. Es ist davon auszugehen, dass § 39 Abs 2 HG in dem Sinne zu interpretieren ist, dass der Gesetzgeber es ausdrücklich herausgehoben hätte, wenn nur öffentliche PH gemeint hätten sein sollen. Der Begriff „eigene Rechtspersönlichkeit" umfasst in dem Fall sowohl die – von der Bundeseinrichtung zu unterscheidende – Teilrechtspersönlichkeit der öffentlichen PH als auch die umfassende Rechtspersönlichkeit von privaten PH. Im Übrigen spricht nicht zuletzt das faktische Vorhandensein solcher Hochschul-/Lehrgänge an privaten PH für diese Interpretation des Gesetzeswortlautes.

Inhaltlich stehen diesen Hochschul-/Lehrgängen, die die PH im Rahmen ihrer eigenen Rechtspersönlichkeit anbietet, sämtliche pädagogischen Berufsfelder offen. Diese Lehrgänge öffentlicher PH haben gem § 3 HG an der „Erfüllung der Aufgaben der PH (…) mitzuwirken". Dadurch wird uE versucht zu garantieren, dass die als Bundeseinrichtung tätigen und die gem § 3 Abs 1 handelnde PH voneinander profitieren können. Praktisch können dies gemeinsame Einrichtungen, Räumlichkeiten, Kooperationen oÄ sein.[67]

Ein Abschluss mit dem akademischen Grad „Master" ist möglich, wenn das Studienausmaß mindestens 120 ECTS beträgt. Unter 120 ECTS darf die Bezeichnung „Akademische/r …" verliehen werden. Hochschul-/Lehrgänge nach § 3 Abs 1 HG bedürfen der Anerkennung durch das zuständige Regierungsmitglied um sich als „Hochschul-/Lehrgang" bezeichnen zu dürfen.

Die Master-Abschlüsse der Hochschullehrgänge haben mit Master-Abschlüssen der ordentlichen Universitätsstudien nach der öster-

---

66 § 3 Abs 5–11 HG.

67 Genauer definieren *Jonak/Münster,* Die Pädagogische Hochschule, Hochschulgesetz 2005[4] (2012) FN 4 zu § 3 HG die Mitwirkung an der Aufgabenerfüllung.

reichischen Rechtslage nur die Bezeichnung gemein.[68] Rechtlich sind sie diesen nicht gleichwertig, unter anderem mit der Konsequenz, dass Lehrgangs-Masterabschlüsse nicht zur Zulassung zu einem Doktoratsstudium berechtigen.[69] Das UG definiert in § 51 *„ordentliche Studien"* als Bachelor-, Master-, Diplom- und Doktoratsstudien. Demgegenüber gibt es *„außerordentliche Studien"* – nämlich Universitätslehrgänge und den Besuch einzelner Lehrveranstaltungen ohne inskribiert zu sein. Universitätslehrgängen wird in Z 21 derselben Bestimmung der Zweck der „Weiterbildung" zugeordnet. Z 23 definiert nochmals eigens die Mastergrade, die nach Universitätslehrgängen verliehen werden. Dies wäre nicht notwendig, wenn es sich dabei um den ordentlichen Masterstudien gleichwertige akademische Grade handeln würde. Das UG geht von einer strikten Trennung zwischen ordentlichen Studien und Universitätslehrgän-

[68] Die Unterscheidung zwischen ordentlichen Studien und Lehrgängen gibt es im deutschen Hochschulrecht (dt Hochschulrahmengesetz vom 19. 1. 1999 BGBl I 1999, 3, S 18 ff) beispielsweise nicht. Es ist daher unter der Voraussetzung einer entsprechenden Kooperationsvereinbarung möglich, mit einem österreichischen Hochschullehrgangs-Master in Deutschland zum Doktoratsstudium zugelassen zu werden. So wird etwa Absolventen eines Masterlehrganges der Privaten Pädagogischen Hochschule der Diözese Linz Zugang zum Doktoratsstudium auf dem Gebiet der Bildungstechnologie an der Technischen Universität Dresden gewährt.

[69] Anders dazu *Jonak/Münster,* Die Pädagogische Hochschule, Hochschulgesetz 2005[4] (2012) FN 11a zu § 39 HG. Die Hochschullehrgangs-Mastergrade entsprächen den Vorgaben des 2. Zyklus im Bologna-Hochschulsystem. Das Bologna-Modell sieht drei durch bestimmte zu erreichende Qualifikationen und ECTS-Punkte definierte Stufen (Zyklen) der Hochschulbildung vor. Die Bezeichnung dieser drei Stufen als „Bachelor, Master, Doktorat" in einigen Mitgliedstaaten – so auch Österreich – erfolgt freiwillig. In Österreich wirft die gleichlautende Bezeichnung eines Weiterbildungs-Lehrganges und eines ordentlichen Studiums als „Master" Fragen unter Studierenden und rechtliche Unklarheiten auf. In VwGH 29. 1. 2010, 2004/10/0227 zfhr 2010, 129 stellt der Gerichtshof klar, dass Universitätslehrgänge aufgrund ihres Weiterbildungscharakters den ordentlichen Master-, Magister-, Diplomstudien nicht gleichwertig sind und daher nicht zur Zulassung für ein Doktoratsstudium berechtigen.

gen aus.[70] Ebenso wird im HG zwischen „Studiengängen" (§ 38 HG) und „Hochschul-/Lehrgängen" (§ 39 HG) unterschieden. Im Zuge des Bundesrahmengesetzes zur Einführung einer neuen Ausbildung für Pädagoginnen und Pädagogen[71] wird auch das HG vollständig an das Bachelor/Master-System angepasst. Die Bezeichnung *„Studiengang"* wurde durchgängig durch *„Bachelor-"* oder *„Masterstudium"* ersetzt.

§ 39 Abs 2 HG regelt die Verleihung eines „international gebräuchlichen Mastergrades" für Hochschullehrgänge, enthält aber keine Legaldefinition. Darüber hinaus enthält § 39 Abs 2 HG neben der Vergleichbarkeit mit ausländischen Mastergraden, anders als das UG eine Mindestanforderung von 120 ECTS Studienumfang, ab dem der Hochschullehrgangs-Master verliehen werden darf. § 51 Abs 2 Z 23 UG greift ohne einen in ECTS angegebenen Mindestumfang auf die Vergleichbarkeit mit entsprechenden ausländischen Weiterbildungsangeboten hinsichtlich Umfang, Zulassung und Anforderungen zurück und lässt so Raum für Niveau-Unterschiede.

Mit der HG-Novelle[72] zur PädagogInnenbildung NEU wurde öffentlichen PH die Möglichkeit eröffnet, Masterlehrgänge zur Weiterbildung anzubieten, die das gleiche Gebiet wie der öffentliche Bildungsauftrag abdecken. Die Masterlehrgänge sollen einen Umfang von 90 bis 120 ECTS haben und mit dem akademischen Grad *„Master of Education"* abschließen. Die Unterscheidung zwischen Weiterbildungs-Lehrgängen und ordentlichen Studien kommt in der Bezeichnung *„Master of Education"* nicht zum Ausdruck, obwohl der VwGH schon gegen die Gleichwertigkeit von Lehrgangs-Master-Titeln und Master-Titeln aus ordentlichen Studien erkannt hat.[73] Weitere Verwirrungen bei den Rechtsanwendern sind zu erwarten.

Auch das FHStG unterscheidet zwischen „ordentlichen Fachhochschul-Studiengängen" gem § 4 Abs 3 FHStG[74] und Lehrgängen

---

[70] Zur Unterscheidung zwischen dem Mastergrad nach einem Weiterbildungs-Lehrgang und nach einem ordentlichem Studium siehe auch IA 752/A BlgNR 22. GP 4.

[71] BGBl I 2013/124.

[72] BGBl I 2013/124; siehe auch ErlRV 2348 BlgNR 24.GP; 503 ME 24. GP Mat zu Z 37 und 38.

[73] VwGH 29. 1. 2010, 2004/10/0227 zfhr 2010, 129; siehe FN 67 und 68.

[74] IdF BGBl I 2011/74.

zur Weiterbildung gem § 9 FHStG, die ebenfalls zum Führen *„international gebräuchlicher Mastergrade"* – und dies wie im UG nur unter der Prämisse der Gleichwertigkeit mit vergleichbaren ausländischen Weiterbildungsangeboten – berechtigen.

Gleiches gilt für Privatuniversitäten gem § 3 Abs 4 PUG[75].

Alle Hochschul-/Universitäts-/Fachhochschul-/Privatuniversitäts-LEHRGÄNGE können nach den jeweiligen Bestimmungen[76] miteinander als gemeinsame Studienprogramme kombiniert werden.

IV. Betreuung und Beurteilung universitärer wissenschaftlicher Arbeiten durch Lehrende der PH

A. Allgemeines

Wenn von wissenschaftlichen Arbeiten die Rede ist, so sind darunter einerseits Diplom- und Masterarbeiten, andererseits Dissertationen zu verstehen.[77] Nicht erfasst sind nach dem Wortlaut des § 51 Abs 2 Z 7 UG Bachelorarbeiten, die nicht als wissenschaftliche, sondern bloß als *„eigenständige schriftliche Arbeiten, die im Rahmen von Lehrveranstaltungen abzufassen sind"* definiert werden.[78]

B. Möglichkeit der Heranziehung „Externer" zur Betreuung und Beurteilung wissenschaftlicher Arbeiten

Das UG 2002 gibt keine Antwort auf die Frage, ob nur universitätsinterne Wissenschafter Diplom- und Masterarbeiten sowie Dissertationen betreuen und beurteilen dürfen, oder ob auch externe, dh den Angehörigen der Universität iSd § 94 Abs 1 UG nicht zuzuzählende Personen für diese Aufgaben herangezogen werden können. Stattdessen setzen § 81 Abs 1 UG in Bezug auf Diplom- und Masterarbeiten und § 82 Abs 1 UG in Bezug auf Dissertationen fest, dass die nä-

[75] idF BGBl I 2011/74.

[76] § 39 Abs 3 HG, § 56 UG, § 3 Abs 2 Z 11 FHStG, § 3 Abs 4 PUG. § 39 Abs 3 HG rekurriert auf die Definition gemeinsamer Studienprogramme nach § 35 Z 4 HG.

[77] Vgl § 51 Abs 2 Z 8 und Z 13 UG.

[78] In diesem Sinne auch *Perthold-Stoitzner* in *Mayer* (Hrsg), UG$^{2.02}$ § 80 UG Rz I.2 (Stand: 1. 1. 2013).

heren Bestimmungen über die Betreuung und Beurteilung dieser wissenschaftlichen Arbeiten in der (universitären) Satzung festzulegen sind. Damit können die Universitäten im Rahmen der ihnen gem Art 81c B-VG zukommenden Autonomie selbst bestimmen, wer an ihrer Einrichtung zur Betreuung und Beurteilung wissenschaftlicher Arbeiten befugt sein soll. Eine einheitliche (österreichweite) Regelung existiert folglich nicht mehr, vielmehr muss die gestellte Frage für jede Universität gesondert beurteilt werden.

Ein Blick auf die Rechtslage vor Inkrafttreten des UG 2002 soll zeigen, welchen Personenkreis der Gesetzgeber im Hinblick auf die Betreuung und Beurteilung wissenschaftlicher Arbeiten ursprünglich vor Augen hatte. Ein anschließender Vergleich mit dem nunmehrigen Status quo wird veranschaulichen, inwieweit die gestärkte Autonomie der Universitäten Veränderungen in diesem Bereich mit sich gebracht hat.

Die Letztfassung des Universitäts-Studiengesetzes (UniStG) vor Inkrafttreten der neuen Rechtslage[79] bestimmte in §§ 61 ff, dass die Betreuung und Beurteilung sowohl von Diplom- und Masterarbeiten (damals: Magisterarbeiten) als auch von Dissertationen ebenso von Externen übernommen werden können.[80] In manchen Fällen war dafür die Genehmigung des Studiendekans erforderlich.

Ein Blick auf die heutigen Satzungen der Universitäten zeigt ein ähnliches Bild. Exemplarisch werden dabei die diesbezüglichen Verordnungen der Universitäten Linz, Graz und Wien herausgegriffen. Alle diese drei Bildungseinrichtungen ermöglichen grundsätzlich eine Betreuung von Diplom- und Masterarbeiten sowie von Dissertationen durch nicht den Angehörigen der Universität zuzuzählende Personen.[81] Teilweise ist dafür eine Genehmigung des monokratischen Studienorgans erforderlich. In Wien müssen darüber hinaus in Bezug auf Diplom- und Masterarbeiten *„besonders begründete Fälle"* vorliegen, die insb dann gegeben sind, *„wenn kein geeignetes internes*

---

79 UniStG BGBl I 1997/48 idF BGBl I 2002/121.

80 Vgl *Faulhammer,* Universitäts-Studiengesetz (UniStG) (1999) § 61 FN 189, § 62 FN 194.

81 Vgl dazu Satzung der Universität Linz, Satzungsteil Studienrecht idF 30. 1. 2013 §§ 36 f; Satzung der Universität Graz, Satzungsteil Studienrechtliche Bestimmungen idF 4. 7. 2012 §§ 26 f; Satzung der Universität Wien, Satzungsteil Studienrecht idF 16. 6. 2012 §§ 15 f.

Universitätspersonal zur Verfügung steht" oder *„wenn die externen Fachvertreterinnen und Fachvertreter oder deren unmittelbare Forschungseinheiten in einem Naheverhältnis zur Universität Wien stehen"*.[82]

C. Fachliche Qualifikation der Betreuer und Beurteiler

Im Hinblick auf die fachliche Qualifikation der Betreuer und Beurteiler von wissenschaftlichen Arbeiten traf die Letztfassung des UniStG folgende Regelung: Diplom- und Magisterarbeiten durften gem §§ 61 Abs 4–5 und 61a Abs 2 grundsätzlich nur von Wissenschaftern mit entweder 1. einer fachlich entsprechenden Lehrbefugnis in Form der venia docendi[83] oder 2. einer fachlich entsprechenden und der venia docendi gleichwertigen Lehrbefugnis an einer anerkannten ausländischen Universität bzw an einer anderen inländischen oder ausländischen den Universitäten gleichrangigen Einrichtung betreut und beurteilt werden. *„Bei Bedarf"* konnten auch Universitätsassistentinnen und Universitätsassistenten, also Nichthabilitierte, mit der Betreuung und Beurteilung von Diplom- und Magisterarbeiten aus dem Fach ihrer Dissertation oder ihres nach der Verleihung des Doktorgrades bearbeiteten Forschungsgebietes betraut werden. Dissertationen durften dagegen gem § 62 Abs 4–5 ausnahmslos von Personen mit entweder 1. einer fachlich entsprechenden Lehrbefugnis in Form der venia docendi oder 2. einem gleichwertigen Äquivalent an einer anerkannten ausländischen Universität bzw an einer anderen inländischen oder ausländischen den Universitäten gleichrangigen Einrichtung betreut und beurteilt werden.

Von der damaligen gesetzlichen Regelungen weichen die heutigen Satzungen der Universitäten Linz, Graz und Wien nur wenig ab: Die **Johannes-Kepler-Universität Linz** verlangt für die Betreuung und Beurteilung von Diplom- und Masterarbeiten gem § 36 Abs 2–5 des Satzungsteils Studienrecht grundsätzlich entweder 1. eine fachlich

---

[82] Satzung der Universität Wien, Satzungsteil Studienrecht idF 16. 6. 2012 § 15 Abs 3.

[83] Konkret waren damit UniversitätsprofessorInnen, emeritierte UniversitätsprofessorInnen, UniversitätsprofessorInnen im Ruhestand, GastprofessorInnen, HonorarprofessorInnen sowie UniversitätsdozentInnen gemeint (Vgl auch *Bast/Klemmer/Langeder,* UniStG² (2002) § 61 FN 15).

entsprechende Lehrbefugnis in Form der venia docendi[84] oder 2. eine fachlich entsprechende und der venia docendi gleichwertige Lehrbefugnis an einer anerkannten ausländischen Universität bzw einer anderen inländischen oder ausländischen den Universitäten gleichrangigen Einrichtung. *„Bei Bedarf"* können überdies auch wissenschaftliche MitarbeiterInnen im Forschungs- und Lehrbetrieb mit der Betreuung und Beurteilung von Diplom- und Magisterarbeiten aus dem Fach ihrer Dissertation oder ihres nach der Verleihung des Doktorgrades bearbeiteten Forschungsgebietes betraut werden. Dissertationen dagegen dürfen nach § 37 Abs 2–4 des Satzungsteils Studienrecht jedenfalls nur von Wissenschaftern betreut und beurteilt werden, die entweder 1. im Besitz einer fachlich entsprechenden Lehrbefugnis in Form der venia docendi sind, oder 2. über ein gleichwertiges Äquivalent an einer anerkannten ausländischen Universität bzw an einer anderen inländischen oder ausländischen den Universitäten gleichrangigen Einrichtung verfügen.

Die **Karl-Franzens-Universität Graz** gesteht die Betreuung und Beurteilung von Diplom- und Masterarbeiten gem § 26 Abs 3–4 des Satzungsteils Studienrechtliche Bestimmungen grundsätzlich jenen Personen zu, die entweder 1. Angehörige der Universität sind und eine fachlich entsprechende Lehrbefugnis in Form der venia docendi besitzen, oder 2. Inhaber einer fachlich entsprechenden und der venia docendi gleichwertigen Lehrbefugnis an einer anderen inländischen oder anerkannten ausländischen Universität bzw an einer anderen inländischen oder ausländischen den Universitäten gleichrangigen Einrichtung sind. *„Bei Bedarf"* dürfen darüber hinaus auch wissenschaftliche Mitarbeiter die Betreuung und Beurteilung von Diplom- und Masterarbeiten aus dem Fach ihrer Dissertation oder ihres nach der Verleihung des Doktorgrades bearbeiteten Forschungsgebietes übernehmen. Als Betreuer und Beurteiler von Dissertatio-

[84] Im Einzelnen zählt § 36 Abs 2 des Satzungsteils Studienrecht UniversitätsprofessorInnen, emeritierte UniversitätsprofessorInnen, UniversitätsprofessorInnen im Ruhestand, UniversitätsdozentInnen und PrivatdozentInnen auf. Der so umschriebene Personenkreis umfasst jedoch genauso die früheren GastprofessorInnen und die HonorarprofessorInnen, die aufgrund der Überleitungsbestimmung des § 122 UG nunmehr organisationsrechtlich als UniversitätsprofessorInnen bzw PrivatdozentInnen zu gelten haben.

nen dürfen hingegen nach § 27 Abs 4–5 des Satzungsteils Studienrechtliche Bestimmungen nur solche Wissenschafter fungieren, die entweder 1. Angehörige der Universität sind und über eine fachlich entsprechende Lehrbefugnis in Form der venia docendi verfügen, oder 2. ein gleichwertiges Äquivalent an einer anderen inländischen oder anerkannten ausländischen Universität bzw an einer anderen inländischen oder ausländischen den Universitäten gleichrangigen Einrichtung vorweisen können.

An der **Universität Wien** gestattet § 15 Abs 2–3 des Satzungsteils Studienrecht die Betreuung und Beurteilung von Diplom- und Masterarbeiten grundsätzlich nur Universitätsprofessoren und habilitierten Mitarbeitern aus dem Fach ihrer Lehrbefugnis. *„Bei Bedarf"* können überdies 1. andere geeignete Angehörige des wissenschaftlichen Universitätspersonals mit Doktorat oder 2. in besonders begründeten Fällen[85] geeignete externe Fachvertreter herangezogen werden. Die Betreuung und Beurteilung von Dissertationen ist gem § 16 Abs 2–3 des Satzungsteils Studienrecht nur durch entweder 1. Universitätsprofessoren und habilitierte Mitarbeiter aus dem Fach ihrer Lehrbefugnis oder 2. Personen mit einer fachlich entsprechenden und der venia docendi gleichwertigen Lehrbefugnis an einer anerkannten inländischen oder ausländischen postsekundären Bildungseinrichtung iSd § 51 Abs 2 Z 1 UG möglich.

Insgesamt lässt sich festhalten, dass sich die nunmehr mit weitreichender Autonomie ausgestatteten Universitäten in Bezug auf die Frage, welche fachliche Qualifikation für die Betreuung und Beurteilung wissenschaftlicher Arbeiten notwendig ist, stark an die frühere Rechtslage des UniStG anlehnen.[86] Im Grunde bleibt die Habilitati-

---

85 *„Besonders begründete Fälle"* liegen gem § 15 Abs 3 Z 2 des Satzungsteils Studienrecht insb dann vor, wenn kein geeignetes internes Universitätspersonal zur Verfügung steht oder wenn die externen FachvertreterInnen oder deren unmittelbare Forschungseinheiten in einem Naheverhältnis zur Universität Wien stehen.

86 Dies ergibt sich nicht nur aus der Betrachtung der Satzungen der Universitäten Linz, Graz und Wien, sondern lässt sich auch aus den diesbezüglichen rechtlichen Bestimmungen anderer österreichischer Universitäten ableiten (vgl bspw §§ 18 f des Satzungsteils Studienrechtliche Bestimmungen der Alpen-Adria-Universität Klagenfurt idF 20. 6. 2012 oder §§ 33 f der Satzung der Wirtschaftsuniversität Wien idF 13. 3. 2013). In

on gem § 103 UG Voraussetzung für die Betreuung und Beurteilung wissenschaftlicher Arbeiten. Nur ausnahmsweise werden für Diplom- und Masterarbeiten auch Nichthabilitierte zugelassen, die dann jedoch universitäre wissenschaftliche Mitarbeiter sein müssen.

Wie aber auch schon gem der Letztfassung des UniStG, können nach den Satzungen der Universitäten Linz, Graz und Wien ebenso Personen als Betreuer und Beurteiler universitärer wissenschaftlicher Arbeiten zum Zug kommen, deren Lehrbefugnis sich auf andere, von den Universitäten verschiedene anerkannte postsekundäre Bildungseinrichtung bezieht[87] bzw die über eine Lehrbefugnis an einer den Universitäten gleichrangigen Einrichtung verfügen.[88] Insofern scheint auf den ersten Blick der Weg für Lehrende der PH frei, die Betreuung und Beurteilung universitärer wissenschaftlicher Arbeiten zu übernehmen, zählen doch die PH gem § 2 Abs 2 HG ausdrücklich zu den anerkannten postsekundären Bildungseinrichtungen iSd § 51 Abs 2 Z 1 UG,[89] und werden sie infolgedessen uE wohl als den Universitäten gleichrangige Einrichtungen zu werten sein.[90]

---

einigen Punkten dagegen von der früheren Rechtslage nach UniStG abweichend §§ 24 f des Satzungsteils Studienrechtliche Bestimmungen der Universität Innsbruck idF 19. 6. 2012.

87 So § 16 Abs 3 des Satzungsteils Studienrecht der Universität Wien für Doktoratsstudien.

88 So die studienrechtlichen Teile der Satzungen der Universitäten Linz (§§ 36 Abs 5 und 37 Abs 4) und Graz (§§ 26 Abs 4 und 27 Abs 5) sowohl in Bezug auf Diplom- und Masterarbeiten als auch auf Dissertationen.

89 § 2 Abs 2 HG spricht zwar explizit nur von den öffentlichen PH, nach *Jonak/Münster,* Die Pädagogische Hochschule, Hochschulgesetz 2005[4] (2012) FN 3 zu § 2 HG haben jedoch jedenfalls auch private PH als anerkannte postsekundäre Bildungseinrichtungen iSd § 51 Abs 2 Z 1 UG zu gelten.

90 Gegen eine Aufnahme der PH in den Kreis der den Universitäten gleichrangigen Einrichtungen könnte freilich ins Treffen geführt werden, dass es den PH an der den Universitäten zukommenden weitreichenden autonomen Stellung mangelt sowie, dass es die derzeitige Rechtslage den PH nur ermöglicht, Studien auf der ersten Ebene (Bachelor-Ebene) und zweiten Ebene (Master-Ebene) der dreistufigen Bologna-Architektur anzubieten, wohingegen Doktoratsstudien den Universitäten vorbehalten bleiben.

Jedoch statuieren die Satzungen der hier näher untersuchten Universitäten im Hinblick auf die Betreuung und Beurteilung universitärer wissenschaftlicher Arbeiten durch Angehörige des im letzten Absatz angesprochenen Personenkreises noch eine zusätzliche Voraussetzung, die an der „Qualität" der Lehrbefugnis anknüpft: So wird regelmäßig eine solche Lehrbefugnis verlangt, die der Lehrbefugnis der österreichischen venia docendi gleichwertig ist. Es stellt sich daher die Frage, ob und inwiefern Lehrende einer PH diesem Kriterium der Gleichwertigkeit gerecht werden können. In diesem Zusammenhang ist festzuhalten, dass an den PH jene Erfordernisse, die letztendlich die Möglichkeit eröffnen, als Lehrender tätig zu sein, doch bei weitem geringer sind als an den Universitäten. Daran können auch die mit der Dienstrechts-Novelle 2012 – Pädagogische Hochschulen, BGBl I 2012/55, eingeführten geänderten Ernennungserfordernisse für PH-Lehrer (Inkrafttreten: 1. 10. 2013) nur wenig ändern.[91] Insb ist die dabei geforderte Forschungsleistung mit jener eines habilitierten Universitätslehrers, der für den Erwerb seiner Lehrbefugnis eine mehrjährige intensive wissenschaftliche Tätigkeit mitbringen muss und im Zuge des Habilitationsverfahrens den „Nachweis einer hervorragenden wissenschaftlichen Qualifikation"[92] zu erbringen hat, nicht zuletzt aufgrund des stärkeren Fokus der PH auf das pädagogische Berufsfeld nicht vergleichbar. Von einer der österreichischen venia docendi gleichwertigen Lehrbefugnis kann daher bei der Lehrbefugnis eines Lehrenden einer PH im Normalfall nicht ausgegangen werden.[93]

---

91 Die geänderten Ernennungserfordernisse sind in den Ziffern 22a, 22b und 22c der Anlage 1 des BDG angeführt. Diese für Beamten geltenden Ernennungserfordernisse finden in der Anstellungspraxis der PH auch als Anstellungserfordernisse auf Vertragsbedienstete Anwendung. Vgl hierzu eingehend den Beitrag von *Löschnigg* in diesem Sammelband.

92 § 103 Abs 1 UG.

93 Auch in Bezug auf Fachhochschulprofessoren wird im Regelfall von keiner der venia docendi gleichwertigen Lehrbefugnis auszugehen sein. So wies bspw der Senat der Karl-Franzens-Universität Graz im Jahre 2007 die beantragte Heranziehung eines Fachhochschulprofessors zur Beurteilung einer Dissertation im Wesentlichen mit der Begründung ab, dass für die Bestellung zum Fachhochschulprofessor kein förmliches Verfahren vorgesehen sei, in dem die hervorragende wissenschaftliche Qualifikation

Das heißt aber nicht, dass nicht Lehrende von PH mit gleichsam „überschießender" fachlicher Qualifikation als Betreuer oder Beurteiler universitärer wissenschaftlicher Arbeiten an den drei untersuchten Universitäten in Frage kommen. Dies ist etwa bei PH-Lehrenden der Fall, die (auch) über eine Lehrbefugnis in Form der venia docendi verfügen. Dieser, freilich verglichen mit der Gesamtzahl der Lehrenden an PH relativ kleine Personenkreis kommt im Hinblick auf seine fachliche Qualifikation für die Betreuung und Beurteilung universitärer wissenschaftlicher Arbeiten aus dem Fach der jeweiligen Lehrbefugnis in Betracht. Für diese Gruppe der habilitierten PH-Lehrer soll in weiterer Folge geprüft werden, inwieweit ihnen das Dienstrecht die Betreuung und Beurteilung solcher universitärer wissenschaftlicher Arbeiten gestattet.

D. Dienstrechtliche Beurteilung

Gem § 18 Abs 1 HG erfolgt die Lehre an PH im Regelfall durch Bundeslehr- und Bundesvertragslehrpersonal (sog Stammlehrpersonal). Auf dieses Stammlehrpersonal finden in dienstrechtlicher Hinsicht die Normen einerseits des Beamtendienstrechtsgesetzes 1979, andererseits des Vertragsbedienstetengesetzes 1948 Anwendung.[94]

Die Betreuung bzw Beurteilung universitärer wissenschaftlicher Arbeiten kann von den habilitierten PH-Lehrern im Rahmen ihres

---

sowie die didaktischen Fähigkeiten geprüft und eine Lehrbefugnis iSd § 27 Abs 5 des Satzungsteils Studienrechtliche Bestimmungen der Universität Graz („gleichwertige Lehrbefugnis") verliehen würde (Vgl VwGH 2. 10. 2007, 2007/10/0181 zfhr 2008/2, 29 f = ZfVB 2008/5, 675).

[94] Diese Rechtsgrundlagen haben im Übrigen auch für die Lehrenden der privaten PH Geltung, werden den privaten PH doch staatlich angestellte Lehrende zugewiesen. Diese Zuweisung ergibt sich für konfessionelle private PH in erster Linie aus § 7 Abs 4–6 HG. Auf andere (nichtkonfessionelle) private PH (derzeit konkret die private PH Burgenland) findet § 7 Abs 4–6 HG nach Ansicht des Bundesministeriums für Unterricht, Kunst und Kultur per analogiam Anwendung. Korrespondierend dazu setzt auch § 4 Z 4 der Satzung der Stiftung private Pädagogische Hochschule Burgenland fest, dass der Bund der privaten PH Burgenland die erforderlichen Lehrerinnen und Lehrer zuweist und die Personalkosten für diese zur Gänze trägt.

Beschäftigungsverhältnisses an der PH übernommen werden, sofern eine inhaltlich entsprechende Kooperationsvereinbarung iSd § 10 HG zwischen PH und Universität vorliegt.[95] Liegt eine solche Kooperationsvereinbarung nicht vor, so kann kein Umkehrschluss in dem Sinne gezogen werden, dass eine Mitwirkung des PH-Lehrenden im Universitätsbereich unzulässig wäre. Man wird eine solche Tätigkeit vielmehr nach den Kriterien der Nebentätigkeit bzw Nebenbeschäftigung iSd BDG und VBG beurteilen müssen. Im Rahmen einer solchen Nebentätigkeit bzw Nebenbeschäftigung müsste es zwischen der Universität und dem Lehrenden der PH zum Abschluss eines Einzelvertrages kommen. Dabei haben die Bediensteten der PH aber jedenfalls die allgemeinen Treue- bzw Interessenwahrungspflichten gegenüber ihrem Dienstgeber zu wahren. Diese werden zum Teil durch spezielle dienstrechtliche Bestimmungen näher konkretisiert bzw ausgestaltet.

Für das Bundeslehrpersonal nimmt das BDG in seinem Allgemeinen Teil eine Unterscheidung zwischen Nebentätigkeit (§ 37 BDG) und Nebenbeschäftigung (§ 56 BDG) vor. Prima facie erweckt es den Eindruck, dass die Betreuung und Beurteilung universitärer wissenschaftlicher Arbeiten nicht unter den Begriff der Nebentätigkeit subsumierbar wäre, da es sich dabei eben gerade um keine Tätigkeit *„für den Bund“* iSd § 37 BDG handelt, sondern um eine solche für eine Universität als vollrechtsfähige juristische Person des öffentlichen Rechts. Vielmehr scheint eine Nebenbeschäftigung vorzuliegen, also eine *„Beschäftigung, die der Beamte außerhalb seines Dienstverhältnisses und einer allfälligen Nebentätigkeit“* ausübt. Bei genauerer Betrachtung wendet sich das Blatt jedoch: Gem § 240a BDG gelten nämlich *„Tätigkeiten für eine Universität ohne unmittelbaren Zusammenhang mit den dienstrechtlichen Aufgaben (…) als Nebentätigkeiten“*. Diese Spezialbestimmung bewirkt insofern, dass die Betreuung bzw Beurteilung universitärer wissenschaftlicher Arbeiten durch Bundeslehrpersonal der PH dienstrechtlich als eine Nebentätigkeit zu qualifizieren ist. Damit der PH-Lehrende befugt ist, diese Nebentätigkeit auszuüben, müssen sowohl die Universität als auch die PH

[95] Vgl dazu auch §§ 200e Abs 4 BDG und § 48h Abs 4 VBG idF BGBl I 2012/55 (Inkrafttreten: 1. 10. 2013) sowie die ErläutRV 1626 BlgNR 24. GP 8.

zustimmen. Zu beachten ist, dass derartige Nebentätigkeiten jedenfalls in quantitativer Hinsicht beschränkt sind.[96]

Das VBG kennt die Kategorie der Nebentätigkeit nicht, sondern nur jene der Nebenbeschäftigung. Für Nebenbeschäftigungen sieht das VBG in seinem Allgemeinen Teil keine eigenständige Regelung vor, sondern verweist auf § 56 BDG.[97] Darüber hinausgehend enthält auch der Abschnitt II (Sonderbestimmungen für Vertragsbedienstete im Lehramt) keine weiteren Bestimmungen. Insofern bleibt § 56 BDG (iVm § 5 Abs 1 VGB) die einzige Norm, anhand derer die Zulässigkeit der Betreuung und Beurteilung einer universitären wissenschaftlichen Arbeit durch das Bundesvertragslehrpersonal der PH zu beurteilen ist: § 56 Abs 2 BDG enthält ein Verbot bestimmter Nebenbeschäftigungen, im Einzelnen solcher, die den Beamten an der Erfüllung seiner dienstlichen Aufgaben behindern, die Vermutung seiner Befangenheit hervorrufen, oder sonstige wesentliche dienstliche Interessen gefährden. In § 56 Abs 7 BDG hat die 2. Dienstrechts-Novelle 2009, BGBl I 2009/153, im Interesse der Rechtssicherheit den jeweils zuständigen Bundesminister ermächtigt, mittels Verordnung festzulegen, welche konkreten Nebenbeschäftigungen jedenfalls im Lichte der in § 56 Abs 2 BDG angeführten Gründe unzulässig sind. Für den Bereich der Lehrkräfte an PH ist jedoch bis zum jetzigen Zeitpunkt noch keine entsprechende Verordnung ergangen.[98] Im Zuge der rechtlichen Beurteilung wird man letztlich zu dem Schluss kommen, dass in Ansehung von Inhalt und Umfang der Nebenbeschäftigung sowie unter Bezugsetzung derselben zur dienstlichen Tätigkeit als Lehrer an einer PH, die Betreuung und Beurteilung universitärer wissenschaftlicher Arbeiten, zumindest im Regelfall, unter keines der in § 56 Abs 2 angeführten Verbote zu subsumieren sein wird, weshalb diesfalls aus dienstrechtlicher Sicht von einer zulässigen Nebenbeschäftigung des Vertragsbediensteten auszugehen wäre.[99] Sofern es sich um eine erwerbsmä-

[96] Einen Anhaltspunkt bietet hierbei der Rahmen der Arbeitszeitrichtlinie 2003/88/EG.

[97] Vgl dazu § 5 Abs 1 VBG.

[98] Bislang hat nur der damalige BM für Landesverteidigung und Sport im Jahr 2011 von dieser Verordnungsermächtigung Gebrauch gemacht, BGBl II 2011/100.

[99] Diese grundsätzliche Zulässigkeit findet jedoch auch hier eine Grenze

ßige[100] Nebenbeschäftigung handelt, was wohl normalerweise der Fall sein wird, besteht gem § 56 Abs 3 BDG eine Meldepflicht an die Dienstbehörde.[101]

E. Rechtsanspruch auf Betreuung und Beurteilung durch Lehrende der PH

Die Frage, ob dem einzelnen Studierenden ein Rechtsanspruch auf Betreuung und Beurteilung seiner universitären wissenschaftlichen Arbeit durch einen (entsprechend qualifizierten) Lehrenden der PH zukommt, muss anhand des Wortlautes der jeweiligen Satzung der Universität beurteilt werden. Die hier untersuchten Satzungen der Universitäten Linz, Graz und Wien verwenden dabei ähnliche Formulierungen. Sie *berechtigen,* bezogen auf Lehrkräfte der PH, jeweils das monokratische Studienorgan, Personen, deren Lehrbefugnis sich auf eine anerkannte, von den Universitäten verschiedene postsekundäre Bildungseinrichtung bezieht bzw die über eine Lehrbefugnis an einer den Universitäten gleichrangigen Einrichtung verfügen, bei entsprechender fachlicher Qualifikation zur Betreuung und Beurteilung universitärer wissenschaftlicher Arbeiten heranzuziehen. Von einer Verpflichtung zur Heranziehung bei Vorliegen der jeweils erforderlichen Voraussetzungen ist jedoch in keiner der drei Satzungen die Rede. Der Studierende ist und bleibt, auch bei Betreuung durch Externe Angehöriger der Universität. Ebenso ist seine wissenschaftliche Arbeit unverändert dem Verantwortungsbereich der Universität zuzuordnen. Daher gestehen die hier untersuchten Satzungen den Universitäten bei der Auswahl externer Betreuer und Beurteiler eine gewisse Mitwirkung zu.

Somit besteht letztendlich kein Anspruch des Studierenden darauf, dass das monokratische Studienorgan einen Lehrenden einer

---

in der allgemeinen quantitativen Begrenzung für Nebenbeschäftigungen.

[100] Erwerbsmäßig ist eine Nebenbeschäftigung nach § 56 Abs 3 BDG, wenn sie *„die Schaffung von nennenswerten Einkünften in Geld- und Güterform bezweckt“*. Im Hinblick auf diese *„nennenswerten Einkünfte“* knüpft der VwGH an die einkommenssteuerrechtliche Veranlagungsgrenze von – derzeit – 730 Euro an (VwGH 29. 6. 1988, 87/09/0057).

[101] Vgl auch *Kucsko-Stadlmayer,* Das Disziplinarrecht der Beamten[4] (2010) 341 ff.

PH mit der Betreuung und Beurteilung seiner wissenschaftlichen Arbeit betraut. Schon gar nicht besteht ein Anspruch auf Betrauung eines bestimmten/konkreten PH-Lehrers. Diese Ansicht vertrat auch der VwGH[102] im Zusammenhang mit der Heranziehung eines Fachhochschulprofessors zur Beurteilung einer an der Karl-Franzens-Universität Graz verfassten Dissertation, wobei die heutigen Formulierungen der Satzung der Universität Graz auch damals schon in Geltung standen. Aufgrund der nahezu gleichlautetenden Passagen der Satzungen der Universitäten Linz und Wien können aus diesem Erkenntnis auch entsprechende Rückschlüsse auf die dortige Rechtslage gezogen werden.

F. Zusammenfassung

Letztendlich lässt sich im Hinblick auf die Betreuung und Beurteilung universitärer wissenschaftlicher Arbeiten durch Lehrende der PH Folgendes festhalten: Trotz der den Universitäten nunmehr auch in diesem Bereich zukommenden weitreichenden Autonomie hat sich im Vergleich zur früheren Rechtslage nach UniStG nur wenig verändert. Grundsätzlich ermöglichen die universitären Satzungen auch die Betreuung und Beurteilung durch Personen, die nicht den Angehörigen der Universität zuzuzählen sind (Externe). Jedoch wird diesfalls regelmäßig eine fachlich entsprechende und der österreichischen venia docendi gleichwertige Lehrbefugnis verlangt. Dieses Erfordernis schließt die Mehrzahl der Lehrkräfte der PH von der Betreuung und Beurteilung universitärer wissenschaftlicher Arbeiten aus, übrig bleiben de facto nur die habilitierten PH-Lehrenden. Sie agieren aus dienstrechtlicher Sicht entweder im Rahmen ihres Beschäftigungsverhältnisses an der PH oder im Zuge einer Nebentätigkeit bzw Nebenbeschäftigung, die aber im Normalfall – sofern die Arbeitszeitgrenzen Beachtung finden – als zulässig zu beurteilen sein wird. Schlussendlich bleibt ihre Heranziehung zur Betreuung und Beurteilung von wissenschaftlichen Arbeiten jedoch dem monokratischen Studienorgan überlassen, ein diesbezüglicher Rechtsanspruch des Studierenden besteht nicht.

---

102 VwGH 2. 10. 2007, 2007/10/0181 zfhr 2008/2, 29 f = ZfVB 2008/5, 675.

V. Kooperationen auf vertraglicher Basis

A. Allgemeines

Unter dem Schlagwort der „Kooperationen auf vertraglicher Basis" stellt der nachfolgende Abschnitt verschiedene Formen einer möglichen Zusammenarbeit zwischen PH und Universitäten dar, die sich abseits der schon besprochenen „Institutionellen Kooperationen" ergeben. Konkret wird in erster Linie auf ein allfälliges gemeinsames Vorgehen der beiden postsekundären Bildungseinrichtungen im Rahmen von Studien bzw Studiengängen oder einzelnen Lehrveranstaltungen eingegangen. Ebenso bietet sich auch ein Zusammenwirken im Bereich (universitärer) wissenschaftlicher Arbeiten an, wobei dies va dem Gedanken der Informationsbeschaffung sowie der Horizonterweiterung Rechnung tragen würde.

Wie im Kapitel IV.D. bereits zum Teil dargestellt, besteht auch ohne eine „Kooperation auf vertraglicher Basis" zwischen den beiden postsekundären Bildungseinrichtungen Universität und PH die Möglichkeit, dass Lehrende der PH im Rahmen einer Nebentätigkeits- oder Nebenbeschäftigungsvereinbarung in das Universitätsgefüge eingegliedert werden und umgekehrt. Durch den Abschluss einer vertraglichen Vereinbarung können die beteiligten Institutionen jedoch das Kooperationsspektrum um zusätzliche Facetten erweitern. Zu denken ist etwa an Ressourcenteilung, Informationsaustausch, Vereinbarung der Förderung bestimmter Nebentätigkeiten oder Nebenbeschäftigungen an der Partnerinstitution etc.

B. Kooperation im Rahmen von Studien bzw Studiengängen oder einzelnen Lehrveranstaltungen

Institutionelle Kooperationen im Rahmen von Studien bzw Studiengängen sind, wie zuvor bereits dargelegt, nur zulässig, soweit alle kooperierenden Institutionen das gemeinsame (= gleichlautende) Curriculum erlassen dürfen. Zwischen Universitäten und PH sind institutionelle Kooperationen auf Bachelor- oder Master-Ebene möglich.[103]

[103] Zu den Änderungen durch das Bundesrahmengesetz zu Einführung

Universitäten und PH können die gemeinsame Durchführung von Studien bzw Studiengängen aber auch vertraglich regeln. Wichtige Prämisse ist dabei, dass sämtliche hoheitlichen Aufgaben, sei es etwa die Zulassung, die Betreuung und Beurteilung wissenschaftlicher Arbeiten, die Abhaltung von Prüfungen oder die Verleihung des akademischen Grades, bei einer Institution zu verbleiben haben, nämlich bei jener, die rechtlich als „Anbieter" des Studiums bzw des Studienganges auftritt („führende" Institution). Jedoch können die beiden postsekundären Bildungseinrichtungen im Rahmen der vertraglichen Regelung bspw eine Teilung der Kosten des Studiums bzw Studienganges festlegen, eine Mitbenützung der Räumlichkeiten der jeweils anderen Institution vereinbaren, oder sich dazu verpflichten, ihre übrigen Bildungsangebote auf das besagte Studium bzw den besagten Studiengang abzustimmen. Ebenso können sich die Vertragspartner darauf einigen, dass Lehrende der nicht hoheitlich tätigen Institution als Lehrbeauftragte bzw LektorInnen für eine oder mehrere Lehrveranstaltungen an der hoheitlich tätigen („führenden") Institution auftreten.

Eine Kooperation auf vertraglicher Basis ist jedoch auch in der Form möglich, dass zwar keiner der Lehrveranstaltungsleiter der beteiligten Institutionen die hoheitlichen Aufgaben, insbesondere die Abnahme der Prüfung, aus der Hand gibt, dass aber die Studierenden an einzelnen Terminen die Lehrinhalte an einer Partnerinstitution vermittelt bekommen. Sinnvoll erscheint dies etwa bei Seminaren, wo die Teilnehmer Projektarbeiten vorstellen und ihre (Forschungs-)Ergebnisse den übrigen Studierenden präsentieren. Von derartigen gemeinsamen Veranstaltungen können nicht nur die beteiligten Institutionen selbst, sondern va auch deren Studierende im Sinne einer Horizonterweiterung immens profitieren.

C. Kooperation im Bereich studienrechtlich geforderter wissenschaftlicher Arbeiten

Eine Zusammenarbeit zwischen Universitäten und PH bietet sich auch im Bereich der wissenschaftlichen Arbeiten an. Zu denken ist bspw an wissenschaftliche Arbeiten bzw Bachelorarbeiten, die sich

---

einer neuen Ausbildung für Pädagoginnen und Pädagogen BGBl I 2013/124 zur „PädagogInnenbildung NEU" siehe II.2.

mit Methodik, Didaktik oder Lehrerbildung auseinandersetzen. Hier können die Studierenden der Universitäten im Zuge einer Recherche an den PH wichtige Informationen über praktische Probleme und Notwendigkeiten sammeln sowie gleichzeitig in den angeschlossenen Praxisschulen Einblicke in die tatsächlichen Gegebenheiten gewinnen. Auf der anderen Seite profitieren die Studierenden der PH von der vertieften wissenschaftlichen Behandlung gewisser Problemstellungen an den Universitäten.

Schon ist es geübte Praxis, dass etwa Dissertanten der Universitäten auf informeller Basis an den PH forschen. Der Umfang ihrer diesbezüglichen Erlaubnis ist abhängig davon, wieviel Unterstützung ihnen als „PH-Fremden" von der konkreten PH gewährt wird. In der Praxis wird auf individuelle Anfrage an das Rektorat der PH Dissertanten zumeist großzügig Einlass in die PH gewährt. Dieses bislang informelle Verhältnis, das der jeweilige Verfasser einer wissenschaftlichen Arbeit individuell gestalten muss, kann durch den Abschluss von Kooperationsvereinbarungen zwischen den Universitäten und den PH abgesichert und einer einheitlichen Regelung zugänglich gemacht werden. So können derartige Verträge den Studierenden vereinfachte Möglichkeiten im Hinblick darauf eröffnen, an der jeweils anderen Institution für ihre wissenschaftliche Arbeit bzw Bachelorarbeit zu recherchieren und zu forschen. Dadurch ist einerseits ein erleichterter Zugang zu Information gewährleistet, andererseits profitieren gerade die Studierenden der Universitäten von ihrer „offiziellen" Präsenz an der PH. Überdies besteht die Möglichkeit, zu vereinbaren, dass die Forschungsergebnisse der Universitäts-Studierenden nicht nur zur Universität zurückgetragen werden, sondern auch unmittelbar den „beforschten" Institutionen zur Verbesserung der dortigen Gegebenheiten zugute kommen. Allfällige Bedenken der PH, von Dissertanten und Diplomanden überrannt zu werden, können mittels Zugangsbeschränkungen von Seiten der PH ausgeräumt werden. Es ist dann Sache der Universitäten, die kontingentierten Forschungsplätze an den PH, nach gewissen Qualifikationskriterien, an die VerfasserInnen wissenschaftlicher Arbeiten bzw Bachelorarbeiten zu vergeben.

Da die reine Informationsbeschaffung und Recherche keine hoheitlichen Tätigkeiten benötigen, können solche Vereinbarungen privatrechtlich per Vertrag – ohne hoheitlichen Akt – realisiert werden. Vertragspartner sind dabei die PH und die Universität, der einzelne Forschende tritt als Begünstigter dieses Vertragsverhältnisses hervor. Die Bediensteten der PH und der Universität haben im Rahmen ihrer Dienstpflichten dafür zu sorgen, dass die Vereinbarung eingehalten wird und die Begünstigten die ihnen zugesagten Leistungen in Anspruch nehmen können.

AutorInnenverzeichnis

Em. o. Univ.-Prof. Mag. Dr. Bernd-Christian Funk, Leiter des Instituts für Universitätsrecht der Johannes-Kepler-Universität Linz

Priv.-Doz. DDr. Ulrike Greiner, Rektorin der Pädagogischen Hochschule Oberösterreich

Univ.-Doz. HR Mag. Dr. Markus Juranek, Rektor der Pädagogischen Hochschule Tirol

Mag. Harald Lidauer, LL.M., LL.B., Universitätsassistent am Institut für Universitätsrecht der Johannes-Kepler-Universität Linz

Univ.-Prof. MMag. DDr. Günther Löschnigg, Leiter des Instituts für Arbeits- und Sozialrecht der Karl-Franzens-Universität Graz und Professor am Institut für Universitätsrecht der Johannes-Kepler-Universität Linz

Mag. Dr. Heidi Rathmoser, Mitarbeiterin der Rechtsabteilung der Johannes-Kepler-Universität Linz

Mag. Caroline Récsey, Universitätsassistentin am Institut für Universitätsrecht der Johannes-Kepler-Universität Linz